AF468264

TESTAMENTS POLITIQUES

OU

CONSTITUTIONS.

INTRODUCTION.

Ces pages, sur les principes des Constitutions, n'arrivent point trop tard : car, eussent-elles paru plus tôt, elles n'auraient assurément ni arrêté ni suspendu en rien le travail de la Constitution.

Elles n'arrivent pas trop tôt, car les Constitutions, qui en 91 étaient un enthousiasme, aujourd'hui ne sont plus qu'une espérance.

Or, dans toute question se retrouvent trois choses :

La confiance aveugle, orgueil dans l'erreur que n'instruit pas l'expérience, que n'éclaire pas la vérité ;

Le scepticisme amer ou léger, que l'expérience conduit au découragement ou à la raillerie, et qui doute du vrai sans le chercher ;

Enfin l'examen consciencieux et libre qui interroge l'expérience, et recherche plus ou moins fructueusement la vérité, mais qui l'aime, et se sent toujours encouragé pour elle.

C'est un tel examen que j'ai essayé de faire, et, en tout cas, je suis sûr d'y avoir apporté cet amour de la vérité, et de plus l'*amour de la patrie.*

Dans quelque temps ce sera d'obligation ; mais en ce moment, où ce n'est pas encore par ordre, je le dis de cœur.

SAINTEMARIE.

Septembre 1848.

TESTAMENTS

POLITIQUES.

LIVRE PREMIER.

HISTORIQUE.

CHAPITRE PREMIER.

Instabilité des Constitutions.

Il y a dix-huit ans, en 1830, des députés concouraient à la rédaction et à l'établissement d'une Constitution.

En 1848, plusieurs de ces mêmes députés, devenus représentants du peuple, concourent à la rédaction et à l'établissement d'une Constitution nouvelle. — Hommes d'Etat illustres, car vous êtes, vous devez être consacrés par le temps et le mérite, vous que dix-huit années d'élections successives et deux révolutions n'ont pas détrônés de la confiance publique; quelle est donc cette œuvre à laquelle vous travaillez encore?

Ne vous l'êtes-vous pas demandé en vous remettant à la tâche? n'avez-vous pas senti quelque hésitation, quelque tristesse, devant ce travail d'une Constitution toujours à recommencer, toujours à refaire?

Ah! si la Constitution était une œuvre semblable à ces églises du moyen âge dont un siècle léguait à un autre siècle la construction, le perfectionnement et la fin! — Le goût et le style de l'époque pouvaient se modifier, l'ogive pouvait s'élancer plus haut vers le ciel, la pierre se denteler davantage sous un ciseau devenu de plus en plus habile : mais l'édifice, marqué à différents traits qui racontent ses différents âges, se continuait sous une même inspiration — Dieu et l'Eglise! et s'achevait enfin magnifique et durable.

Loin de là ; sous des inspirations changeantes nos constitutions sont des débris qui s'entassent les uns sur les autres. On déblaie la place et l'on reconstruit le monument en lui promettant une solidité qu'un souffle de vent vient détruire!

Nos Constitutions sont des enfants nouveau-nés dont le berceau est entouré d'hommages, d'illusions et d'espérances. — Elles vivent, elles grandissent ; — mais avant l'âge viril, elles périssent violemment ou s'éteignent d'elles-mêmes.

Et cependant, à la suite de chaque révolution, l'idée d'une Constitution nouvelle est une idée si bien établie en France depuis soixante années, par un usage constant, par une sorte d'habitude, que cela est devenu une loi ou du moins une coutume! Cette idée est si bien entrée dans nos mœurs qu'elle paraît toute naturelle, toute simple, et qu'on la suppose même inévitable et nécessaire!

C'est ainsi que l'Assemblée nationale a reçu et accepté pour but le grand œuvre d'une Constitution.

Or, depuis qu'à la face du Ciel et au milieu de l'attente des hommes, nous tirons du sable nos Constitutions, depuis que nous les élevons dans les airs comme des cloches sonores pour faire retentir jusqu'au bout du monde des sons divins, — justice, ordre, progrès, liberté, — toujours quelque chose de fêlé s'est entendu dans les battements de cette cloche. Aussi nous la brisons, nous en rejetons les débris dans la fournaise, et jusqu'ici nous n'en avons pas fait sortir encore l'airain qu'on ne brise plus, et qui, durant des siècles, domine de sa voix respectée les bruits faibles et passagers de la cité.

Est-ce donc que ce travail n'a pas rencontré des ouvriers habiles?

La Constituante et ses talents à la fois méditatifs et enthousiastes, — la Convention qui n'était retenue par rien, — Napoléon qui donnait à nos lois civiles comme à sa gloire le même cachet d'immortalité, — le législateur de la Restauration qui avait eu cette grande pensée de souder le passé à l'avenir, — les hommes de 1830, savants par l'expérience, — tous ont remis au fourneau ces précieux matériaux qui se composent du corps et de l'âme des nations : — ils ont été d'assez notables artisans, et nous n'en sommes pas moins, en 1848, avec neuf cents ouvriers nouveaux, à reprendre et à continuer cette œuvre indéfinie!

Si les ouvriers n'ont pas manqué à l'œuvre, qu'est-ce donc qui rend si fragile ce que l'on prétend couler à chaque fois pour du bronze?

Ne serait-ce pas l'idée elle-même? L'idée première n'a-t-elle pas quelque chose de faux et d'incomplet qui vicie et débilite à l'avance les applications qu'on s'efforce de faire?

En tout cas il y a là un problème de durée et de stabilité que le passé n'a pas résolu, qui pèse sur l'avenir, et que nous n'écarterons pas en évitant d'y songer, ou en nous figurant que nos espérances d'aujourd'hui sont mieux fondées que celles d'hier!

Déjà elles seraient démenties à l'avance ! — Le projet de Constitution n'est pas de vieille date. Il s'est produit quelques jours avant cette guerre civile, lamentable épisode, fait pour laisser des traces profondes dans le cœur et dans la pensée. Ce projet eût été déchiré par l'anarchie ! Dans le triomphe de la société, il a subsisté, — mais n'est-il pas évident qu'il a subi déjà l'influence des événements? La France toute entière n'a pu être ébranlée, ses forces animées en un combat suprême n'ont pu remporter la victoire, sans que cette victoire importante agisse sur les esprits et ne s'imprime dans les faits.

Ainsi le projet de Constitution ne s'est plus débattu sous les mêmes impressions, dans les mêmes circonstances que celles au milieu desquelles il était né. Il est aujourd'hui intrinséquement changé, par les faits d'hier ! — aujourd'hui il ne sera plus entièrement ce qu'il eût été hier ! Voilà une Constitution préparée pour régler de longues années ; — elle devra, elle devrait régir des époques, des siècles ! — Un jour, une heure la modifient.

Pourtant le comité de Constitution s'est élevé à ces axiomes législatifs qui dominent les âges. C'est du haut des principes, c'est des sommets politiques et philosophiques qu'il a envisagé les questions, — c'est en se plaçant au-dessus des passions et des intérêts momentanés qu'il a formulé en un projet cette loi d'un grand peuple et d'un grand avenir. — Et voilà que ce projet est déjà atteint par le premier événement qui coïncide avec sa naissance ! Voilà déjà chancelantes ces idées fécondes ou redoutables, sublimes ou dangereuses, mises en tête de ce projet, et qui inspiraient plusieurs de ses dispositions principales !

Et cette idée de Constitution, qui n'est pas à l'abri des premières secousses du présent, prétend abriter les temps et les idées futures !

L'histoire nous offre mille exemples d'Etats livrés à des révolutions successives et même fréquentes, — mais ces révolutions sont limitées à quelque changement de forme, et la plupart du temps à un changement de personnes. On ne les voit guère tenter cette refonte générale de la Constitution du pays, que les peuples modernes entreprennent avec tant de facilité et de philosophie. La République romaine se change en Empire sous l'épée de César et par la politique d'Auguste, — mais la Constitution n'est pas changée : elle est au contraire respectée avec minutie, et ce n'est pour ainsi dire que d'une manière subreptice que l'Empire vient s'infiltrer dans la République, avec tous les titres anciens, — le titre guerrier d'*imperator* (général), le titre pacifique de *princeps*, le premier du Sénat, le titre patricien de *consul*, le titre plébéien de *tribun*, le titre moral de *censeur*, le titre sacré de *grand-pontife*.

Ensuite l'Empire passe de mains en mains, jusqu'à celles d'usuriers qui le paient, jusqu'à celles de soldats barbares qui le prennent comme un butin ; — mais à travers ces hontes et ces tyrannies, le sénat continue néanmoins de siéger au temple de la Concorde, le préteur ne cesse pas de nommer les juges et d'interpréter les lois, chaque cité garde son organisation municipale ; — les droits du citoyen demeurent dans leur orgueil, le peuple romain voit son nom inscrit en tête de toutes choses, et se figure toujours être le souverain pour qui sont faits tous les monuments publics et les jeux incessants du Cirque ; — en un mot, la Constitution subsiste : — le christianisme lui-même, ce profond réformateur de l'humanité, ne fit que modifier la Constitution romaine, et Constantin fonda un empire nouveau d'Orient, plutôt que d'entreprendre de constituer à nouveau le vieil empire d'Occident.

Le système cruel de Médée, le symbole du vieux Pélias rajeuni par le sang d'un jeune homme, a présidé au renouvellement des peuples dans l'antiquité. On ne les voit se transformer que par l'invasion, l'infusion d'un sang farouche et nouveau dans les veines d'un peuple ancien et énervé.

Toutefois, au sortir des âges héroïques, la Grèce nous présente une remarquable mutation de royaumes en républiques, et l'établissement de plusieurs Constitutions nouvelles ; mais ce ne sont point les peuples qui composent eux-mêmes et pour eux-mêmes ces constitutions ! — A quel titre, en effet, respecter demain son œuvre de la veille ? A quel titre une génération d'hommes et d'idées peut-elle s'imposer à ceux qui lui succèdent ?

Les Constitutions grecques sont données aux peuples, par un législateur suprême qui parle au nom des dieux, et s'exile ou se tue après avoir reçu un serment qui devient saint et irrévocable, car il ne peut plus s'annuler. Entre celui qui l'a reçu et ceux qui l'ont prêté, il y a la profondeur des mers et de la tombe.

Quant à nous, nos constitutions ne nous paraissent point venir ainsi du ciel ?

Nous ne reconnaissons pas à nos législateurs un droit supérieur.

Nos serments, nous en sommes venus avec raison à nous en dispenser, afin de nous épargner d'inutiles parjures !

Sans un autel respecté de tous, nous ne pouvons même pas placer nos Constitutions sous la garantie de la divinité !

Aussi, les Grecs si vains, si légers, si inconstants, sont, à côté de nous, étonnants de fixité et de constance !

Cette mobilité tient-elle à nous ? — cette versatilité est-elle inhérente à un peuple qui a vécu douze cents ans d'une vie solide et continue?

Je dis que non! Je dis que cette mobilité n'est pas au fond de notre développement politique, mais à sa surface, dans la production des Constitutions, dans l'idée même de Constitution!

Et je veux approfondir cette idée.

CHAPITRE II.

Chartes communales du XIe siècle, et Constitutions modernes.

L'idée de Constitution est aujourd'hui générale en Europe! Depuis que la France, en 89, a réclamé une constitution, cette réclamation est devenue tour à tour le vœu de chaque nation, l'espoir du bonheur, la forme consacrée du droit et de l'indépendance.

De Naples à Berlin, de Madrid à Vienne, et jusque parmi ces populations slaves de Valaques, de Dalmates, de Tschekhes et de Croates, dont les noms mêmes nous semblent encore imprégnés de barbarie, les espérances les plus vives s'attachent au mot et à l'idée de Constitution! Dans un mouvement irrésistible, peuples et rois, soit avec étonnement, soit avec répugnance, soit avec amour ou joie, s'étreignent dans les liens nouveaux des constitutions, et c'est en vain, ce semble, que des droits politiques, que la liberté elle-même, seraient offerts en dehors d'une Constitution précise; le pouvoir qui refuserait, suivant l'expression du roi de Prusse, d'*interposer entre le peuple et lui un papier écrit de main d'homme*, serait forcé de rétracter son système et de signer ce papier qu'il repousse, car il porte un nom agréé des peuples, celui de *Constitution.*

Cette volonté générale, cette multiplication, cette réclamation successive de Constitutions écrites, a un analogue dans l'histoire : la formation des communes, et la réclamation générale de chartes communales dans les XIe et XIIe siècles. « Le mot Commune exprimait, il y a » sept cents ans, un système de garantie analogue, pour » l'époque, à ce que nous comprenons sous le mot Con» stitution; comme les Constitutions de nos jours, les » communes s'élevaient à la file, et les dernières en date » imitaient de point en point l'organisation des anciennes! » (THIERRY, *lettre* 14.)

Il y a plus qu'une analogie ; c'est une suite, une hérédité! le mouvement communal et le mouvement constitutionnel ne sont point étrangers l'un à l'autre. Ils se donnent la main à travers la distance des âges et des idées!

Tous les historiens modernes et des écoles les plus diverses, comme, par exemple, Guizot et Louis Blanc, s'accordent à reconnaître dans l'émancipation communale du XIe siècle, l'émancipation première, le premier avénement politique de la bourgeoisie, dont le mouvement de 1789 fut l'avénement définitif et le triomphe.

« Nul doute, dit M. Guizot, que le tiers-état de 1789 » ne fût, politiquement parlant, l'héritier des communes » du XIIe siècle. »

« Organisée militairement par les communes, dit Louis » Blanc, la bourgeoisie dispute à la féodalité la force » matérielle ; quand la féodalité aura succombé, ce ne » sera pas, il est vrai, la bourgeoisie qui recueillera im» médiatement l'héritage ; mais, patience ! une révolution » éclatera, et le lendemain, à côté d'un trône par terre, » nous trouverons la bourgeoisie debout. »

Les écrivains qui se sont attachés particulièrement à faire valoir la bourgeoisie dans l'histoire, tels que Thierry, insistent vivement sur cette parenté, sur cette filiation du tiers-état de 1789 et de la bourgeoisie des communes.

« Nous avons été précédés de loin dans la recherche des » libertés publiques, par les bourgeois du moyen-âge. (*Lettre* 1re.) — « La bourgeoisie, en 1789, entreprit pour » la France entière ce qu'avaient exécuté, dans de simples » villes, ses ancêtres du moyen-âge. » (*Lettre* 25.) La descendance historique est donc certaine. Les traits de famille, en effet, sont frappants, et dans le sujet qui nous occupe, un, surtout, est remarquable : c'est aux deux époques cette même pensée, que les droits conquis doivent être garantis, consacrés par un contrat écrit, — l'antique Charte communale, — la moderne Charte constitutionnelle !

La bourgeoisie du XIe siècle fit contre la féodalité le premier pas qui est de s'affranchir, d'assurer sa liberté. La bourgeoisie du XVIIIe siècle a fait le second pas, qui est non plus de se défendre, mais de dominer son adversaire. — La bourgeoisie du XIe siècle s'était insurgée contre la puissance qui lui touchait de plus près, la puissance seigneuriale. La bourgeoisie du XVIIIe siècle eut pour but principal d'achever la ruine de son ennemi, de l'accabler. Elle s'insurgea aussi contre la puissance supérieure qui restait debout, la royauté ; mais d'abord et surtout parce que la royauté abritait les débris de la féodalité. A chacune de ces deux luttes et de ces deux victoires, elle songea à un double moyen pour maintenir et perpétuer son succès : — 1° Conclure ou imposer un *traité ;* stipuler dans ce traité ses droits, ses garanties ; — 2° mettre ce traité sous la protection d'une milice civique.

Au XIe siècle, les chartes et les milices communales! De nos jours, les constitutions et les gardes nationales!

En donnant à sa Constitution le nom de *charte*, conservé par la Révolution de 1830, Louis XVIII ne rappela pas seulement un vieux mot, il donna un nom identique à des idées et à des faits identiques.

Aujourd'hui, dans toute l'Allemagne, qui nous suit à distance d'un demi-siècle, la bourgeoisie, comme le tiers-état de 1789, lutte contre la royauté et les restes féodaux du moyen-âge. Son premier acte, on le voit partout, à Vienne, à Berlin, à Francfort, est l'abolition des droits seigneuriaux, et partout les deux choses réclamées ou établies tout d'abord, sont une *constitution* et une *milice civique*. — Soit donc que la parité des situations engendre nécessairement des moyens semblables, soit que l'homme invente beaucoup moins qu'il ne se le figure, et la plupart du temps ne fasse que rajeunir ce qui est oublié, soit enfin que la même classe sociale se caractérise par des idées traditionnelles, tant est-il qu'aux XIe et XIIe siècles, comme au XVIIIe et au XIXe, la bourgeoisie résume ses vœux, sa volonté, dans l'obtention d'un pacte écrit, où elle puisse lire ses droits, les voir définis et réglés et en mesurer l'étendue. Un pacte lui paraît nécessaire, comme quelque chose de certain et d'arrêté sur lequel on peut se reposer avec confiance, comme un contrat devant notaire qu'on peut consulter à toute heure. Pour défendre ce pacte, la bourgeoisie s'organise en milice permanente qui veille sous les armes; seulement le tambour a remplacé le beffroi si cher à l'indépendance communale; le roulement du tambour, comme jadis le son de la cloche, appelle à la défense des droits et de la liberté, et fait s'élancer de toutes les maisons un essaim patriotique. La Constitution est confiée au zèle de la garde nationale. — Voilà la charte, voilà sa garantie!

Il est si vrai que ces deux idées, charte et milice, s'enchaînent et se répondent, qu'elles n'ont point été modifiées par des circonstances toutes différentes.

Ainsi les armées n'existaient pas au XIe siècle, et l'on a regardé les milices communales comme la force armée des villes. — A notre époque, les armées fixes existent, et même très-nombreuses. La garde nationale n'en a pas moins apparu dès qu'il s'est agi de constitution et de libertés publiques.

Les milices communales, comme la garde nationale, dérivent donc de l'existence d'une charte, et de la nécessité d'être prêts et organisés pour sa défense : ces deux institutions sont corrélatives, et contiennent en elles, on peut le dire, un système complet dont sept siècles n'ont pas changé les éléments ni les termes.

Je reviendrai sur ce corollaire de la Constitution, la garde nationale : mais j'achève d'abord le parallèle des chartes communales et des chartes constitutionnelles.

L'idée fondamentale des unes et des autres, est l'idée de *contrat,* de *pacte,* de *traité.* Elle suppose des intérêts divers, une lutte préexistante, des conflits à régler, des prétentions opposées à concilier ; — en un mot, ce sont des actes synallagmatiques entre deux contractants, ce sont des traités de paix entre deux parties belligérantes.

Ces traités se passaient au XIe siècle, entre la bourgeoisie et la féodalité. — Nous les avons vus en France, et nous les voyons maintenant en Allemagne, se passer entre la bourgeoisie et la royauté.

La prompte annulation de ces traités modernes a ici son explication première. Au XIe siècle, les deux parties qui concluaient des traités subsistèrent l'une et l'autre;

la féodalité se maintint en face de la bourgeoisie ! Le pacte qui stipulait leurs droits et leurs devoirs était entre elles une loi que chacune avait intérêt à invoquer, quoique chacune pût avoir aussi intérêt à l'enfreindre. De nos jours, au contraire, les traités deviennent ce que devient la royauté qui les signa, — ils tombent ! L'un des contractants disparu, le contrat s'annule ou se déchire !

Au XIe siècle, la féodalité et la bourgeoisie n'étaient pas seules en présence. Leurs luttes avaient des témoins supérieurs qui pouvaient intervenir comme médiateurs et arbitres de bon gré, et, au besoin, de force.

Si les hommes d'armes du seigneur et la milice des villes venaient à se heurter, si le suzerain et le bourgeois cessaient de s'entendre, il pouvait s'élever entre eux plus d'un intermédiaire, un puissant voisin, ou l'évêque, ou le roi : ces deux derniers survenaient même presque toujours de droit.

Suivant un usage du moyen-âge, les chartes communales étaient *recommandées* à deux puissances protectrices, l'Église et la royauté.

L'Église intervenait pour recevoir, pour consacrer le serment des parties contractantes ; elle avait des anathèmes pour la violation et la mauvaise foi, elle plaçait l'accomplissement des traités sous la sauve-garde de la religion.

Nos Constitutions, loin de se *recommander* à l'Église, l'ont traitée en ennemie. — En général, elles ne se sont pas même *recommandées* à Dieu !

Le moyen-âge avait admirablement compris en toutes choses la nécessité des médiateurs, et ce n'était pas sans art qu'il avait établi tout un système de médiations graduées, dont la plus haute et la plus universelle était celle du pape.

Dans la politique extérieure nous n'avons pas cessé d'avoir recours aux médiations, aux congrès, aux arbitrages. Dans la politique intérieure, nous avons bien cherché, nous cherchons bien encore à créer ou à remplacer ces médiations par la balance des pouvoirs, par une Chambre des pairs, par un Conseil des Anciens, par telle ou telle idée plus ou moins ingénieuse, mais nous n'y avons pas réussi. Or, entre des intérêts divers qui veulent interpréter le contrat, l'étendre ou le restreindre, comment suspendre la lutte, s'il n'y a point de supérieurs, point d'arbitres ? La conciliation ne peut avoir lieu où le conciliateur manque !

Troisième cause de la ruine successive des rois et des Constitutions!

La royauté au XIe siècle était donc un de ces médiateurs puissants et invoqués. Seulement elle finit par changer de rôle, — de médiateur elle devint maître, et voici une similitude qui n'était pas encore révélée par les faits aux historiens modernes, mais qui peut se prévoir aujourd'hui. — C'est qu'au XIe siècle, la bourgeoisie, qui eut les rois pour auxiliaires, triompha de la féodalité bien moins à son profit qu'au profit de la royauté; et que, de nos jours, la bourgeoisie, qui a pris le peuple pour auxiliaire contre les rois, aura triomphé de la royauté bien moins à son profit qu'au profit de la DÉMOCRATIE.

CHAPITRE III.

Chartes et Constitutions.

Il m'a paru que les Constitutions se présentaient tout d'abord comme des traités entre la royauté et les peuples! — Mais déjà plusieurs fois la royauté évanouie, les peuples seuls sont restés affranchis des contrats antérieurs, maîtres de leur sort : et dans cet état de complète indépendance, ils n'ont point abandonné, ils ont poursuivi au contraire avec une nouvelle ardeur l'établissement d'une Constitution !

C'est ce que nous faisons encore aujourd'hui.

Là ne se trouve plus l'idée d'un traité entre des parties diverses, mais l'idée d'une loi première et supérieure, d'une loi fondamentale, le renouvellement de cette convention primitive que Jean-Jacques suppose à l'origine des peuples, en un mot, l'idée d'un contrat social.

Le *traité*, ainsi que je l'ai déjà exprimé, c'est un ensemble de conditions débattues, arrêtées entre les intérêts préexistants d'une société établie, c'est un acte synallagmatique.

Le contrat social issu du peuple, fait pour le peuple, c'est la loi originelle d'une société à établir, c'est un acte unilatéral.

La première de ces idées s'exprime logiquement par le mot de *Charte.* — Charte anglaise, *traité* entre les barons et Jean-sans-Terre. — Chartes communales, *traités* entre les villes et les seigneurs.

La seconde idée s'exprime logiquement par le mot de *Constitution.*

Entre ces deux mots, *Charte* et *Constitution,* entre ces

deux idées, *traité* et loi *organique*, il y a un abime ! D'un côté c'est l'acceptation du passé, de l'autre sa négation ! d'un côté une conciliation historique, de l'autre une rénovation sociale! d'un côté une fin par l'accord des éléments anciens, de l'autre un commencement par l'apparition d'éléments nouveaux. — En résumé, au lieu que ces deux idées soient confondues et que ces deux mots soient employés comme synonymes, il me semble difficile d'imaginer deux idées plus profondément séparées, plus essentiellement distinctes que celles de *traité* et de *loi organique*, de *charte* et de *constitution*.

Nous avons vu que l'idée de *charte* était la tradition historique; le système de la bourgeoisie depuis son avénement jusqu'à son triomphe !

Naturellement il en devait être ainsi. — Une classe déjà élevée dans l'ordre social, en jouissance d'une part de ses droits et de ses avantages, une classe industrieuse, commerçante et riche, peut devenir impatiente de toute supériorité et de tout privilége ; elle peut s'irriter des injustices qui l'atteignent, ambitionner le rôle qui revient à son importance et à ses lumières, vouloir enfin briser le cercle étroit dans lequel elle était précédemment renfermée : mais elle ne peut pas vouloir briser la société toute entière. Elle cherche à agrandir ses intérêts dans cette société, et non à la bouleverser; elle voudra améliorer cette société dans laquelle elle est comprise, et non la remettre en question ; placée au milieu, elle renversera ce qui est au-dessus d'elle, elle ne peut songer à se renverser elle-même en reprenant tout par la base.

C'est pourquoi réformer l'ordre social en le conservant, niveler au-dessus, assurer sa prépondérance sur des garanties positives, tel est le but que peut et doit naturellement se proposer un tiers-état.

Charte et milices ! — Les faits historiques ne font après tout que se conformer à la nature des choses.

D'un autre côté, l'idée de loi organique, de *constitution*, appartient naturellement à la démocratie.

Je ne veux pas dire que la démocratie exige nécessairement la recomposition de l'ordre social, car je crois erronée et malheureuse cette idée absolue de reconstitution sociale ! — Mais il est naturel que cette idée germe et se propage parmi les classes qui participent plus aux charges de la société qu'à ses bénéfices. Celui qui a la plus mauvaise place, peut bien imaginer de refaire toute cette société afin d'en prendre une bonne ! mécontent de ce qui est, il veut tout changer afin de se satisfaire dans les futurs possibles ; on conçoit cette tendance ! Ici des misères, des malheurs réels et des calamités inévitables. — Là des ambitions déçues, des espérances trompées, des forces déplacées et qui se soulèvent, là encore des cupidités fainéantes, des haines envieuses, des passions irritables et irritées, le réel et l'imaginaire, tout peut conduire à ces désirs qu'une révolution totale est seule en mesure de réaliser. Les traditions n'existent guère pour l'ignorant et le pauvre : sans traditions on se lance aisément dans l'inconnu; les liens sociaux font sentir leur pesanteur, on rêve leur allégement dans l'avenir, et s'ils ne peuvent s'alléger pour tous, que du moins ils changent d'épaules ! On comprend que cette idée dans son énergie brutale se répande au milieu des rangs populaires, que dans son âcreté vindicative elle agite des esprits mécontents et froissés, que dans ses illusions réparatrices, elle entraine des âmes généreuses et sans expérience !

Aussi a-t-elle conquis sa place trop influente par un homme qui avait en lui l'inexpérience des affaires, la sensibilité de l'âme, le malaise des classes déshéritées, les froissements d'un esprit orgueilleux, inquiet, mécontent de tout, et surtout de cette société où sa place n'était qu'au niveau bien bas de sa fortune, et non à la grande hauteur de son esprit. Jean-Jacques s'en prit à cette société par une phrase qui suffit à la faire crouler. — Il fonda l'ordre social sur une *convention*. Dès lors il donnait à une convention nouvelle le droit de la refaire!

De cette phrase découla comme, loi absolue, « la plura- » lité des suffrages. » (*C. S.* l. I, ch. 6.) — « Car tous les » caractères de la volonté générale sont dans la pluralité; » (L. IV, ch. 2.)

Et cette conséquence : « que la volonté générale est » toujours droite et tend toujours à l'utilité publique. » (L. II, ch. 3.)

De là, pendant l'existence du pacte social, l'absorption de l'individu « sous la suprême direction de cette volonté » générale; » en sorte qu'il y ait « aliénation sans réserve, » aliénation totale de chaque associé avec tous ses droits » à toute la communauté; » — mais de là aussi le droit « pour chacun, quand le pacte social est violé, de ren- » trer dans ses premiers droits en reprenant sa liberté na- » turelle. » (L. I, ch. 6.)

De là enfin cet axiôme : « qu'il n'y a dans l'État aucune » loi fondamentale qui ne se puisse révoquer, — non pas » même le pacte social; — car si tous les citoyens s'as- » semblent pour rompre ce pacte, on ne peut douter qu'il » ne soit très-légèrement rompu! » (L. III, ch. 18.)

Ainsi, dans la majorité, le pouvoir *indéfini* de créer une constitution, et le pouvoir *inaliénable* de défaire cette constitution et d'en recréer de nouvelles. — Singulière puissance d'une idée! cette idée depuis lors a remué le monde! — Plus on confrontera le livre de Rousseau et l'histoire de ces dernières soixante années, plus on remarquera l'étendue et la profondeur des rapports qui peuvent s'établir entre le génie d'un siècle et le génie d'un homme.

« Comme fin de tout système de législation, la liberté » et l'égalité. » (L. II, ch. 11.) La souveraineté du peuple inaliénable, une et indivisible (l. II, ch. 1 et 2). L'importance du nom de citoyen (l. I, ch. 6). La division du gouvernement « en force et volonté, celle-ci puissance lé- » gislative, celle-là puissance exécutive. » (L. III, ch. 1.) « La » puissance législative au peuple, car les lois sont des actes » de la volonté générale. » (L. II, ch. 6 et l. III, ch. 1.) La puissance exécutive a des délégués, n'importe sous quel nom, mais ne remplissant « absolument qu'une commis- » sion. » (L. III, ch. 1.) La monarchie dépréciée soit par les orages et les corruptions de l'élection, soit par la sottise ou la méchanceté des princes héréditaires, « car ils arri- » veront tels au trône, ou le trône les rendra tels. » (L. III, » ch. 6.) La république seule bonne, s'il est vrai que « les » meilleurs rois veulent pouvoir être méchants, s'il leur » plaît, sans cesser d'être les maîtres, » — et si leur intérêt personnel « est premièrement que le peuple soit faible, » misérable et ne puisse jamais leur résister. » (L. III, ch. 6.) La nécessité « d'une religion civile, pour tout ramener à » l'unité politique. » (L. IV, ch. 8.) Toutes ces idées et bien d'autres passèrent du livre de Rousseau dans l'esprit des masses, et ce précepteur, qui avait commencé dans *Émile* par tracer l'éducation de l'individu, s'étant mis ainsi dans le *Contrat social* à enseigner la société, la société entière écouta ses leçons et se fit son disciple.

Or, cet enseignement était essentiellement démocratique. S'il plaçait la démocratie presque au-delà de l'espérance humaine, ce n'était que pour en donner une plus haute idée ; car tandis qu'il s'écriait : « S'il y avait un » peuple de dieux, il se gouvernerait démocratiquement ;

» un gouvernement si parfait ne convient pas à des hom-» mes » (l. III, ch. 4), il montrait un peu plus loin la facilité « de l'établir par un simple acte de la volonté géné-» rale, » et déclarait « qu'il n'est pas possible d'instituer » le gouvernement d'aucune autre manière légitime, et » sans renoncer aux principes mêmes de tout son livre. » (L. III, ch. 17.) Ce livre, c'était le livre élémentaire de la démocratie. Il contenait, il est vrai, des principes anti-sociaux et anti-chrétiens, que la démocratie, aussi bien que la monarchie ou l'aristocratie, doit répudier pour vivre ; mais les uns étaient de ceux qui avaient alors le plus de vogue, les autres n'ont pas cessé d'être en vogue aujourd'hui.

Ainsi, en 1789, deux choses se rencontrèrent à l'attaque de l'ancien ordre social : 1° les traditions, les intérêts, les tendances de la bourgeoisie, se résumant, je crois l'avoir établi, dans le sens complet du mot *charte ;* 2° les théories de Rousseau, les tendances nouvelles de la démocratie, la reconstitution sociale, se résumant dans le sens complet du mot *constitution*.

Mais la bourgeoisie était imbue des doctrines de Rousseau ! — Il en résulta que l'idée de charte se confondit, se perdit dans l'idée de constitution ! — c'est-à-dire que le système intermédiaire s'absorba dans le système radical, que la bourgeoisie se précipita dans la démocratie !

L'influence de Rousseau a été grande, plus grande même qu'on ne l'a dit, qu'on ne l'a signalée !

On a surtout remarqué celle de Voltaire ; car elle fut destructive, et par conséquent rapide, éclatante, comme toute œuvre de démolition et de destruction qui va vite ; chaque coup fait trouée, et l'air se remplit au loin du retentissement de la chute !

Rousseau, au contraire, entreprit de rebâtir dans ce vide

que Voltaire avait fait. Influence de réparation, de reconstruction, plus difficile, plus lente, moins saisissante que la première, mais à coup sûr meilleure et plus profonde.

Que l'édifice social exige des matériaux choisis, et que Rousseau en ait apporté plusieurs de détestables ; qu'il n'ait donné le plan que d'un édifice vacillant sur une base perpétuellement mobile, — celle d'une convention primitive qu'on peut toujours à volonté révoquer et refaire, — c'est là aujourd'hui encore, aujourd'hui même, le plus grave sujet de méditations et l'objet principal de mon examen ; — mais tant est-il que depuis 89 jusqu'à nous il a présidé à toutes nos tentatives d'organisation politique, que son influence inspire encore le temps actuel, tandis que celle de Voltaire s'est affaiblie, s'est évaporée avec la poussière de son époque !

En 89, Rousseau n'était donc pas seulement le « consolateur secret, le vengeur aimé de la démocratie » (*Hist. des Gir.* t. 1er) ; Rousseau n'était pas seulement « le précurseur du socialisme » (L. Blanc, *Hist. de la Rév.*), il était, dans tous les rangs de la société, l'inspirateur de la pensée générale, telle que la reproduit dans son tableau du XVIIIe siècle un des observateurs les plus éclairés et les plus sûrs.

« La politique ne se fonda plus sur les traditions historiques, sur les droits positifs, sur les antiques lois, sur » les mœurs des nations ; la société fut regardée comme un » assemblage d'individus réunis pour la mutuelle défense » de leurs intérêts. — On arrivait ainsi à croire qu'une » même police, un même régime étaient les meilleurs de » tous. — La *Constitution* d'un peuple ne fut plus l'ensemble de ses mœurs, de ses lois, de son caractère, de » même que la constitution d'un individu se compose de » toutes les circonstances qui le font vivre. — La Constitu-

» tion fut une règle textuelle, déduite de la théorie gé-
» nérale, pour être tout à coup imposée à une nation ! » (De Barante, *Litt. du* XVIIIe *siècle.*)

C'est ainsi que Rousseau eut l'opinion publique pour adepte.

Or le jour où, suivant les leçons du maître, la bourgeoisie échangea le titre méprisé de bourgeois contre celui de citoyen (*C. S.* l. I, ch. 6) ; le jour où elle adopta le mot et l'idée de *constitution* ; ce jour-là, on eût pu le prévoir, elle abdiquait d'avance. L'idée démocratique s'était implantée au milieu même du triomphe matériel et momentané de la bourgeoisie !

CHAPITRE IV.

Bourgeoisie et Démocratie.

Il ne faut pas s'étonner que je m'attache à ce mot de Constitution, pour en mesurer l'idée, et que je le décompose pour lui demander compte, s'il se peut, des faits de notre époque. — Il en est le mot expressif, il la renferme donc en lui-même.

En effet, je lui ai trouvé deux faces : *Traité et Loi organique*, — deux corrélations politiques, *Bourgeoisie* et *Démocratie.* En 89, la démocratie était la *théorie*, la bourgeoisie était le *fait.*

Je distingue le mot Bourgeoisie du mot *Tiers-État.* Le Tiers-État était plus qu'un fait, c'était un fait légal, une *Institution.*

Cette institution avait été tellement mise en oubli par l'omnipotence royale, qu'elle était réduite à l'état de tradition, et comme tradition, on l'avait oubliée.

Qui eût étudié cette tradition antique, qui s'y fût attaché, eût paru bien ridicule à parler du moyen-âge et de ses libertés, des chartes et des communes. — Ces vieilleries barbares étaient aussi baffouées qu'elles étaient ignorées par l'école dédaigneuse et superficielle du XVIIIe siècle.

« On voyait, dit M. de Barante, l'époque présente trop » au-dessus de toutes celles qui l'avaient précédée, pour » vouloir en descendre un instant. On aurait cru se fausser » le jugement et se fasciner la vue! »

Le moyen-âge était déclaré la honte de l'esprit humain; cela était plus court que de l'étudier et de le connaître. Montesquieu, forcé par le plan de son ouvrage, de pénétrer dans ces temps de ténèbres, n'y avait hasardé sa pensée que muni du rameau philosophique, comme le héros de Virgile dans la caverne sombre. Il avait été fort étonné d'y trouver des lumières inattendues, et d'avoir à retracer un ordre social, là où le désordre seul semblait régner; mais ce qu'il en raconta parut tenir à son imagination plus qu'à la vérité. Nous ne sommes pas encore entièrement revenus de cette impression; et, de son temps, Montesquieu ne se fit pardonner qu'en laissant là l'histoire et les lois féodales, pour s'occuper de la grandeur et de la décadence des Romains.

C'était l'intarissable source politique où allaient puiser écoliers et maîtres! Le *Contrat social* ne mentionne pas une loi, une institution moderne, mais la moitié de l'ouvrage est sur les Romains, — les suffrages, les comices, le tribunat, la censure, la dictature! Que si les peuples actuels avaient vécu jusque là sans ces institutions modèles, tant pis pour eux! Il fallait les leur appliquer au plus vite!

Les suffrages! voyez à Rome, pourvu toutefois « que » le Sénat ne s'en mêlât pas, les citoyens n'ayant qu'un

» intérêt, le peuple n'avait qu'une volonté. » (L. iv, ch. 2.)

C'était par les comices, que « le peuple romain était vé» ritablement souverain de droit et de fait. » (L. iv, ch. 4.)

« Le tribunat sagement tempéré est le plus ferme ap» pui d'une bonne constitution. » (L. iv, ch. 5.) Cette phrase, malgré les tristes importations qui nous étaient venues des Romains, depuis 1789 jusqu'en 1799, donna encore naissance au tribunat de l'an viii.

La censure ; quoi de plus indispensable, si, comme le dit Jean-Jacques, « les opinions d'un peuple naissent de » sa constitution ? » (L. iv, ch. 7.) — Il est vrai que depuis 60 ans, ce sont les constitutions au contraire qui naissent des opinions, et changent avec elles !

La dictature enfin; comment une constitution sans dictature ? — « Il peut se présenter mille cas auxquels le lé» gislateur n'a point pourvu, et c'est une prévoyance très» nécessaire de sentir qu'on ne peut tout prévoir ! » (L. iv, ch. 6.)

En effet, ces mille cas peuvent se présenter, quoique Rousseau les appelle un peu plus loin des *cas très-rares;* — car depuis son enseignement, les dictatures ne nous ont pas manqué. Qu'importe, du reste ! Rousseau nous apprend que « cette commission est toujours donnée au » plus digne ! »

En 89, on n'était donc pas assez mal avisé pour s'occuper du tiers-état, par exemple, comme institution, au lieu de s'occuper des institutions de Numa, de Servius Tullius, de Solon et de Lycurgue ! Et bien peu de gens avaient le cœur assez mal placé pour aimer ce qui venait de leurs pères : leurs usages, leurs mœurs, leurs corporations, leurs confréries, le clocher de la paroisse, le nom de la province ; pour attacher un peu d'amour et de respect aux legs des temps passés ; pour avoir la mémoire de nos grands hommes et de nos grandes choses : les cœurs et la mémoire étaient tous aux hommes et aux choses de la classique antiquité.

Si parfois on abaissait le regard des temps anciens aux temps modernes, ce n'était pas pour connaître son pays et se connaître soi-même ; c'était pour aller en Angleterre, chercher un nouveau texte de comparaisons à notre désavantage. Encore, si l'on eût vraiment scruté la constitution anglaise, dans ses origines et sa formation successive, si on eût demandé sa raison d'être précisément à la ténacité des éléments féodaux lentement améliorés par les siècles ; on aurait pu rapporter pour nous des leçons utiles ! Nous eussions pu apprendre à tirer, nous aussi, de notre sol, et non du sol grec, romain ou anglais, les perfectionnements nécessaires ! La Liberté eût cherché en nous et dans notre histoire sa généalogie, et l'y eût mieux trouvée que dans les temps idolâtres tout remplis d'esclavage et de despotisme, même sous le nom de République !

Si l'école anglomane de 89 eût suivi cette voie, il y avait alors en France pour un gouvernement représentatif des éléments véritables, c'est-à-dire, ayant en eux de la force et de la vie : la royauté médiatrice, l'aristocratie fondée sur l'illustration et sur la propriété territoriale ; — la bourgeoisie appuyée sur les communes, le peuple classé dans des corporations autrefois tutélaires et populaires ! Il fallait tout régénérer ; on fit précisément comme en février 1848, on commença par tout détruire.

Et c'est après trente années employées à niveler, à mêler, à extirper ces éléments, qu'on s'est mis à fonder des institutions représentatives, et à chercher la balance des pouvoirs ! Le réel n'existait plus, on n'a créé que du factice !

La royauté de 1814, forcée de raccommoder les morceaux brisés et ensanglantés de sa couronne, ne retrouva plus son auréole séculaire de vénération et d'affection des peuples !

La chambre des pairs sans richesses, sans forces effectives, n'eut de l'aristocratie que ce qui blesse les vanités inférieures, *un titre !*

La chambre des députés ne fut pas une troisième partie de la puissance, — elle ne représenta pas une partie de la France, mais la France entière. — Elle était donc la nation, elle était tout !

Il n'y eut en 1830 que deux différences :

1° La royauté était découronnée une fois de plus : elle n'était même plus un souvenir, et son hérédité à venir, établie sur la négation de l'hérédité passée, était un contre-sens enté sur une iniquité.

2° La pairie, vieux mot conservé tout exprès par la bourgeoisie, pour s'en recouvrir comme d'une parure nobiliaire, eut quelque ridicule de plus, et quelque puissance de moins :

A ces institutions il a toujours manqué une chose : le point d'appui, la base !

Pourquoi ne se bâtirent-elles pas, en 1789, sur le terrain royal, féodal, communal, tout prêt à les recevoir ? On en eut la pensée ! La bourgeoisie en avait le sentiment instinctif. C'était l'élite de ses membres qui composaient l'école anglaise ! Et depuis elle a toujours attaché à ce système ses prédilections, elle l'a fait prévaloir, ses publicistes les plus célèbres l'ont formulé en un corps de doctrines ; ses hommes d'Etat l'ont appliqué au milieu de la tranquillité générale et d'une grande activité industrielle, avec un succès auquel n'a fait défaut que la solidité. Ce système tempéré, sans écarts trop violents du passé, sans précipitation trop aventureuse vers l'avenir, d'une liberté réglée, d'une autorité modérée, ce système mixte convenait évidemment à la nature même de la bourgeoisie ; trente années d'existence historique le prouvent surabondamment : bien qu'il soit tombé aujourd'hui, on tendra plus ou moins directement à s'en rapprocher encore. Comment donc, en 89, ne le vit-on pas naître du sol où il avait toutes ses racines?

C'est que de toutes parts et sans exception, l'ardeur rénovatrice dépassait les réformes : noblesse et bourgeoisie, villes et bourgs, corporations et métiers, c'était à qui jetterait ses titres, ses priviléges et même ses droits dans le flot unitaire et égalitaire. Lentes et utiles conquêtes des temps écoulés, précieuses garanties, n'importe! tout était entraîné dans le courant de la théorie démocratique ; le flot envahissait, confondus et pêle-mêle, le principe et l'abus, le bien et le mal ; rien des antiques traditions ne devait surnager, afin qu'aucun obstacle ne vînt déranger dans sa marche le vaisseau des doctrines nouvelles!

Et puis le tiers-état ne songeait pas à se classer dans la Constitution à un rang déterminé, comme une part de la nation. — Il venait d'adopter cette phrase fameuse, *le Tiers-Etat, c'est tout le monde!* Phrase insolente et fausse, car elle ne tenait pas plus compte du peuple auquel elle ne songeait même pas, que des autres classes auxquelles elle s'adressait comme une menace ; mais elle exprimait bien le sentiment et l'orgueil de la force!

Aussi le tiers-état commença-t-il par ne rien souffrir hors de lui. — Il y avait là une impossibilité, — le *tiers* cessait d'être en étant *tout*. Le point extrême de sa force devenait son anéantissement : sa personnalité s'effaça, il ne put absorber tout en lui que pour absorber tout et lui-même dans l'unité! — C'est pourquoi le nom de tiers-état cesse de pouvoir être employé et doit être remplacé par un nom qui n'exprime plus qu'un ensemble de situations, d'intérêts et d'idées : la bourgeoisie! Elle a cessé d'être une institution, elle n'est plus qu'un *fait*.

Ainsi 89 nous présente deux choses : la bourgeoisie

en fait, la démocratie en théorie. Fait et théorie qui ont agi et réagi l'un sur l'autre. Et il ne s'agit pas ici de les étudier dans notre *Histoire entière* depuis soixante ans, mais j'ai à les suivre dans trois idées principales qui se lient à la fois et aux faits historiques et à la théorie philosophique de nos constitutions : — *Commune,* — *Milice civique* et *Charte.*

CHAPITRE V.

Commune et Municipalité.

« Les philosophes raisonnent toujours sur la société, en » la supposant formée d'individus qui se réunissent sans » autres titres que les droits naturels de l'homme. — L'histoire nous montre les nations sous un aspect plus réel, » en leur assignant pour origine une association de communes. » (De Barante, *des Communes.*)

En 89, la théorie philosophique fut bien souveraine, et l'histoire bien oubliée, car la nation réunie ne songea qu'à faire valoir les droits naturels de l'homme, et n'eut pas la pensée d'appuyer sur quelque autre titre la Constitution qu'elle voulait se donner. — Il en était un cependant qui se fût offert tout d'abord à sa pensée, si elle eût cherché un instant ses propres origines, comment elle s'était formée, quelle loi avait présidé à son développement, et quel esprit, durant des siècles, avait excité sa croissance et animé sa vie !

La commune, l'esprit communal, la cité affranchie et puissante, l'association des habitants dans la commune, l'association des communes dans l'État, c'étaient là des origines pleines de faits et d'enseignements, — plus rapprochées, plus vraies, et plus intéressantes que « ce point » où les obstacles qui nuisent à la conservation de l'homme » dans l'état de nature, l'emportent par leur résistance » sur les forces que chaque individu peut employer pour » se maintenir dans cet état. » (*Cont. soc.* l. I, ch. 6.)

C'était là où l'on pouvait retrouver des pactes primitifs dont les clauses étaient dignes d'être lues avec respect, et remémorées avec hardiesse! Ces pactes, il est vrai, n'avaient pas été conclus d'après cette *formule*, singulièrement remarquable et subtile pour des hommes à l'état de nature : « trouver une forme d'association par laquelle » chacun, s'unissant à tous, n'obéisse pourtant qu'à lui-» même, et reste aussi libre qu'auparavant. » (*Ibid.*) Mais ils avaient été conçus avec un esprit d'indépendance et d'ordre qui, tout en s'accommodant au temps, pouvait être la leçon de l'avenir ; ils avaient été conquis par le courage et la persévérance, signés avec du sang, et ils formaient le testament des ancêtres, laissant à leurs fils un libre héritage, et leur exemple à imiter; cela pouvait être aussi bon à rappeler que les chansons héréditaires de Sparte !

Là enfin se trouvaient les droits antiques des villes, bourgs et communautés, droits honorablement acquis et conservés, plus certains et moins abstraits que les droits naturels de l'homme, et ces droits étaient placés sous la *consécration* de la foi catholique en Dieu, ce qui valait bien les « auspices de l'Etre-Suprême. » (*Décl. c.* 1791.)

On était loin de ces pensées, et nul ne songea à chercher les titres premiers de l'association sociale, dans les titres de la commune! Cependant la bourgeoisie pouvait-elle perdre entièrement la mémoire de ce qu'elle avait été et des institutions auxquelles elle avait été si longtemps attachée? Non! sa première et instinctive pensée en 1789, bien avant la Constitution, fut de s'occuper des institutions, des libertés locales ; mais en même temps elle effaçait le mot de *communes* dans le titre commun de *municipalités* (Décret de 1789, art. 4), et s'empressait d'abolir les vestiges de son histoire, « encore subsistants dans chaque ville, » bourg, paroisse ou communauté, sous le titre d'hôtels- » de-ville, mairies, échevinats, consulats, et généralement » sous quelque titre et qualification que ce pût être! » (D. 1779, art. 1.)

Le tiers-état né de la commune, grandi par la commune, fortifié par la commune, de manière à devenir force dominante dans l'Etat, et n'ayant d'autre hâte que d'anéantir la commune et tous ses souvenirs, jusqu'à celui même de son nom ;

Le tiers-état occupé ensuite à chercher les principes de la Constitution de 91 dans les droits naturels de l'homme, et ne pensant pas à l'un des premiers principes de la société et particulièrement de la société française, le principe communal, son propre principe à lui, mais qu'il avait mis de côté d'avance ;

Quel signe plus caractéristique de la prépondérance que la théorie philosophique avait prise sur le fait de la bourgeoisie ?

Prépondérance marquée dans les mots eux-mêmes ; car c'était la théorie romaine qui venait, sans motifs apparents et comme synonymes, substituer le mot de *municipalités* au mot de *communes*, le mot romain au mot du moyen-âge.

Ce n'était qu'un mot sec et païen substitué à une expression fraternelle et chrétienne ! — Ce n'était qu'un mot *administratif* (munus) substitué à un mot qui exprime les premières aggrégations communes, éléments de la grande communauté ! — Mais il en est résulté, que l'idée d'association et de liberté inhérente au mot *commune* a été absorbée depuis soixante ans dans l'idée de pouvoir et d'administration inhérente au mot *municipalité*. Ce mot avait encore une conséquence plus immédiate, et qui rentrait plus directement dans le but des théories de 1789.— C'est que la *commune*, modèle originaire de la société, est par là même une base essentielle de constitution. S'il eût fallu la reconnaître, on fût retombé avec elle dans les réalités de l'histoire.

Or, l'on ne voulait poser les Constitutions que sur les abstractions philosophiques de l'homme et de la nature. La municipalité ne faisait à cela aucun obstacle. N'étant qu'une organisation de *fonctionnaires* appliquée à une localité, elle passait à l'un des derniers rangs, et ne devenait plus qu'une loi partielle et secondaire à rédiger, peu importait, dans la Constitution, ou hors de la Constitution.

C'est ce qui est arrivé!

La Constitution de 91, dont les nombreux chapitres traitent pourtant à peu près de tout, n'avait rien à dire sur ce sujet. Un décret avait déjà tout réglé! La Constitution de 93 a deux ou trois articles sur les municipalités, et confirme explicitement l'idée de simple cadre administratif, au lieu d'*association* ayant des intérêts à représenter ; « les » officiers municipaux, dit-elle, n'ont aucun caractère de » représentation. » (Art. 82.)

L'idée d'administration continue à prédominer en 1795 (titre 7, des Corps administratifs et municipaux). —Toutefois cette Constitution se rapprocha de l'idée de commune; car elle distingua et remit à des mains différentes le pouvoir administratif afférent aux intérêts généraux de l'Etat, et le pouvoir administratif afférent aux intérêts particuliers de la commune.

Le décret de 89 avait bien distingué ces deux pouvoirs, ces deux fonctions, — les « unes intéressant la nation en

» corps et l'uniformité du régime général, les autres intéressant la commune; »(Inst.) les unes propres au pou-» voir municipal, les autres propres à l'administration » générale de l'Etat, et déléguées par elle aux municipa-» lités. » (Art. 49.) Mais en remettant celles-ci aux élus de la municipalité, le décret avait créé des administrations ingouvernables et dangereuses, il avait mis l'Etat dans la municipalité.

Après l'an VIII, par une réaction trop ordinaire, on mit la municipalité dans l'Etat. A partir de la loi de pluviôse, les municipalités ne furent qu'un dernier échelon où se posait l'autorité d'un maire, dernier fonctionnaire hiérarchique nommé par le consul ou l'empereur.

Il est bien entendu que les constitutions de l'an VIII et de l'an X étaient restées muettes. Sans les lire, on pourrait être certain qu'elles n'ont pas l'idée libérale de la *commune*.

La Restauration hérita du système de l'Empire.

Liberté politique si grande par la Charte constitutionnelle, liberté locale si petite par l'excès de la centralisation administrative; — des droits si étendus au sommet, si restreints à la base ; — cette discordance frappait les esprits. Elle ramena à l'idée de la commune.

On trouve des premiers sur ce terrain les jurisconsultes précédés par Dupin aîné et Henrion de Pansey. Les publicistes tels que Fiévée, les hommes politiques les plus célèbres engagèrent une polémique qui retentit plus d'une fois à la tribune. MM. Guizot et Thierry firent jaillir du moyen âge l'histoire des *communes*, avec tout l'éclat de la nouveauté, de l'éloquence et de la vérité ; MM. Raynouard et Leber accumulèrent sur ce sujet les leçons de la science; enfin, en 1829, un ouvrage substantiel de M. de Barante résuma la question avec cette clarté d'aperçus, cette netteté pratique qui indiquent le moment venu de la résoudre.

Cette ardeur communale durant 15 années, et qui ne se ralentit pas, n'eût pas été excitée par une simple réclamation des libertés locales contre le pouvoir central; la cause était plus profonde, la bourgeoisie revenait à son principe. — Elle avait là tous ses souvenirs. — Ils étaient réveillés en son honneur dans le passé, pour ses intérêts dans le présent. Il y eut un mutuel et constant échange, entre elle et ses écrivains, d'éloges historiques d'une part, et d'approbation politique de l'autre. La Révolution de 1830 vint la mettre à même de rétablir cette liberté communale si bien appréciée.

La Charte de 1830 n'en rétablit pas même le nom. A la fin seulement, et parmi ces institutions promises dont quelques-unes n'ont jamais été réalisées, elle remit à une loi le soin de créer des *institutions municipales* fondées sur un système électif.

D'où est venue *la loi municipale* de 1831 : — système de municipalités sans importance, un peu plus libres que leurs devancières, mais absorbées comme elles dans les rouages de la centralisation ;

« Communes administratives, disputant quelques cen-» times à un sous-préfet » (DE BARANTE) ; administrations infimes dépendant même, pour leur garde-champêtre et l'achat de leurs registres, de l'approbation des commis de l'arrondissement ;

Petites subdivisions éparpillées sur le sol, sans lien entre elles, sans direction cantonnale, sans ensemble de projets et de vues, sans progrès vers l'amélioration, sans ressources, sans forces, et qui laissent aussi vraie qu'en 1829 cette phrase de M. de Barante : *La nation municipale n'est qu'une poussière comprimée par le pouvoir.*

Ainsi la bourgeoisie, même après tant de belles pages sur les communes, a continué à voir dans les municipalités surtout un cadre administratif; elle a voulu garder la centralisation à son profit, elle a oublié la commune, elle n'a point fondé la Charte de 1830 sur la commune. Nulle de nos constitutions n'a cherché cette base historique, parce que le système philosophique des droits naturels de l'homme est toujours demeuré la théorie souveraine. — Le mot de *municipalité* est resté, et ce mot efface l'histoire en effaçant la commune. Or, tant que l'idée de municipalité prévaudra sur l'idée de commune, l'idée d'*administration* sur l'idée d'*association*, tant que la commune ne sera pas la base de nos institutions, — ce sera l'idée romaine et païenne prévalant sur l'idée française et chrétienne, l'idée de centralisation sur l'idée de liberté, le système philosophique sur le système historique! Et qu'est-ce que le système philosophique? Nous le montrerons peu à peu.

CHAPITRE VI.

Garantie des Constitutions. — Garde nationale.

La garde nationale a été de nos jours, comme au XIe siècle, le corollaire naturel des libertés conquises. (V. *lettr*. 3.)

Elle apparut dès son premier jour, toute-puissante avec Lafayette : le Tiers-État s'armait pour garantir sa victoire.

Pendant la démagogie conventionnelle, elle fut décomposée, humiliée, annulée devant les piques des faubourgs; il n'y avait plus ni libertés, ni garanties certaines et fixes.

Napoléon, avant d'établir un pouvoir qui abolissait tout ensemble la licence et la liberté, dut se débarrasser de la garde nationale par le canon de Saint-Roch. — Plus tard un corps où l'on est plus citoyen que soldat ne convenait pas à un conquérant, et quand au contraire le soldat domine le citoyen, il ne peut y avoir de garde nationale : la liberté n'existe plus, elle n'a pas besoin de garanties!

En 1814, au mot de Charte, la garde nationale se releva du sol.

En 1830, elle fut pour la seconde fois la toute-puissance de la bourgeoisie.

Enfin, en 1848, nous voyons qu'elle a été l'objet des efforts les plus dangereux, pour la composer au gré et au profit de telles ou telles idées, jusqu'à celle du désordre!

Cela prouve qu'on n'a jamais mieux compris son importance.

En effet, elle est grande!

Louis XVI par antipathie pour son chef ne chercha pas à s'appuyer sur elle. — Charles X eut les mêmes méfiances, s'offensa de son intervention politique et la licencia. — Louis-Philippe redouta jusqu'à l'apparence de son influence, et pour n'en pas tenir compte, la négligea et cessa de s'entendre avec elle ; — faute mortelle pour tous les rois, et d'autant plus impolitique, qu'il n'y a pas même eu inimitié, il n'y a eu que mésintelligence.

Ainsi la garde nationale joue le premier rôle dans les faits, elle est au premier plan de notre histoire, elle est une de nos plus remarquables institutions. — Et cependant je lis nos constitutions multiples, je ne l'y trouve pas, ou je ne la trouve que désignée en passant et pour mémoire. — Bien plus, la première Constitution (3-14 sept. 1791) déclare brièvement que la garde nationale « n'est pas une institution dans l'Etat, » et elle en donne cette définition : « La garde nationale, ce sont les citoyens eux-mêmes appelés au service de la force publique. » (*Const.* 91, tit. 4, art. 3.)

Ici encore un mot nouveau et différent a signalé le système philosophique, et porté ses conséquences dans nos institutions.

La garde nationale historiquement a succédé aux *milices civiques*. — L'idée de la cité, l'idée du citoyen dominait dans cette appellation ; c'est cette idée politique que nous faisons prédominer aussi dans notre pensée, quand nous appelons la garde nationale les *milices citoyennes*. Le mot garde nationale, au contraire, entraîne l'idée d'une force appelée au secours de la nationalité, d'une force armée au service de la patrie ; le sens militaire prévaut sur le sens politique. C'est une part de la force militaire, la force militaire même, si l'on veut, toute entière.

Cela est si vrai que la Constitution de 95 donne à toutes les forces publiques le nom de garde nationale. Une part est dite garde nationale sédentaire, une autre part, garde nationale en activité (art. 276, t. 9). L'armée, en effet, n'est-elle pas vraiment une garde nationale, et même n'est-ce pas elle surtout à qui est remise la garde de la nationalité et de son territoire.

93 avait fait autrement, et davantage. — D'après Rousseau, « tout citoyen doit être soldat par devoir, nul ne doit l'être par métier. Tel fut le système des Romains, tel doit être celui de tout état libre : 93 déclara que tous les Français sont soldats » (C. 93, art. 109) ; et en conséquence on supprima la garde nationale pour faire de toute la nation une armée, force universelle de résistance contre l'ennemi, et despotisme sans bornes qui peut soumettre le peuple entier à la discipline du soldat (art. 107 à 114). Le projet de Constitution de 1848 consi-

dère la garde nationale comme l'une des parties de la force publique (C^on. 1848, ch. 9, art. 106). De même qu'en 91, c'est voir dans la garde nationale une force militaire *sédentaire*, une part *subsidiaire* des forces armées de la nation (C^on. 91). C'est voir surtout le côté militaire; mais on prend ainsi le secondaire et l'accessoire pour le principal. Avant tout, la garde nationale est une *milice citoyenne;* c'est une *institution* politique, quoiqu'on l'ait dénié; c'est une *association* de citoyens, avant d'être une réunion de soldats. — La garde nationale n'est ni la doublure, ni la moitié de l'armée, comme le suppose le projet de Constitution (art. 106 à 110); ce doit être la force qui garantit les libertés publiques.

En 89 la garde nationale avait pris cette place politique, elle s'était organisée d'inspiration pour ainsi dire, comme l'institution défensive de la liberté; elle a gardé son rang dans l'histoire, elle ne l'a perdu que dans le texte imparfait des Constitutions.

Quand l'Assemblée Constituante remit le dépôt de la Constitution « à la fidélité du corps législatif, du roi et » des juges; à la vigilance des pères de famille, aux » épouses et aux mères, à l'affection des jeunes citoyens » et au courage de tous les Français » (C^ou. 1791, t. 7, art. 8); au lieu de remettre ce dépôt à l'institution désignée par la nature même des choses, la garde nationale, ce fut une abstraction substituée à un fait, ce fut encore l'abdication du fait historique vis-à-vis de la théorie philosophique. — Aussi cette théorie dans son expression la plus exagérée, la Constitution de 93, ne fit-elle que suivre la Constitution de 1791, avec une petite addition de sentimentalité à la mode, en remettant le dépôt de la Constitution *sous la garde de toutes les vertus* (art. 123).

La Constitution de 95 reprit, sauf le nom du roi, remplacé par le Directoire exécutif, l'article énumératif de la Constitution de 91.

Dans les Constitutions de l'an VIII et de l'an X, et à plus forte raison dans le sénatus-consulte organique de 1804, il n'est plus question de garde nationale, ni de garanties : on ne songe qu'à une chose, faire contracter au peuple l'obligation de l'obéissance par une acceptation plus ou moins fictive ; car on est tenu de garder la loi qu'on a acceptée. Ces formules d'acceptation ont été particulièrement en vogue sous l'Empire, et l'acte additionnel ne manqua pas d'y recourir. On comprenait très-bien que cet hommage prétendu à la souveraineté présente du peuple, était pour lui un engagement d'avenir ; on prenait ses garanties contre lui pour sa soumission à la Constitution, mais on se gardait bien d'en accorder aucune à lui et à la Constitution elle-même.

Dans le sénatus-consulte de 1804, l'Empereur, tenu à quelques serments, tels que celui de maintenir l'irrévocabilité des ventes des biens nationaux, n'est tenu à aucun serment pour le maintien de la loi qui constitue son empire et qui règle les conditions auxquelles il en était revêtu : les intérêts particuliers ne s'étaient pas oubliés, on n'avait oublié que les intérêts de la Nation.

La Charte de 1814 redonna aux peuples une garantie, et cette garantie était d'accord avec le principe de cette charte : elle était une *concession royale*. La garantie devait consister dans le serment royal renouvelé à chaque solennité du sacre (art. 74).

En 1830, la bourgeoisie comprit que la garantie de la constitution devait être la bourgeoisie elle-même sous les armes, l'idée de milice civique reparut tout entière. « La

» Charte et tous les droits qu'elle confère demeurent con-
» fiés au patriotisme et au courage des gardes nationales. »
(Art. 66).

Cette fois on s'était dégagé de la théorie de 1791, et la loi sur la garde nationale, en 1831, commença par définir dans toute sa grandeur le vrai rôle, la vraie mission de la garde nationale.

« La garde nationale est instituée pour défendre la » royauté constitutionnelle, la Charte et les droits qu'elle » a consacrés; pour maintenir l'obéissance aux lois, con- » server ou rétablir l'ordre et la paix publique, seconder » l'armée de ligne dans la défense des frontières et des » côtes, assurer l'indépendance de la France et l'intégrité » de son territoire. » (Loi de 1831, art 1er.)

Ici tout est à sa place : le rôle militaire est accessoire, le rôle politique est principal.

Mais aussitôt, et comme effrayée de sa définition, la loi se hâte d'en comprimer, d'en anéantir les effets; nulle part elle n'organise pour la garde nationale l'exercice d'une action politique. On a indiqué le but de l'institution, on ne lui indique plus aucun moyen de le remplir; la loi s'écarte de ses premières pensées, pour ne plus s'attacher qu'aux dernières; elle n'a plus qu'une seule crainte, celle de l'indiscipline, et qu'un seul objet, celui d'organiser une partie importante de la force publique.

Ainsi l'on eut le sentiment net et complet de la milice citoyenne, mais encore une fois on l'engloba dans le sens militaire du mot garde nationale, et la garde nationale ne resta en fait qu'une part subsidiaire de la police et de l'armée.

Si l'institution politique de la garde nationale n'eût

pas été réduite ainsi à une vaine définition ; si sa mission civique eût eu quelque mode pour s'accomplir, elle eût sauvé peut-être les constitutions et le pouvoir même, qui dans ses défiances ne s'appliquait qu'à l'annuler.

Le projet du comité de Constitution, d'abord en 139 articles, et depuis réduit à 119, a voulu peut-être laisser aux acclamations de l'Assemblée un article 140 ou 120, pour remettre le dépôt solennel de la Constitution, soit aux pères et mères de famille, soit à la garde de toutes les vertus, soit à la nation, soit à la garde nationale.

Mais que cette improvisation soit réfléchie, car ce n'est pas une vaine formule. La garantie d'une Constitution doit être d'accord avec son principe, ou le principe avec la garantie.

Si le principe de nos institutions avait été historique, la *commune*, la garantie eût suivi d'elle-même également historique, — les *milices civiques* ou garde nationale.

En 1830, la bourgeoisie revint à la garantie, mais elle avait omis le principe ; en 91, elle avait renoncé au principe et à la garantie.

En 1848, le projet de Constitution ne considère la garde nationale que comme une part de la force publique, il copie 91, il méconnaît la nature de la garde nationale : et oublie son rôle principal, ce rôle politique, qu'elle remplit de nos jours, plus que jamais, d'une manière éclatante.

C'est elle qui a pris la sauvegarde, non pas seulement de telle ou telle Constitution, mais de la constitution sociale; c'est elle qui s'est faite avec un élan indicible le salut de la civilisation tout entière. — Elle est ainsi le fait protecteur et sauveur de la société et de l'Assemblée nationale; et l'on copie 91, et l'on ne voit pas que la garde nationale, « ce sont tous les intérêts sociaux appelés à se » protéger, à se défendre eux-mêmes. »

La garde nationale doit être d'abord une milice civique, une institution dans l'Etat, — et *subsidiairement* en tant que de besoin, l'aide et le supplément de l'armée ; — elle doit être *une association* gardienne vigilante des autres institutions, et leur plus sûre garantie.

CHAPITRE VII.

Charte.

La bourgeoisie au XIe siècle avait conquis sa place vis-à-vis de la féodalité, et assuré ses libertés par des traités. « Les chartes communales sont de purs traités de paix en» tre les parties belligérantes. » (GUIZOT, leç. 7e, *Civilisation européennee.*) Alors la bourgeoisie « était tout à l'état » de commune, et n'était encore rien à l'état de nation ! » (GUIZOT, *ibid.*) En 1789, la commune « n'était plus rien ; » mais la nation bourgeoise était tout. » (GUIZOT, *ibid.*) Elle se trouvait face à face avec la royauté, et bien qu'empressée à retrancher les abus, elle sapât en même temps avec autant d'ardeur que d'inexpérience toutes les bases de la royauté, elle ne songeait pas à la détruire. Elle devait donc avoir la pensée d'un traité avec la royauté, c'est-à-dire d'une charte.

En effet, cette idée naissait naturellement des traditions françaises, aussi bien que des doctrines anglaises. Elle pouvait s'appuyer sur la nature des choses et sur les faits préexistants en France; ce pouvait être, en un mot, une idée nationale; mais comme on n'imaginait pas de demander quelque chose au passé, aux antécédents de la France, ce fut à titre d'anglaise, que l'idée de charte apparut, et inspira plusieurs hommes éminents de la Constituante, tels que Mounier, Lally-Tolendal, et la majorité qui voulait l'alliance de la royauté et de la liberté.

Depuis et avant l'apologue d'Antée, il n'y a de fort que ce qui s'appuie sur le sol; ôter à l'idée de charte sa sève territoriale pour en faire une importation exotique, c'était l'affaiblir, lui ôter sa puissance de nationalité; aussi, l'ai-je déjà dit, elle s'incorpora et se perdit d'elle-même dans l'idée de constitution. (Lettre 4.) Constituer, n'est plus traiter de puissance à puissance. La bourgeoisie et la royauté ne sont plus seules, il y a au-dessus et auparavant la souveraineté absolue de la nation. La royauté et la bourgeoisie disparaissaient donc en théorie. Elles ne devaient pas tarder à disparaître en fait.

Mais un fait ancien et enraciné ne disparaît pas entièrement et si vite, et quoi qu'on fasse, il n'est donné à aucun renouvellement social de transformer en un jour les éléments sur lesquels il s'opère. — Jamais les éléments du passé ne furent ridiculisés et mis en dédain comme ils le furent pendant le dernier siècle, jamais ils ne se suicidèrent eux-mêmes avec autant d'empressement qu'en 89, jamais ils ne furent broyés dans le sang avec autant de fureur qu'en 93, et néanmoins la royauté releva sa tête tombée sur l'échafaud; la noblesse, effacée tour à tour par les rois, le tiers-état et le peuple, ressaisit une dernière fois quelque lustre sous la Restauration; à plus forte raison en fut-il ainsi de la bourgeoisie. Elle garda ses traits et sa pensée distincte dans le nivellement extérieur de la République ; après l'Empire qui avait imprimé à toutes choses et à toutes classes un seul et même caractère guerrier, elle reparut puissante. Et bientôt ne trouvant pas que la Restauration eût assez compté avec elle, elle a fini par établir en 1830 sa domination spéciale. Tant il est vrai que les éléments du passé se survivent longtemps distincts et remarquables, avant de s'unir définitivement et de se perdre dans une fusion commune.

L'idée de charte renaquit avec la royauté en 1814. — Elle n'avait pas existé avec l'Empire, quoique, ce semble, l'Empire eût dû résulter d'un pacte entre le peuple et l'élu. L'Empire eut en tout la forme conquérante. Il conquit les suffrages populaires qui ne se discutèrent pas. Il y eut donc un sénatus-consulte et pas de charte.

En 1814, la charte se présenta comme un « contrat » entre la sagesse des rois et le vœu des peuples. » (Ch. *Préamb.*) D'autre part elle naissait de cette pensée qu'il « fallait renouer la chaine des temps, c'est-à-dire, chercher les principes de la charte constitutionnelle dans le » caractère français et dans les monuments vénérables des » siècles passés. » (Ch. 1814, *ibid.*) Pensée admirable, qui brisait avec le système philosophique romain, anglais, païen et cosmopolite, pour rentrer dans un système historique et national.

Par là était écartée cette incroyable injure que nous nous faisons à nous-mêmes, quand tous, fils de France, nous renions nos pères, comme si nous avions à rougir d'être les héritiers de ces siècles tout remplis de majesté et de gloire, comme si la France ancienne était faite pour donner de la honte à la France nouvelle, toute libre et illustre que celle-ci puisse être !

Malheureusement la pensée, belle et vraie à son point de départ, s'égara dans sa route. La charte ne fut pas un traité signé de part et d'autre avec honneur ; elle fut dite « une concession, un octroi volontaire de l'autorité roya-» le. » (*Préamb.*) Chose tant reprochée depuis ! mais on n'a pas assez remarqué que les systèmes philosophiques ayant jusqu'alors fait négliger les sources plus sûres de l'histoire, il était établi en 1814 que « Louis le Gros donna aux com-» munes leurs chartes d'affranchissement. » Louis XVIII se flattait de l'imiter libéralement en donnant aux peuples la Charte constitutionnelle (*V.* Ch. 1814, *Preamb.*).

Le pouvoir craint toujours de céder quelque part de lui-même, et trop souvent il ne fait que perdre en force réelle ce qu'il gagne en pompe extérieure. Du haut de son autorité, la royauté faisait un don, au lieu de contracter une alliance. Sans alliance, elle resta isolée dans l'élévation de cette autorité, et chercha en vain des appuis au-dessous d'elle : le premier appui auquel elle songea, la pairie, n'en fut pas un, « ce n'était qu'un nom et des sou-» venirs. » (*Préamb.*) La force de la vérité avait dicté ce mot au préambule même de la Charte. Or, une forte institution ne se fonde pas « par une réunion de souvenirs » et d'espérances ! »

La bourgeoisie commença par détruire le préambule de la Charte de 1814, en établissant péremptoirement que les libertés communales avaient été conquises par elle, qu'elles ne lui avaient pas été octroyées, et que les chartes étaient non des bienfaits, mais des traités. — Après quoi, à la première occasion, elle traita avec une royauté nouvelle, et établit à titre d'alliance la Charte de 1830. Que la Révolution de 1830 ait été faite par la bourgeoisie et au profit de la bourgeoisie, cela est historiquement incontestable. — La bourgeoisie ayant été attaquée dans ces derniers temps de bien des manières et avec violence, cette appellation peut exciter en elle-même quelques susceptibilités fondées malheureusement sur des luttes regrettables. Mais il n'est donné à personne de pouvoir supprimer ce qui a été, ce qui est, et d'empêcher que les choses ne prennent le nom qui leur est propre.

La bourgeoisie n'a pas été désignée ainsi par des écrivains ennemis seulement : ses écrivains les plus amis, MM. Guizot, Thierry, Thiers et bien d'autres, la classèrent de la sorte à titre de louanges, avant que d'autres vinssent la classer à titre de blâme et de haine.

Il est un ouvrage de M. Guizot, de 1821 (*Des moyens d'opposition et de gouvernement*), où l'on voit bien quels intérêts, quelles ambitions, quelles passions étaient en jeu sous la Restauration.

D'un côté, les anciennes classes, les émigrés, les débris aristocratiques d'autrefois, *l'ancien régime*, comme on disait alors ; — de l'autre côté, la France nouvelle, les hommes nouveaux, la bourgeoisie, comme elle-même s'intitulait. Il faut voir sous quels traits M. Guizot présente le tableau de ces *deux orgueils* (ch. x, *des Passions publiques*), et combien il s'attache à montrer « et l'impuissance » du premier et l'humeur du second dans la contradiction » qui existe entre son importance et sa situation. »

« Prenez garde, » s'écriait M. Guizot à l'ancien régime, « quelques apparences vous restent, mais les forces ont » passé ailleurs, et celles qui découlent des apparences » sont fragiles à côté de celles qui s'enfoncent dans les » réalités. — La France nouvelle sent ce qu'elle est, bien » qu'elle ne soit pas tout ce qu'elle doit devenir. »

Et s'adressant au Gouvernement : « Ce désaccord des » réalités et des apparences, travaillez à le faire cesser, » soyez un gouvernement BOURGEOIS. »

Tout le livre est le développement de ces idées. — La Révolution de 1830 est bien écrite dans ses pages (1).

La bourgeoisie entra pleinement alors dans son système politique : — Élection dans la municipalité, dans le département, dans le royaume, mais restreinte au cercle des classes moyennes; — Charte synallagmatique consacrée par des serments réciproques et garantie par la garde nationale; -- Royauté !

La bourgeoisie a toujours gardé les traditions de sa longue alliance avec la royauté. Elle n'a pas pour une famille royale cette attache personnelle qui est née des liens individuels entre la féodalité et le suzerain, et qui s'est perpétuée aussi par tradition. Elle tient à la royauté par le lien général des intérêts, comme à une institution qui présente le gage de cette stabilité, de cet ordre régulier à quoi s'attachent avant tout des classes industrieuses et commerçantes. Ce gage de stabilité reposant sur l'hérédité, la

(1) Cet ouvrage de M. Guizot est d'autant plus curieux à lire en 1848, qu'il y adresse au ministère de 1821, précisément tous les reproches qui depuis lui ont été adressés à lui-même. — *Corruption, immobilité, — ne rien faire.* — « La politique stationnaire, disait-il, » est seule à l'usage de ce ministère : il doit essayer de l'immobilité; » il faut qu'il demeure et maintienne toutes choses immobiles, » ou qu'en se retirant « il fasse place..... à une révolution (ch. 2). »

Ainsi, M. Guizot racontait sa propre histoire vingt-sept ans d'avance, et la tenacité qu'il a mise à garder le pouvoir, jusqu'à ce que ce pouvoir lui fût arraché par une révolution, était écrite aussi dans cette phrase curieuse (*Ibid.*) : « Pour se faire pardonner le pouvoir, » il faut le garder long-temps, non y revenir sans cesse. — De petites et fréquentes vicissitudes dans une grande situation diminuent celui qui les accepte quand elles ne le décrient pas. »

M. Guizot écrivait cela à propos de M. Pasquier : « Que la France » juge sévèrement, car elle l'a vu toujours dans le sein ou à la porte » du pouvoir, ministre presque inévitable sous telle ou telle forme. »

Souvent la peur d'un mal nous conduit dans un pire.

M. Pasquier ne poussait pas la fermeté jusqu'à perdre sa place, — M. Guizot l'a poussée jusqu'à perdre et lui-même, et une royauté.

bourgeoisie a toujours admis au fond le principe de légitimité ou principe héréditaire. Seulement elle crut pouvoir user à ce point de sa force, qu'elle détruisit dans ses fondements le temple de l'hérédité pour le reconstruire ailleurs en trois jours. Elle maintint donc tous les principes de la Charte précédente; elle innova le moins possible, satisfaite, s'il n'y avait après tout qu'un changement politique sous son influence, et qu'un roi fût tombé, sans que la royauté cessât d'apparaître debout. Un chiffre vint troubler ses vues et altérer son système. Elle voulait se borner à fonder une dynastie nouvelle, et elle ne comprit pas qu'il fallait la placer à son rang dans l'histoire. Philippe d'Orléans le comprit bien. Il prit les deux noms réunis de Louis-Philippe, pour donner, s'il était possible, non pas au nom de Philippe, mais à l'ensemble des deux noms, le chiffre de Ier.

Vaine subtilité, ce n'était plus un changement de dynastie, c'était une royauté toute neuve, c'était la Révolution prenant le droit de répudier le passé de la société française, et de lui donner une date nouvelle. Louis-Philippe était le premier roi d'un pays constitué à nouveau. — Le système philosophique rentrait ainsi au milieu même du système historique de Charte et Royauté, par un chiffre en 1830, comme en 91; par les mots de Garde nationale, Municipalité et Constitution, il avait remplacé les mots et les idées de Milice civique, de Charte et de Commune.

Que la bourgeoisie ait établi sa prépondérance par un système électoral, une charte et une royauté à sa convenance, c'était le développement nécessaire d'un grand fait, d'un grand ensemble de situations, d'intérêts et d'idées. Elle a régné, et son règne a bien été ce qu'il devait être, le règne de l'ordre public, de la paix, de l'industrie, du commerce et des affaires. Mais remarquons trois choses.

1° Elle voulait une royauté héréditaire, et elle commença par briser une royauté et une hérédité; un homme l'emporta sur un principe : — ainsi elle divisa en deux parties les soutiens de la royauté. La royauté compta pour ennemis les féaux de la royauté, comme si la royauté à notre époque n'eût pas eu besoin de tous ses partisans. Au bout de cette division il y avait la démocratie et la république. Toute force divisée périt, et la royauté de 1830 a justifié une fois de plus cet axiome.

2° La bourgeoisie avait appelé aristocratie et privilége le système électoral de la Restauration. Abaisser le cens était bien, sans doute; mais la démocratie devait à son tour appeler bourgeois et privilégié le système électoral de 1830. En effet, la bourgeoisie n'avait pas détruit le privilége, elle l'avait seulement élargi à sa mesure.

3° La charte était un contrat, mais il contenait des clauses formelles que la bourgeoisie et la royauté ne pouvaient se permettre d'oublier, même par consentement mutuel; car la nation tout entière était intéressée au contrat et avait droit à en réclamer l'exécution.

Ainsi la responsabilité des ministres et agents du pouvoir, ainsi la liberté d'enseignement (*Charte*, art. 96), promesses absolues, que le pouvoir et les chambres s'accordèrent à ne pas tenir.

La responsabilité garantie de tous les droits, la liberté d'enseignement garantie de la liberté morale des consciences, de l'autorité paternelle et de la foi religieuse, restèrent, au mépris des demandes les plus vives et les plus constantes, une lettre morte solennellement affichée dans la charte. — Le jour où la Charte de 1814 avait paru violée, on avait crié au parjure. Le déni de la responsabilité des agents du pouvoir et de la liberté d'enseignement était un parjure continu de dix-huit années.

Quel est le contrat qui ne s'annule pas par l'inexécution de ses clauses?

Chaque partie du système de la bourgeoisie avait donc ses causes de chute; et, en outre, la prépondérance de la bourgeoisie a eu ce tort, qui suit bien facilement toute prépondérance, c'est d'être exclusive et de plus en plus exclusive, à mesure que le fait grandissant de la démocratie élevait ses réclamations. Partie, en 1789, du mot de Syeyès : « Le tiers-état, c'est tout le monde, » la bourgeoisie, en 1830 et durant un pouvoir de 18 ans, a gardé ce mot. Il a fallu une révolution pour la désabuser.

C'est en vain aujourd'hui que telle ou telle classe chercherait à se maintenir et à gouverner dans un esprit d'exclusion et de séparation, nul intérêt particulier ne peut prédominer sur ce caractère d'universalité auquel tendent toutes choses. Il y eut autrefois trois grandes classifications : noblesse, bourgeoisie et peuple. Les deux premières ont été trop longtemps distinctes de la troisième, pour disparaître et se fondre dans l'unité totale avant d'avoir lutté jusqu'au bout et tenté de se conserver et de régner. Même après la Révolution et l'Empire, il a fallu qu'elles essayassent encore leurs dernières forces et qu'elles vissent l'une et l'autre la vanité de leurs illusions dernières. La Restauration et le règne de 1830 ont répondu à ces deux efforts. Mêlés d'abord par le sang, la gloire et les idées dans ces derniers temps, mêlés bien mieux encore par les intérêts, elles devaient arriver un peu plus tôt, un peu plus tard à s'unir dans la généralité. Plus de castes, plus de dominations exclusives, plus de classes rivales ou ennemies! 89 a fait l'unité du territoire; l'Empire, l'unité des lois; le temps et l'expérience devaient compléter cette œuvre par l'unité des citoyens. Voilà en quoi la Révolution de 1848 devra être une révolution sociale, non en troublant la société, mais en écartant au contraire le trouble par l'union des membres, de manière qu'il n'y ait plus de partie qui se prenne pour le tout, et qu'on puisse dire enfin avec vérité, non pas de l'aristocratie, non pas du tiers-état, non pas de la démagogie, mais de la nation : Le peuple, c'est tout le monde !

LIVRE DEUXIÈME.

PHILOSOPHIQUE.

CHAPITRE PREMIER.

Constitution et Révolution.

La royauté tombée, le mot et l'idée de charte tombent ; — le peuple seul demeure. — Dès lors, ce n'est plus *un système de garanties* qui doit se comprendre dans le mot de Constitution, comme l'explique Augustin Thierry ; car on prend des garanties valables contre quelque chose qui vous est étranger, et non contre soi-même. La nation a des garanties à prendre vis-à-vis de la royauté, par exemple. — Mais si la nation est souveraine, entière et sans réserve, elle n'a qu'à proclamer l'action de sa souveraineté. Nous nous trouvons donc enfin face à face du mot Constitution, sans alliage, sans confusion de synonymes. L'idée de Constitution se présente dans sa pleine acception de loi fondamentale et organique. — Examinons, si je puis ainsi parler, ses dehors, nous arriverons ensuite à son sens plus intime.

— Ce n'est pas assurément une médiocre entreprise que celle d'établir une Constitution, cette loi complexe, une et multiple à la fois, qui doit embrasser d'un seul coup d'œil toute l'étendue de la souveraineté générale, et la diversité de ses rapports avec l'État, loi plus difficile et plus délicate qu'aucune, exigeant d'autant plus de précision qu'elle tient à plus de choses, d'autant plus de clarté qu'elle définit et sépare les principes les plus abstraits du devoir et du pouvoir, d'autant plus d'exactitude qu'elle balance des mouvements plus opposés, tendant à prévaloir les uns sur les autres, et qu'il lui faut régler, équilibrer et contenir. Or, s'il n'est pas de loi qui n'exige une sollicitude patiente et éclairée, combien plus cette loi, qui devient le cœur même et la vie de la société, dont toutes les autres lois ne sont que les membranes. — On sait comment nos Codes ont été établis. Soumis à une analyse pénétrante, aux critiques et observations de tous les tribunaux, et à des débats qui sont restés des leçons, si les influences du moment pénètrèrent en quelques parties, presque partout dominèrent les idées inamovibles qui ont donné leur caractère à l'œuvre. La loi se délibéra à sa naissance, comme elle doit recevoir son application, dans un sanctuaire : tout fut réuni ; le calme de la méditation, la préoccupation exclusive du vrai et de l'équitable, la sagesse et l'unité des vues : il en est résulté le durable. Est-ce ainsi que se font nos Constitutions ?

— Chose singulière, il est des temps où la simple révision d'une loi secondaire est entourée de précautions infinies et de lenteurs désespérantes. Depuis 20 années, par exemple, on réclame la révision du régime hypothécaire ; on a accumulé sur ce point les consultations aux tribunaux, les dissertations, les enquêtes. Il y a des piles d'in-folios ;— un quart de siècle aura été nécessaire pour modifier trois ou quatre articles du Code civil : — puis il est des temps où en quelques mois se précipitent, du haut des révolutions, l'avalanche des lois nouvelles. On ne pouvait remuer une pierre de la masse des lois, et voilà qu'on soulève d'un seul effort cette masse toute entière, on accumule loi sur loi, Pélion sur Ossa, pour arriver au plus haut point du bonheur et du bien-être ; on ne parvenait pas à améliorer un système de garanties pour un créancier, on va améliorer, que dis-je ? on va créer tout d'un trait un système de garanties pour un peuple !

C'est ainsi que se font les Constitutions !

Pour d'autres lois, le calme et l'absence des intérêts et des passions ; pour celles-ci, l'agitation et la lutte des intérêts et des passions ; — et l'on demande à des sources si diverses vérité et durée : quel problème !

Sans doute le propre des révolutions est d'entraîner, de porter au loin les hommes et les idées : — mais quelle est cette prétention de vouloir en même temps et au plus vite fixer ce qui tourbillonne, et fonder sur la mobilité des impressions, en temps de trouble, l'œuvre immobile de la sagesse ?

En cela on est bien loin du système philosophique, et des leçons de l'antiquité. — La philosophie est étrangement dérangée, il faut le dire, par le choc des intérêts engagés, le bruit de partis qui disputent d'adresse ou de violence, et les clameurs auxiliaires de la place publique.

L'antiquité demandait la Constitution d'un peuple aux médiations profondes et désintéressées, à la vertu, au génie d'une âme supérieure. Plus les passions politiques sont vives et diverses, plus les partis s'efforcent de se faire prévaloir, et plus il lui semblait que le législateur devait apparaître en dehors et au-dessus des influences individuelles et éphémères. Elle n'imaginait pas de donner pour base à la solidité d'une Constitution les tiraillements opposés de chacun et l'effervescence de tous.

Le grand maître du système philosophique, ne comprenait pas autrement son application. Il lui fallait une intelligence dégagée des passions humaines, telle, s'il eût été possible, « qu'elle n'eût aucun rapport avec notre » nature, et la connût à fond, — dont le bonheur fût in-» dépendant de nous, et qui pourtant voulût bien s'occu-» per du nôtre; — qui, dans le progrès des temps, se » ménageant une gloire éloignée, pût travailler dans un » siècle, et jouir dans un autre; — en un mot, des Dieux » pour donner des lois aux hommes. » (L. 2, ch. 7, C. S.)

Il y avait à cela deux difficultés : — 1° trouver ce législateur supérieur, — et cette difficulté vous paraît peut-être dispenser d'en ajouter une seconde, que je crois cependant encore plus insoluble, — ce serait, le demi-dieu trouvé, de le faire accepter. Rousseau n'en désespérait pas absolument, puisqu'il lui fallait avant tout un *chef d'Institution*, ce devait être au moins un *Lycurgue* abdiquant la royauté avant de donner des lois à sa patrie, ou bien, « un étranger n'ayant ainsi aucune vue particulière » qui pût altérer la sainteté de son ouvrage. » (C. S. ib.)

Cette nécessité d'un Dieu, ou ce pis-aller d'un étranger, afin que les lois soient d'autant meilleures qu'on connaîtra moins les mœurs, les opinions, les intérêts du pays auquel il s'agit de les donner, ce rêve comtempteur de toutes les réalités aurait dû suffire à montrer le chimérique du système dont il était la base, — car cette base était nécessaire et logique. L'absence des passions et des intérêts est évidemment la première condition requise pour découvrir, dans les hauteurs de la raison, la meilleure des formes sociales possibles. — Dès-lors ce ne peut être l'œuvre de la volonté générale.

Aussi Rousseau ne pouvait-il la remettre à la foule, ou au hasard électoral, dans une assemblée de Représentants.

D'abord « l'idée de représentants est moderne. C'était assez pour qu'elle lui parût méprisable. « Dans les an- » ciennes républiques on ne connaissait pas ce mot-là ; » cette idée nous vient du système féodal, de cet inique et » absurde gouvernement dans lequel l'espèce humaine » est dégradée, et où le nom d'hommes est en déshon- » neur. » (C. S. ch. 15 l. 3.)

Ensuite, «la souveraineté du peuple ne peut être repré- » sentée par la même raison qu'elle ne peut être aliénée. » La volonté générale ne se représente point. » En ce cas le système ne serait réalisable que dans de petites localités comme Sparte, Athènes, Genève : Rousseau l'entendait bien ainsi. Il énumère une réunion de conditions telles, qu'en résumé, il ne se trouvait guère que l'île de *Corse* susceptible de recevoir une bonne Constitution (ch. 10, l. 2).

Nous avons été moins modestes, nous avons cherché à appliquer le système philosophique, non à une petite île, mais à une grande nation, mais à l'humanité. Il nous a fallu, il est vrai, recourir, faute d'un Dieu, à l'*idée moderne* des représentants. M. de Lamartine concilie cela en disant : — « Si jamais l'inspiration fut visible dans » le prophète ou le législateur antique, on peut dire que » l'Assemblée constituante eut deux années d'inspiration » continue. — La France fut l'inspirée de la civilisation. » (T. Ier, l. 7, *Gir.*).

Cette grande mission ne pouvait toutefois éviter un danger que Rousseau avait vu et qui est une des principales raisons sur lesquelles il appuie la nécessité de son législateur suprême. — « Celui qui rédige les lois ne doit avoir » aucun droit législatif. Si celui qui commande aux hommes » ne doit pas commander aux lois, celui qui commande aux » lois ne doit pas non plus commander aux hommes : il » ne peut y avoir que tyrannie là où sont réunis l'autorité

» législative et le pouvoir souverain. » (L. 2, ch. 7, C. S.) En effet, depuis ces lignes écrites, l'histoire nous a montré la tyrannie compagne ordinaire de nos assemblées à la fois législatives et souveraines.

En outre, par l'*idée féodale* de représentants nous sommes rentrés dans notre histoire, et l'historique s'accorde difficilement avec le système philosophique ; il en est résulté que ce sont les passions et les intérêts, qui se sont chargés de remplir le rôle duquel on voulait les écarter. Ce sont les révolutions, avec leur fougue et leurs préoccupations animées, qui se sont mises à la place de cet étranger, de ce sage réclamé par la philosophie.

Aussi nos Constitutions sont-elles l'expression des tumultes, des vœux, des théories de chaque époque : elles marquent tantôt l'action, tantôt la réaction des idées; chaque constitution porte sa date ineffaçable en elle-même : — incertaine et flottante en 91, entre la royauté et la république; — démagogique et tyrannique en 93 ; — intimidée et irrésolue en 95 ; — l'an VIII, en marche vers l'impérialisme, et toute pleine d'intérêts personnels; — en pleine réaction vers l'autorité, l'an X ; — despotique en 1804 ; — royale en 1815 ; — bourgeoise et monarchique en 1830. — Otez ces chiffres de 91, 93, 95, etc., — ils se rétabliront à première vue. — Les Constitutions sont des miroirs où l'on voit dans la loi déclarée éternelle se refléter les idées et les hommes passagers du jour : elles ne précèdent pas les opinions et les mœurs ; — elles ne les forment pas, elles les suivent, elles sont les révolutions se reproduisant, s'écrivant elles-mêmes ! Comment donc seraient-elles durables (1) ?

(1) M. Marrast a dit (Rapport) : « Les Constitutions écrivent ce » qui est consacré par les révolutions dont elles sortent. »

Barnave attaquait avec véhémence tous les opposants à la Constitution, et entre autres ceux à qui elle déplaisait, « parce que, *disait-il*, tout ce qui fixe la machine politi- » que leur est odieux, parce que la révolution fixée par » nous leur échappait. »

Ç'a été là toujours le but que les révolutions ont poursuivi, et que toutes ont cru atteindre : fixer la révolution, fixer la machine politique par la Constitution ; mais cette espérance est toujours restée vaine.

Dès 91, Malouët en voyait la raison, et la disait nettement aux illusionnés de la Constituante : « Vous avez pris » les passions pour auxiliaires, c'est élever un édifice en » sapant les fondements ; point de jugement, point de li- » berté, point de vœu certain et de sécurité, jusqu'à ce que » vous ayez séparé la Constitution des mouvements de la » Révolution. » Déjà M. Thiers s'est écrié : « Je plaide la » cause du bon sens au tribunal des passions. » Rousseau avait dit : « Pour instituer un peuple, il y a une condi- » tion, à laquelle nulle autre ne peut suppléer, sans la- » quelle elles sont toutes inutiles ; — c'est qu'on jouisse » de la paix. (*C. social*, chap. 6, l. 2) et de la tranquillité » (*G. de la Pologne*, ch. xv). Le choix du moment de l'ins- » titution est un des caractères les plus sûrs par lesquels » on peut distinguer l'œuvre du législateur, d'avec celle » du tyran (1). » — « Mais nous avons été envoyés pour » constituer la nation, » répondait à Malouët l'orateur de la Montagne, « et il ne nous reste plus qu'à donner à » notre Constitution la stabilité et la durée. »

(1) Le tyran peut être un homme, ou une assemblée. — La Constitution débattue en 93 avec la guerre au dehors et au dedans, l'anarchie et la terreur, ne pouvait être qu'une œuvre de tyrannie. En 1848, comment imaginer une Constitution votée durant un état de siége ? — En fait vous n'êtes pas tyran ; mais vous l'êtes d'apparence et de droit.

La réponse était naïve quoique de Robespierre, la Constitution dura huit mois, et depuis c'est même chose. A chaque constitution, il ne reste à donner que la stabilité et la durée. Vous verrez qu'en 1848 nous nous flatterons d'y réussir.

Ainsi soixante années d'expérience passent en détruisant sans cesse les créations de nos illusions, sans détruire ces illusions elles-mêmes ; nous voulons toujours des Constitutions fixes, et nous ne les séparons jamais des mouvements de la révolution.

CHAPITRE II.

Constitutions de 91 à l'an VIII. — Système philosophique.

Nul doute sur le sens du mot *Constitution,* à cette époque célèbre où l'on commença à le mettre en honneur. — Cent bouches aussi retentissantes que celles de la Renommée proclamèrent, qu'il s'agissait de *constituer* le contrat social sur ses bases indestructibles et éternelles, celles de la nature, en déchirant le contrat corrompu et souillé des temps antérieurs.

Il devient inutile de citer des témoignages individuels, quand la pensée universelle est éclatante et irrécusable : j'ouvre donc nos Constitutions à leur première page.

« Considérant que l'oubli et le mépris des droits de
» l'homme sont les seules causes des malheurs publics et
» de la corruption des gouvernements, et résolue d'expo-
» ser dans une déclaration solennelle les droits inaliéna-
» bles et sacrés de l'homme ;

L'Assemblée nationale reconnait et déclare :

Art. 1er Les hommes naissent et demeurent libres ;

Art. 2. Le but *de toute* association politique est la con-
» servation des droits naturels de l'homme. »

Ces droits quels sont-ils? — La déclaration de 91 leur consacre 17 articles; — la déclaration de 93 leur en accorde 35; — celle de 95, 22 articles pour les droits, et 9 pour les devoirs. Entre autres choses la déclaration de 93 reconnaît et déclare comme droits, — l'instruction pour tous les citoyens, et la subsistance aux citoyens les plus malheureux (art. 21 et 22), droits que ne mentionnent pas les déclarations de 91 et de 95.

Les droits inaliénables et sacrés, les droits naturels et imprescriptibles de l'homme dépendent-ils donc de la Constitution? Sont-ils ou ne sont-ils pas, suivant qu'elle les reconnaît ou ne les reconnaît pas, qu'elle les oublie ou les déclare?

Si la Constitution ne fait que les énoncer, elle peut donc le faire d'une manière plus ou moins complète, et si pour exister il faut qu'elle les reconnaisse, elle pourrait donc les nier en partie. Omission ou négation, en tout cas, cela devient grave.

Quoi qu'il en soit, l'Assemblée nationale de 91 omit ou ne reconnut pas le droit à l'instruction, le droit à la subsistance; mais elle définit la liberté (art. 4) et ses conséquences (art. 9, 10 et 11); — la loi et ses attributions (art. 5, 7 et 8); — les garanties de la liberté et de la loi (art. 12, 13, 14 et 15); — la propriété (art. 17); et elle pro-
» clama « que toute société dans laquelle la garantie des
» droits n'est pas assurée, ni la séparation des pouvoirs
» déterminée n'a point de Constitution (art. 16). »

Après quoi l'Assemblée nationale, *voulant* établir la Constitution française « sur les principes qu'elle vient de
» reconnaître et déclarer, » formule en sept titres la Constitution de 1791.

La Constitution française de 1791 a ses dispositions fondamentales, ses principes généraux, exprimés au titre premier, et qui sont indépendants de la déclaration des droits de l'homme.

Ce sont donc deux Constitutions pour ainsi dire, parfaitement distinctes : l'une, pour l'humanité tout entière ; l'autre, seulement pour la France. La seconde n'était que l'application expresse, détaillée et spéciale à la France, des grands principes de la première.

Or, la théorie générale du mot Constitution n'est pas ambiguë d'après l'article 16 de la déclaration ci-dessus relatée.

Une nation pourrait dresser procès-verbal de ses franchises, constater par écrit l'état de ses libertés et le mécanisme de son organisation, elle n'aurait pas pour cela de Constitution, car elle ne se serait point constituée à nouveau. Elle aurait décrit légalement sa situation historique, elle ne se serait pas renouvelée théoriquement d'après les données générales de la raison et de la philosophie. *Toute Société dans laquelle ne sont pas garantis les droits naturels*, les droits de l'homme, tels que la raison est appelée à les fixer, — toute société dans laquelle n'est pas déterminée la séparation des pouvoirs, telle que la philosophie est appelée à les limiter, *n'a point de Constitution.*

Il était impossible au système philosophique de se mieux résumer, et d'exprimer plus nettement sa foi absolue en lui-même !

93 n'attachait pas la même importance que 91 à établir la liberté par la séparation des pouvoirs, et voulait, au contraire, les réunir et les confondre pour la facilité de son action despotique : 93 n'était pas non plus dans l'intention de garantir les droits naturels de l'homme si efficacement qu'il eût à en tenir compte ; 93 se sentit

sans doute accusé, par l'article 16 de la déclaration de 91, de n'avoir pas vraiment de Constitution : on supprima cet article 16 en le remplaçant par un article 23, ainsi conçu :

« La garantie sociale consiste dans l'action de tous pour » assurer à chacun la jouissance et la conservation de ses » droits. »

C'est la formule de Jean-Jacques. — « Protéger de toute » la force commune, la personne et les biens de chaque » associé. »

» Chacun se donnant à tous, la condition est égale » pour tous ; et chacun se donnant à tous, ne se donne à » personne. Comme il n'y a pas un associé sur lequel » on n'acquière le même droit qu'on lui donne sur soi, on » gagne l'équivalent de ce qu'on perd, et plus de force » pour conserver ce qu'on a. » (Ch. VI, l. 1er *C. S.*)

Le système philosophique s'exprimait en 93 autrement qu'en 91, mais tout aussi complètement par les paroles sacramentelles du maître.

Les Constitutions de 91, 93, 95, sont précédées toutes trois d'une déclaration des droits de l'homme, comme d'une source supérieure d'où elles dérivent ; c'est-à-dire que l'on commence par bien établir la théorie générale, pour en déduire l'application particulière.

Le système est complet à cette première période, et il a reçu, il faut le dire, de magnifiques éloges.

Les constituants ne se bornèrent pas à attendre ceux de l'avenir. — *Ce n'est ni l'intérêt ni la flatterie qui vous louent*, disait Bailly à l'Assemblée nationale, *ce sont vos œuvres !* Vous avez, disait Pastoret, rétabli le *décalogue des hommes libres,* pensée que l'Historien des Girondins a reproduite en disant de la déclaration des droits, — « c'é- » tait le décalogue du genre humain dans toutes les lan- » gues. » (T. Ier.)

« Les hommes de la Constituante, » ajoute M. de Lamartine, « n'étaient pas des Français, c'étaient des » hommes universels, ils se sentaient des ouvriers de » Dieu, appelés par lui à restaurer la raison sociale de » l'humanité, et à rasseoir le droit et la justice par tout » l'univers. » (*Ibid.*)

Je cite cette phrase comme un résumé brillant; car je n'ai pas à relater ce long concert d'hommages et d'admiration que notre époque entretient, depuis un demi-siècle, en l'honneur de cette rénovation sociale et des hommes éminents qui l'ont fait triompher dans nos mœurs, dans nos lois et dans nos idées, éloges mérités sans doute. Mais bien que l'œuvre ait été grande et belle, si le but, au lieu seulement d'être atteint, est resté souvent dépassé, si l'erreur s'est mêlée au vrai et n'a pas cessé de l'altérer encore, ne faut-il pas enfin y apporter l'examen hardi au lieu de la louange coutumière, et le temps et l'expérience ne disent-ils pas de réfléchir au lieu de toujours admirer ?

Or, le système de 91, 93 et 95, le système philosophique inspirateur de ces Constitutions, quel était-il en réalité ?

Refaire le pacte social d'après son but éternel, le bonheur commun (*Décl.* 93, art. 1), et d'après les droits naturels de l'homme (*Décl.* 91, art. 2); ou, si l'on veut, constituer l'humanité, et après l'humanité la nation !

Telle fut bien l'œuvre comprise sous le mot de *Constitution :* ce ne fut pas une Révolution politique, ce fut une Révolution sociale.

Elle aspirait par-dessus tout à ce but, et à ce titre !

Ouvrez le *Bulletin des lois* à sa première page : quelle page curieuse ! à elle seule, elle est l'auto-da-fé de tout le passé de la France. En 17 articles, brièvement conçus, régime féodal et tout ce qui restait de ses droits, — administration, — division du territoire, — pays d'États et d'élections, — provinces, — dîmes, — finances, — systèmes d'impôts quelconques, — ordre judiciaire, — droit civil, — priviléges des provinces, pays, cantons, villes et communautés d'habitants, soit pécuniaires, soit de toute autre nature, institutions religieuses, tout est aboli, un an avant la Constitution. Un article dernier déclare qu'on s'occupera de refaire des lois municipales, judiciaires, administratives. Mais la hâte de renverser ce qui était n'a pas permis d'attendre ce qui sera, puis l'Assemblée, regardant comme accomplie une première partie de sa tâche, ordonne qu'il sera chanté un *Te Deum,* et proclame Louis XVI le restaurateur de la liberté française (Août 1789).

Certes, cette première page du *Bulletin des lois* est plus saisissante que les récits de tout historien! Chaque article, comme un marteau irrésistible, frappe et ouvre une large brèche. Avec quelle ardeur ces démolisseurs redoublent leurs coups! Ils s'attaquent à l'édifice social, comme les démolisseurs vulgaires qui les suivront s'attaqueront aux pierres des châteaux et des cathédrales! — Ne voyez-vous pas qu'ils leur ouvrent la voie? — Est-ce qu'ils ont quelques ménagements, quelque respect pour aucuns débris vénérables des temps écoulés? On croit voir s'élever la poussière, on croit entendre le bruit de tous ces siècles qui croulent, puis ils chantent un *Te Deum,* et voici qu'à la fin, comme une dérision sanglante, apparaît, couronnée d'un vain titre, la victime prochaine de l'échafaud!

Ainsi, tout détruire avant de rien édifier, et s'en glorifier devant les hommes et devant Dieu, ce fut le premier acte de la Constituante. Après soixante ans, nous avons revu la même marche ; mais on s'est arrêté, et dans ce temps-là on ne s'arrêtait pas.

La Révolution voulait être un entier renouvellement social. Elle voulait être, *non un événement de l'histoire d'un peuple*, mais *une date de l'esprit humain ;* elle voulait signaler sa portée par ce trait caractéristique, une date nouvelle. Tant qu'elle semblait tenir encore au passé par quelque lien elle s'appliquait à le rompre. Elle poursuivit donc l'abolition de ce passé, jusque dans le calendrier, et le nom des mois et des années ; la société de 1792 renia même celle de 1791, elle se data l'an premier de la liberté et de l'égalité. Enfin la société ancienne ne lui était plus rien ; elle ouvrait à un nouvel ordre social un hégire nouveau.

Tels furent, en leur développement logique et absolu, le système philosophique et le mot de Constitution. Ni le mot ni le système ne changèrent, en l'an VIII ; mais la société s'était déjà tant refaite elle-même, qu'elle commençait à se lasser d'être à refaire. Les hommes, devenus moins mobiles que la société, voulaient consolider leurs intérêts, et pour atteindre ce but principal, au lieu d'une assemblée susceptible d'entraînements subits et de passions diverses qui échappent à une direction calculée, un premier intéressé devait être le législateur.

Il était tout désigné, et tel que l'antiquité, où l'on allait chercher des exemples, n'en présentait pas cependant le modèle.

Au lieu de ces illuminés d'en haut qui, ayant mis toute leur âme, toute leur sagesse dans une seule mission, s'effaçaient eux-mêmes de leur œuvre une fois qu'elle était accomplie, le législateur moderne avait déjà travaillé à maintes Constitutions : une première détruite, il était prêt à passer à une seconde ; il avait une facilité de *constituer* au niveau de toutes les inconstances de l'opinion publique. Bien loin surtout de songer aux rigueurs d'une abdication et d'un exil volontaire, il savait faire une Constitution à double fin du peuple et de lui-même.

Cet abbé Syeyès ridiculisa le rôle de Solon et de Lycurgue, mais nul ne prouva mieux l'erroné et le factice du système philosophique : — c'est que toutes Constitutions résultant d'un système général, elles ne sont plus que des formules à modifier suivant l'ordonnance.

Syeyès conforma la sienne aux intérêts du jour. « Son » système, » dit M. Thiers, « saisissait les esprits par la » nouveauté, la singularité, et l'art infini des combinai- » sons. » — Ailleurs M. Thiers appelle cette Constitution » l'œuvre savante, mais artificielle, d'un esprit dégoûté de » la monarchie et effrayé de la République. » Plus loin il reconnaît que Syeyès avait abouti à « l'aristocratie véni- » tienne constituée au profit des hommes de la révolution. » C'est là le cachet principal de cette Constitution, c'en est fait de l'idéal de 89 : — plus de déclaration générale, plus de décalogue humanitaire, plus de refontes sociales; ce n'est plus la révolution, mais ce sont les hommes de la révolution, consacrant entre leurs mains les biens nationaux (art. 94), cherchant des garanties contre tout ce qui viendrait troubler le présent (art. 93), et organisant le pouvoir sur un cadre assez large pour s'y placer tous à leur aise, — non pas une Assemblée, ni deux, mais trois : — Sénat conservateur, Corps législatif, Tribunat, — et le tout largement doté par la Constitution (10,000, 15,000, 50,000 fr.) (art. 22 et 36). Les sénatus-consultes qui suivirent s'occupèrent des formes politiques du Gouvernement et de l'administration, pour concentrer tout dans un homme : les deux Chartes furent des systèmes de garantie, des traités, comme nous l'avons dit ; — le mot de Constitution s'était amoindri et effacé, l'idée de refaire la société avait disparu : — 1848 a ramené et le mot et l'idée ; — mais quant au passé, éloge ou blâme, n'importe! — « La Révolution que le siècle dernier a fait éclater a » été une Révolution sociale. » (GUIZOT, *Hist. de la Civ. en Fr.* t. 1.)

« Prodigieuse hardiesse de l'esprit humain! il en vint à » se considérer comme une espèce de créateur : — institu» tions, opinions, mœurs, l'homme lui-même, tout parut » à refaire, — et la raison humaine se chargea de l'entre» prise! »

CHAPITRE III.

Constitution et socialisme,

» Découvrir les meilleures règles de société qui convien» viennent aux nations, » tel était le but donné par Rousseau au législateur; et, dans les moyens d'y parvenir, il envisageait non-seulement la société, mais la nature humaine à transformer.

— « Entreprendre d'instituer un peuple, c'est se sen» tir en état de changer, pour ainsi dire, la nature hu» maine, — de transformer chaque individu, qui par lui» même est un tout parfait, en partie d'un plus grand » tout dont cet individu reçoive en quelque sorte sa vie » et son être, — d'altérer la constitution de l'homme pour » la renforcer, — d'ôter à l'homme ses propres forces » pour lui en donner qui lui soient étrangères, et dont il » ne puisse faire usage sans le secours d'autrui. Plus ces » forces naturelles sont mortes et anéanties, plus les ac-

» quises sont grandes et durables; — en sorte que si chaque » citoyen n'est rien, ne peut rien que par tous les autres, » et que la force acquise par le tout soit égale ou supé- » rieure à la somme des forces naturelles de tous les in- » dividus, on peut dire que la législation est au plus » haut point de perfection qu'elle puisse atteindre. » (Liv. 2, ch. 7.)

Veut-on toutes ces pensées plus concentrées dans la formule que Jean-Jacques donne comme base à tout son livre et à la société? — En voici *l'essence* réduite aux termes suivants :

« Chacun de nous met en commun sa personne et toute » sa puissance sous la suprême direction de la volonté » générale, et nous recevons en corps chaque membre » comme partie indivisible du tout. »

Je n'imagine pas que la théorie socialiste puisse être exprimée d'une manière plus nette et plus complète. — Elle est bien là toute entière, et ce ne sont pas des phrases isolées, c'est *l'essence* même, le point de départ du *Contrat social!* — Aussi M. Louis Blanc accepte-t-il avec admiration la définition donnée par Rousseau, et analysant son livre; — « Voilà, dit-il, les idées fondamentales » du *Contrat social*, et on n'en saurait imaginer de plus » belles. » (t. 1er, *Hist. de la Rév. p.* 460.)

Que les livres de Rousseau soient devenus « le catéchis- » me où ses disciples puisent la force de faire naître et de » dominer l'agitation du monde, » — qu'on leur assigne comme un triomphe, « d'avoir été placés en honneur sur » la table du comité du salut public, » — qu'il ait été enfin *le précurseur du socialisme* (L. B. *passim.*); cela ne résulte pas seulement de l'intérêt que pourraient avoir les socialistes à s'abriter sous un nom illustre. S'ils s'appuient sur ce philosophe dont le talent colora les erreurs, et dont l'âme entraîne dangereusement les cœurs à sa suite, il suffit de le lire, et je pense même qu'il suffit des citations que j'ai faites pour s'assurer qu'ils en ont positivement le droit.

Mais le socialisme ajoute : « Rousseau n'était dans son » siècle que le représentant de la seconde moitié du nôtre; » (L. B. p. 405) et par là on reporte aux temps où nous sommes sa plus grande influence, le plus universel développement de ses idées, et son plus assuré triomphe. — Ce serait grave, si tout ce que j'ai dit en mes précédents chapitres n'établissait bien le contraire.

Les socialistes mettent la Révolution française sous le patronage tout spécial de Voltaire (L. B. p. 355), pour réserver à eux, aujourd'hui et à l'avenir, le patronage de Rousseau. Ils regardent ce patronage en 93 comme une apparition momentanée, comme l'annonce seulement d'une influence plus entière et mieux établie.

J'ai dit que l'influence de Voltaire présida à la destruction, mais que du jour où il fut parlé de reconstruire, c'est-à-dire de *constituer*, c'est l'influence de Rousseau qui apparait et règne. (*V.* ch. 3.)

J'ai montré qu'à la fin du siècle dernier, Rousseau fut l'*inspirateur de la pensée générale*. (*V.* ibidem.)

Sans doute en 93, alors que Robespierre se faisait le sectaire de Jean-Jacques, dont les idées devenaient en lui *un dogme, une foi, un fanatisme* (*Gir.* t. 1er), il y eut une exhibition plus ampoulée des admirations de Rousseau pour les vertus romaines et les institutions, les mœurs, les fêtes de l'antiquité ; il y eut des sentiments plus affectés pour l'Être suprême et la nature; il y eut dans la Constitution, dans le style du moment, dans les actes de chaque jour, un décalquage plus enluminé des pensées et du style du maître : mais avant 93 et dès 89, la domination de Rousseau sur l'époque, pour moins sauter aux yeux, n'en était pas moins prépondérante. Rousseau n'appartient pas seulement au peuple, comme on le dit, en donnant la bourgeoisie à Voltaire et à Montesquieu. (L. B. *Hist. de la Rév.*) J'ai montré sa théorie emportant à pleines voiles les intérêts mêmes qui eussent pu y résister, le fait tout puissant de la bourgeoisie. (*V*. ch. 4.)

Prenez la Constitution de 91, dans son ensemble et dans ses détails, — voilà, en tête de tout, les recherches sur l'homme de la nature et ses droits. — Voilà, prises à la source du contrat social, toutes les définitions de « l'Association politique de la souveraineté, de la loi, de la liberté, de la volonté générale. » La Constituante avait oublié quelque chose, c'était de réglementer la religion, d'abolir la séparation du spirituel et du temporel.

Cette séparation *Jésus l'avait apportée sur la terre*, mais en empêchant l'État d'*être un*, elle avait causé, au dire de Rousseau, *toutes les divisions*, *tous les malheurs des peuples chrétiens*. (L. IV, ch. 8, C. S.) On avait regardé jusqu'alors, et depuis on a présenté comme le plus magnifique bienfait du christianisme, comme le fondement moral le plus solide de la liberté, cette séparation des pouvoirs, inconnue à l'antiquité et attaquée par tous les despotismes qui veulent, en dominant le corps, contraindre aussi l'esprit et l'âme; — mais Rousseau trouvait que « Mahomet avait eu, à ce sujet, des vues plus saines en ne permettant pas ce conflit de juridiction entre deux puissances; » et, parmi nous, il trouvait que les rois d'Angleterre et les czars de Russie avaient eu seuls la bonne pensée de s'établir *chefs de l'Église*. — Encore leur reprochait-il de n'être dans l'Église que *princes*, tandis qu'ils auraient dû se faire *législateurs*. C'étaient peut-être les seuls aperçus du contrat social que la Constitution de 91 n'eût pas mis en application. — L'Assemblée législative se hâta de réparer cette omission par la *Constitution civile du Clergé*. — 91 avait constitué la société civile en l'homme naturel, 92 n'hésita pas à constituer la société religieuse et l'homme moral, afin qu'il n'y eût rien d'excepté dans l'entreprise de *Constitution sociale*.

Dans la première Révolution, on entreprit donc de reconstituer, de refaire l'homme, le monde, la religion, et Dieu !

Aujourd'hui on parle de reconstituer, de refaire la société, la propriété et la famille !

Cette entreprise n'est ni plus possible, ni moins dangereuse que la première ; — mais, au total, elle est moindre.

Le socialisme n'est donc pas en progrès, comme on l'imagine. — Non ! ni dans son but, ni dans ses moyens.

La grande époque du socialisme, son apogée fut à notre première révolution ; — son symbole accepté fut celui de Constitution !

Le socialisme alors, c'était la pensée de tout le monde, — c'était la noblesse, la bourgeoisie, la démocratie, tous imbus de cette pensée que le monde et son Dieu étaient à refaire.

Le socialisme aujourd'hui n'est plus que la pensée de quelques sectes. C'est un nom qui désigne, qui classe, qui sépare ; il a bien fallu un nom aux socialistes, depuis qu'ils ne sont plus la société entière.

Les mouvements violents et généraux de l'esprit humain finissent toujours ainsi par des sectes qui cherchent à abuser les autres et à s'abuser elles-mêmes par leur bruit et leur énergie.

Il en est de même de l'influence de Rousseau, qu'on

prétend agrandir sur la seconde moitié du XIXe siècle.

Non! — c'est à la fin du XVIIIe qu'elle a été immense, universelle, comme je l'ai déjà montré, comme j'aurai à le montrer encore. — Cette influence n'ayant pas à augmenter, n'a pu que décroître.

Ils n'exaltent pas son nom, ceux qui le font retentir aujourd'hui, — car ils le font chef d'école! — C'est bien déchoir, il avait été souverain de l'opinion publique.

Ses théories sont celles des socialistes.

Elles avaient été celles de la société.

Elles ne grandissent donc pas, — elles tombent.

CHAPITRE IV.

Constitution et Société.

Il y a trois ans qu'un historien célèbre écrivait à la première page de son livre : « J'ai vu s'écrouler un trône » ancien, et s'élever un trône nouveau ; — j'ai vu la révolu- » tion française poursuivre son invincible cours. » (THIERS, *Consulat et Empire*, t. Ier.) Ce cours invincible n'était pas arrêté, il allait renverser ce trône nouveau qui se croyait une digue plus forte qu'elle n'a été trouvée à l'épreuve ; il allait couler à pleins bords, et nous ramener de ses sources le suffrage universel, une Assemblée nationale, la République et une Constitution.

L'Assemblée Constituante s'est réunie semblable à la première en nombre, et supérieure en pouvoir, puisqu'il n'y a pas même une ombre de royauté pour former devant elle une limite fictive : les liens du passé l'entourent bien moins qu'ils n'étreignaient la Constituante, — puisque nulle institution antique ne subsiste rivale ou ennemie. Rien n'a défini ni limité l'étendue de ses droits, elle n'a, ce semble, de bornes que celle qu'elle voudra se poser à elle-même; elle a reçu une mission dont le centre est sa volonté, et dont la circonférence n'est tracée nulle part.

Vous pouvez donc, lui disent les socialistes, vous devez même être les émules de nos premières assemblées constituantes; vous pouvez user du pouvoir comme elles l'ont fait, autant qu'elles l'ont fait, plus même qu'elles ne l'ont fait, *si vous voulez*; vous avez, si elles l'ont eu, le droit de refaire la société, de la constituer. Que le passé ne vous arrête pas, le passé jadis n'arrêtait pas vos devanciers, et ç'a été leur gloire! Historiens, poètes, publicistes, le monde entier leur a décerné des éloges sans réserve, nous vous proposons la même renommée; vous pouvez tout, vous avez toutes les formules de société à votre choix, et même la nôtre.

Même la nôtre! L'Assemblée s'est effrayée à cette conséquence : elle connaît cette formule ou ces formules socialistes qu'on peut lui proposer; elle n'en veut pas, elle les rejette *avec pitié*, *avec dégoût*, *avec mépris*. Ces trois expressions s'élèvent de son sein (séance du 31 juillet).

Mais est-ce tel ou tel mode qu'elle rejette? — ou bien est-ce le droit lui-même, le droit de constituer la société, qu'elle repousse et se dénie?— Si c'est tel ou tel mode, après tout, il n'y aurait plus là qu'une question changeante de majorité, n'admettant pas tel point, admettant tel autre; faisant une concession d'abord, une autre plus tard; tantôt s'écartant, tantôt se rapprochant davantage; pouvant même, qui le sait! cela s'est assez vu, briser ce qu'elle adorait, adorer ce qu'elle avait brisé, en tout cas laissant la lice ouverte à l'opinion publique, et la société dans une perpétuelle incertitude ; la gardant aujourd'hui avec un soin jaloux, pour l'abandonner demain par entraînement, par hasard, et par imprudence ; en un mot, ce pourrait être quelque chose pour le moment actuel, ce ne serait rien pour l'avenir, — cet avenir sur lequel, pourtant, il faut que la société ait quelques garanties pour pouvoir mettre à profit le présent.

Mais le droit de *refaire la société*, voilà la question importante ! Est-ce bien décidément ce droit que l'Assemblée abdique ?

Je dis *abdiquer ;* car nous l'avons vu, car c'est là le point d'appui du socialisme, le pouvoir de constituer s'est proclamé longtemps loi absolue, infinie, ayant dans ses attributions le droit de refaire la société et l'homme lui-même.

« Il est temps de terminer la Révolution, » disait Barnave en 91 : — « on ne peut faire un pas de plus , — dans » la ligne de la liberté, le premier acte qui pourrait suivre » serait l'anéantissement de la royauté. » Cet acte a commencé en 93 , et se continue aujourd'hui ; ce n'est là qu'une question de gouvernement, une question politique : une question plus grave était indiquée encore par Barnave : « Dans la ligne de l'égalité, le premier acte qui » pourrait suivre serait un attentat à la propriété.»

Remarquable prévision, mêlée à cette prétention toujours éternelle et toujours confondue, de dire, comme Dieu : Cela ne doit pas aller, cela n'ira pas plus loin !

La théorie admise, *droit et pouvoir de refaire la société,* pourquoi s'arrêterait-on à tel ou tel degré de l'échelle sociale ? Si la bourgeoisie en 91 refaisait la société jusqu'à tel point, pourquoi la démocratie, en 93, ne l'aurait-elle pas refait jusqu'à tel autre? pourquoi ne la referait-on pas en 1848, et plus tard encore jusqu'à l'entière conséquence des principes ? —Pourquoi, dans la ligne de l'égalité, ne pas faire un pas de plus, sans compter ceux qui sont à faire où peuvent s'imaginer dans la ligne de la fraternité dont ne parlait pas l'orateur de 91? — Le pas indiqué a été fait, la théorie n'a pas reculé, elle a attaqué la propriété, et dans la ligne de la fraternité, la famille. Il n'en pouvait être autrement; car la logique ne recule pas, on ne peut lui barrer le passage: elle avance, il lui faut avancer, une force irrésistible la pousse jusqu'à l'absurde, — afin qu'arrivée là, la raison humaine s'étonne, et revienne sur elle-même jusqu'au point d'où elle a fait fausse route. C'est ainsi que, par les conséquences extrêmes de l'erreur, nous sommes ramenés au principe du vrai.

Ils sont donc nécessaires, ils sont donc souvent plus utiles que nuisibles, ces implacables logiciens qui vont droit et sans sourciller de déductions en déductions jusqu'aux limites de la dialectique.

« Prenez garde, dit M. Proudhon, que je raisonne » continuellement. J'invite l'Assemblée à lire demain » mon discours au *Moniteur*. » (*Séance du* 31 *juillet*.)

C'est la foi du logicien dans l'enchaînement de ses raisonnements : « Tout est abrogé, puisque tout est projet, » — donc rien n'existe plus en droit, — ni la propriété, » ni les contrats; — aucun principe ne rallie l'Assemblée. » Constitutionnellement la propriété est abolie; — en » principe, nous-mêmes, Assemblée nationale, ne sommes » rien, car nous ne sommes constitués sur rien; — pour » être quelque chose, hâtons-nous donc de produire notre » Constitution. » (PROUDHON. *Séance du* 31 *juillet*.)

L'Assemblée se lève à ces mots, comme l'homme auquel on dénie le mouvement et qui marche; elle sent qu'elle est constituée sur quelque chose, qui est la société, subsistante derrière elle, et qui subsistait avant elle.

Mais si l'Assemblée pensait avoir le droit et le pouvoir

de refaire la société, pourrait-elle se dire constituée sur une société qui ne serait pas constituée elle-même? Elle ne serait donc en effet constituée sur rien; tout serait donc abrogé réellement, puisque tout serait en projet dans la société entière. — Comment, les contrats abolis! la propriété abolie! la famille abolie! Cela est absurde! s'écrie de toutes parts l'Assemblée.

Comment, l'Assemblée est telle qu'aucun principe ne ne la rallie! — Absurdité et injure! s'écrie l'Assemblée.

Mise brutalement en face de cette idée, que le passé est rayé, non avenu, et comme s'il n'existait pas; que la Révolution de février, ou pour mieux dire que toute révolution peut en faire table rase, et que si, « à présent, les » contrats continuent encore à produire quelque chose en » faveur des possesseurs, c'est par le bon plaisir des fer- » miers et des débiteurs, » l'Assemblée déclare avec indignation « que la Révolution de février n'est point complice de » ces doctrines subversives. » — Très-bien! la propriété n'est donc pas *constitutionnellement abolie*, parce qu'elle n'a pas besoin d'être *constitutionnellement établie*; — bien loin qu'aucun principe ne rallie l'Assemblée, elle tient donc au contraire à honneur de faire connaître qu'il est des principes reconnus par elle, et d'après lesquels elle doit se diriger. Les liens, les engagements du passé ne sont donc pas abrogés par une révolution. Le passé vit donc encore dans le présent, et lègue donc à l'avenir des obligations, des intérêts, des droits et des devoirs préexistants. — On n'en a donc pas fait table rase. — La société n'est donc pas anéantie, même pas suspendue par une révolution, — car cette société était en cours d'existence, et cette existence a une continuité indépendante et nécessaire. La société a donc une vie qui lui est propre, et qui se compose précisément de ce passé, dont une théorie subversive ne voudrait pas tenir compte. — C'est donc, comme l'a dit un ministre (M. Marie,— séance du 8 août), « le travail de l'anarchie, qui voudrait faire de la Répu» blique je ne sais quoi qui n'aurait pas d'avenir, car il » n'aurait pas de tradition dans le passé. » — « Les temps » nouveaux, » comme l'a dit à une autre tribune un autre orateur (M. l'abbé Cœur,—Oraison funèbre de Mgr. Affre), « ne doivent donc pas être la destruction du passé, ils » n'en peuvent être que la continuation. »—La société n'est donc pas à refaire, elle est donc déjà faite, et cette théorie est donc fausse, qui suppose la société mise à néant pour tirer de ce néant une création nouvelle. Devant cette théorie exposée sans ambages, la société, ayant, comme tout ce qui a vie, horreur du tombeau où on veut la mettre, sauf à la faire ressusciter ensuite, recule épouvantée; elle éprouve dans tout son être une répulsion invincible, et soulève sa puissante clameur par toutes les voix de l'Assemblée, de la garde nationale, et de la grande opinion publique.

Or cette théorie, qu'elle se présente en 89, 93, ou en 1848, c'est le socialisme. — Seulement aujourd'hui elle a fait ce pas de plus que ne voulait pas Barnave.

CHAPITRE V.

Du droit de refaire la société.

Un représentant a dit à l'Assemblée nationale :

« Vous êtes venus refaire un gouvernement, vous n'êtes » pas venus refaire une société. — Si vous l'aviez entre» pris, vous vous seriez mis dans la tentative la plus » téméraire et la plus insensée : Non ! vous n'êtes pas

» venus dire, comme on l'a dit ailleurs, comme on l'a dit » au Luxembourg : — « La société est mal faite, refaisons- » la ; » car la société n'est pas votre œuvre ni la nôtre. » — La société est l'œuvre des générations, la société est » l'œuvre de Dieu ! — La société fait des progrès, mais » elle ne change pas de nature ni de principe. Si vous avez » la prétention de bouleverser la société de fond en comble, » je vous avertis que vous userez vos efforts contre cette » pyramide de granit. » (Léon Faucher.)

Cependant la Révolution première a dit : « La société est mal faite, refaisons-la ; et qui plus est, elle s'est mise à la refaire, avec l'acclamation de ses contemporains, et les éloges enthousiastes de la postérité. » Ainsi répondront les socialistes. — Voyons donc !

Si on a prétendu refaire, et même si l'on a refait une fois la société, c'est une raison logique pour le droit de recommencer, je l'avoue; — ce pourrait être, il est vrai, une raison pratique, une raison d'expérience pour ne recommencer pas : — mais je n'admets à aucune époque le droit de refaire la société, et, de plus, j'admettrai bien le fait historique que des Assemblées se sont cru le droit et le pouvoir de refaire la société, qu'elles l'ont entrepris, qu'elles ont même été à ce sujet, et sont encore l'admiration de bien des esprits, lesquels aujourd'hui seraient ou sont fort loin d'admirer le socialisme : —mais je dis, en principe, que le droit de refaire la société a manqué à ces Assemblées en 89, en 91, et depuis, comme il manquerait à une Assemblée en 1848 et plus tard ; — je dis en fait : que la prétention de ces Assemblées a été aussi vaine qu'elle le serait ou le sera aujourd'hui ; — je dis enfin ; la louange est confuse, si elle ne distingue pas ce qui a été entrepris d'excessif, de ce qui a été accompli d'admirable.

Ah ! je loue vivement ces Assemblées mères des grandes

pensées et des grandes choses ; je loue les principes féconds qu'elles ont établis, les réformes immenses et nécessaires qu'elles ont faites, les idées nouvelles qu'elles ont semées et qui ont fructifié dans l'univers; je loue tout ce qu'il y a eu de dévoué, de généreux, de profond en elles ; je loue tout ce qu'elles nous ont légué d'exemples glorieux et d'institutions utiles : — je vais plus loin; je comprends, j'admire même en ces mémorables Assemblées des erreurs et des fautes, — car elles n'avaient pas l'expérience, — elles étaient toutes neuves, toutes jeunes, toutes ardentes; elles avaient cette flamme, cet emportement passionné des premières années qui s'enthousiasme et s'égare jusqu'au suicide, jusqu'à la folie, jusqu'à la mort. Entraînements que le sage déplore, mais qui indiquent bien la passion énergique et vraie, transports des sentiments, explosion de l'âme qui se dilate et se fond au feu de ses propres ardeurs ! — Liberté ! Patrie ! vous pouviez bien, comme un premier amour, exciter l'adoration et le délire.

La vérité de cette passion se fait sentir dans toute la Révolution, et explique l'impression qu'elle laisse.

Quand on parcourt cette histoire, c'est d'abord le sang qui monte et crie horreur et pitié ! Combien le ridicule se mêle à l'effroyable ! — Quelles saturnales hideuses ! — Quelles aberrations incroyables ! Que de jours ont passé qu'il faudrait pouvoir rayer du livre de la France, comme ils voulurent apparemment s'en rayer eux-mêmes, en se donnant les noms de *sans-culotides*, que nul calendrier humain ne fut tenté de reproduire ! On frémit en lisant, on tressaille, on s'irrite, on s'indigne, le livre tombe des mains, — et puis voilà que ces impressions peu à peu s'écartent comme un voile funèbre qui se replierait lentement pour laisser voir une scène animée. L'œuvre apparaît à travers les larmes, l'époque se dégage de ses lamentables draperies : vous vous sentez intéressé et attiré : c'est qu'il y eut vraiment dans tout cela l'empreinte des grandes passions ; passions tragiques qui vous bouleversent et vous captivent comme au théâtre, mais passions réelles et non factices, senties et non calculées ; passions qui entraînèrent ceux qui les ont éprouvées, et dont vous recevez encore la chaleur communicative : ces passions, on ne les a pas à volonté, et l'imitation n'en serait que la caricature.

Je comprends donc les passions de la Révolution, passions de nationalité, passions d'indépendance, passions d'universalité. Dans l'idée de refaire la société, il y eut même une large aspiration vers l'inconnu, un vaste désir d'arriver au mieux possible, et d'ouvrir à l'humanité la voie commune du bonheur et du bien-être. Sans s'occuper du passé de la France, on n'était préoccupé que des causes générales qui avaient pu dans le passé altérer la liberté et la félicité des hommes. Ces causes étaient *l'oubli, le mépris et l'ignorance des droits de l'homme* (Décl. 91). Rétablir ces droits, c'était assurer l'avenir de l'humanité. Comment ne pas reconnaître dans cette entreprise une généreuse pensée et un sentiment expansif d'amour pour tous les hommes ! — Mais, d'un autre côté, il y avait là un immense orgueil et une amère ingratitude.

Ingratitude envers le passé : comme s'ils n'avaient pas été les fils du passé, ces législateurs de la Révolution, venus à leur tour en scène, comme s'ils ne devaient pas au passé leur existence et toutes leurs idées ; — ingratitude envers le pays : comme si le pays n'était pas avant eux et ne leur avait légué ni un héritage, ni un nom, ni rien qui pût mériter quelque honneur et quelque respect. — Orgueil envers la société : — ils étaient ses membres et ils se considéraient comme pouvant être ses *créateurs*.

Il leur fallait renier le passé, renier leurs pères, renier les siècles ; ils n'hésitèrent pas. — Il leur fallait regarder la société comme étant née avec eux et par eux; cette conséquence était infaillible, elle ne les effraya pas; et ce fut le triomphe de leur orgueil de la dater, de se dater d'eux-mêmes.

Nous avons vu, en 1830, reparaître à demi cette singulière vanité de renoncer au passé de la France.

Or, il ne peut y avoir que deux dates : celle du monde créé par Dieu, et celle de Jésus-Christ qui est Dieu, et s'est présenté comme Dieu. — Mahomet a aussi donné une date, comme en ayant reçu pouvoir du Ciel, comme fondateur et créateur de société. Car, donner une date à la société, c'est dire qu'on la crée, c'est s'attribuer une gloire pareille à celle que Dieu s'est réservée. — Les hommes qui donnaient une date à la société de 92 se disaient par là même des dieux ; ils devaient donc attaquer Dieu et son Christ.

Il y a des gens qui s'étonnent de tout, car ils ne s'expliquent rien. Il y aurait souvent bien plus à s'étonner, si telle chose ne suivait pas telle autre, car elles s'enchaînent. — Que les socialistes triomphent, ils ne manqueront pas de redonner une date à la société ou de reprendre celle de 92, ce qui serait même chose. Et le lendemain du jour où l'on verrait reparaître cette date néfaste, n'en doutez pas, il y aurait guerre à Dieu.

« La société fait des progrès, mais elle ne change pas » de nature ni de principe ! » Refaire la société, l'essayer, « c'est user ses efforts contre une pyramide de gra- » nit. »

Oui, — les incroyables efforts de 91 et de 93 s'y sont usés, et ils étaient pourtant plus puissants que ceux d'aujourd'hui, puisqu'ils résultaient d'une erreur générale, maintenant restreinte à des écoles.

On prétendit refaire la religion, l'homme, la société. La *Religion?* Y a t-on réussi?

L'Homme? Rousseau avait dit en style païen : « Il fau» drait des dieux pour donner des lois aux hommes; » en style chrétien, il eût dit : « Il faut un Dieu pour donner » des lois à l'homme, » et il eût dit vrai. — *L'homme*, en effet, existe pour Dieu, le Christ a fait des lois pour *l'homme*. Mais entreprendre politiquement de donner des lois à *l'homme*, c'est aspirer à cette unité de puissance législative qui est encore un attribut de la Divinité. — *L'homme* à titre général n'existe pas, comme l'a dit M. de Maistre, il n'existe qu'à l'état de Nation, à titre de Français, Anglais, Américain ou autre. Commencez par ôter les races, les traditions, les caractères; commencez par niveler à un même point tous ces mille éléments divers dont se compose chaque peuple; en un mot, si vous le pouvez, trouvez *l'homme*. Le philosophisme s'était mis, comme Diogène, à la recherche de *l'homme* : il avait cru le trouver à l'état de nature, et de là sa pensée de le constituer. Mais il avait ainsi vu l'homme, parce qu'il le cherchait à la lueur d'une lanterne douteuse; — mal éclairé, il n'avait vu qu'une ombre, et en marchant il n'avait encore abouti qu'à se heurter à Dieu.

La *Société?* Il y a eu des formes changées, des innovations puissantes opérées par la Révolution; mais, après tout, la société a vu ses éléments modifiés et non détruits, la société française même n'a pas été refaite. J'ai montré, chapitre 7, que les situations anciennes, les faits établis, avaient reparu et dû reparaître tour à tour! — L'empire romain a été enfoui sous des couches successives de barbares, dont quelques-uns sont les Huns et les Vandales; les terrains primitifs du globe ont été recouverts par des formations et des alluvions successives, dont l'une est le Déluge : cependant on distingue ces terrains, et l'on retrouve dans nos institutions, nos mœurs, notre langue, les éléments que le monde romain nous a laissés. — Cette étude des faits latents, des éléments cachés sous le fait prédominant, a occupé tous nos savants modernes. C'est la démonstration historique de cette illusion philosophique du dernier siècle qu'on peut faire table rase du passé, illusion qui est le principe du socialisme, le fondement de l'idée de Constitution !

Le passé de la France n'a pas été rayé, la société française n'a pas été anéantie. — On peut louer nos premiers constituants de 91, 93 et 95, d'avoir été occupés de l'homme à titre général, et de la société au point de vue métaphysique ; mais il eût été bon qu'ils se fussent enquis davantage du Français à titre particulier, de ses mœurs, de ses sentiments, de ce qu'il était, de ce qu'il voulait, de ce qu'il pouvait être, et de l'histoire à un point de vue national. Je ne sais si leur œuvre eût été moins brillante, elle eût été plus solide et plus durable ! Que pouvaient devenir ces Constitutions fantastiques faites pour un être de raison ? elles devaient s'évanouir au froid contact des réalités. Il était assez naturel que le Français finît par apparaître à la place de l'homme, et la France à la place d'un rêve !

L'idée de refaire la société a pu être un beau rêve, — mais l'expérience a dû nous en montrer l'orgueil et le danger. Que l'esprit humain ait essayé une fois de le réaliser, ce doit être pour nous moins un sujet d'éloges qu'un objet de méditations sérieuses. Déjà l'historien de la civilisation avait apprécié en un point les résultats de cette tentative.

« L'esprit humain a succédé au pouvoir de Louis XIV » et a eu le même sort; — devenu pouvoir absolu, il a eu » le vice de tous les pouvoirs absolus. — Il s'est corrompu, égaré; il a pris les faits, les idées anciennes dans » une aversion qui l'a conduit à l'erreur et à la tyrannie. » Cette part de tyrannie a été surtout le résultat de l'égarement où l'esprit de l'homme a été jeté par l'étendue » de son pouvoir. »

L'idée de refaire la société, basée sur l'orgueil, conduit inévitablement à la tyrannie, et qui plus est à l'impiété.

« La société est l'œuvre des générations. La société » est l'œuvre de Dieu! » Vous avez dit là, monsieur Léon Faucher, de belles et profondes paroles.

Refaire la société, constituer une société nouvelle, c'est dédaigner l'œuvre des générations et n'en vouloir pas tenir compte. C'est se mettre, pour créer et vouloir, à la place de Dieu! Impiété et tyrannie!

La Révolution a accompli de magnifiques réformes, elle a fait faire à la civilisation des progrès de géant; mais sa faute, mais son crime a été l'idée dont les socialistes ont recueilli l'héritage. Et de là, tous ses excès, toutes nos douleurs! C'est là ce qui a si fortement ébranlé le monde, qu'il est toujours resté vacillant sur ses bases. — C'est la continuation de cette erreur qui l'empêche de s'asseoir dans cette liberté, dans cette égalité développées depuis 60 ans, sans trouver encore leur point d'appui définitif. — Ce serait enfin cette même erreur qui ensanglanterait, comme nous l'avons déjà vu, et qui arrêterait ces principes de fraternité dont la source n'est pas dans la société à refaire, mais dans la société déjà faite, société en date de Jésus-Christ et de Dieu.

CHAPITRE VI.

Angleterre et États-Unis.

Système socialiste et système philosophique : deux anneaux d'une même chaîne ! — Constitution : expression complète du système philosophique !

Mais, dira-t-on, et la Constitution anglaise? et la Constitution des États-Unis?

La première a été assez longtemps invoquée par nous. Il est vrai qu'elle n'est pas *une règle textuelle déduite d'une théorie générale*, et qu'elle est, au contraire, l'*ensemble des mœurs*, *des lois*, *du caractère*, déduit peu à peu des développements de la nation, et écrit ligne par ligne de la main du temps. Aussi est-elle une Charte, *magna Charta*, une Charte qui a étendu et amélioré d'âge en âge un système de garanties réciproques entre les diverses classes et les diverses institutions. — Nous avons admiré cet arbre séculaire, et aussitôt nous avons voulu le détacher de ses racines, le transporter sur notre sol et lui demander ses ombrages ; était-ce possible ?

Nous pouvions imiter l'Angleterre en tout peut-être, sauf dans sa Constitution ; car nos Constitutions sont textuelles et subites, c'est le système philosophique, — et la Constitution anglaise, c'est le système historique dans toute sa lenteur et sa longévité.

L'imitation ne pouvait avoir, et n'a eu quelque réalité que durant le temps où nous avons eu des chartes fondées en partie sur le système historique, et dont le but était d'établir un système de garanties. Il y avait alors certains principes concordants ; mais avec le mot et l'idée de Constitution, nous sommes dans le système contraire.

Il y a quelque chose de bien étonnant dans l'esprit humain, si perspicace et si aveugle! Vous le voyez s'éprendre, étudier, scruter, analyser; rien n'a échappé à sa vue, — si ce n'est un point : — tout justement le plus important, le plus clair et le plus visible!

Il pourrait en être de même aujourd'hui pour les États-Unis. — La thèse constitutionnelle anglaise commençait à devenir un peu rebattue, outre qu'elle n'était pas très-juste. Maintenant ce sont les États-Unis auxquels nous allons emprunter des exemples, d'autant qu'il y a là une démocratie, et nous cherchons une République *démocratique*. C'est l'épithète capitale, dans toutes les bouches depuis Février, et qui est adoptée par l'article 10 du projet de Constitution.

Parlons donc un moment des États-Unis, dont on a tant parlé, dont on parlera tant. Voilà un peuple nouvellement constitué, et une constitution textuelle; — mais est-ce le système philosophique?

M. Michel Chevalier a publié dans le *Journal des Débats* plusieurs articles sur la Constitution des États-Unis.

« Une Constitution écrite, dit-il (N° du 22 juillet 1848),
» peut se considérer :

» 1° Comme une machine administrative et politique;
» et de ce point de vue, il faut qu'elle satisfasse à certaines
» conditions mécaniques, desquelles résultent, selon les
» besoins, l'équilibre et le mouvement. C'est un problème
» mécanique à résoudre.

» 2° Une Constitution n'est et ne peut être qu'une con-
» statation, une déclaration. Si la constatation est ro-
» manesque et la déclaration mensongère, la Constitution
» elle-même n'est qu'une œuvre de fantaisie.

» 1° Sous le rapport mécanique, l'œuvre sortie de la
» Convention américaine de 1787 est irréprochable.

» 2° Comme constatation, la Constitution des États-Unis » est parfaite. Les hommes qui l'ont rédigée l'ont si bien » prise pour ce qu'elle devait être, une sorte de procès-» verbal, c'est si bien une simple constatation, qu'elle ne » fait rien de plus que d'énumérer les franchises dont les » citoyens étaient déjà en jouissance, sans y rien ajouter, » laissant au temps le soin de les développer autant que » de besoin par le moyen des lois organiques. — Ces » aperçus sur la Constitution des Etats-Unis pourront » contrarier quelques personnes qui ont des idées précon-» çues sur la portée d'une Constitution écrite ; je suis » fâché de les contredire aussi formellement, mais je le » serais davantage de contredire ce qui me semble la po-» sitive vérité. »

Une Constitution définie *une simple constatation,* — je conçois que M. Michel Chevalier s'excuse presque de dire nettement cette vérité, ne fût-elle applicable qu'à la Constitution des Etats-Unis; car la grande majorité, parmi nous, voit dans une Constitution toute autre chose, et beaucoup plus.

La nation qui attend si impatiemment la Constitution, afin que sa promulgation soit la date de la tranquillité, de la confiance, du commerce, de l'industrie et de la stabilité rétablis ; — les représentants du pays qui attachent les plus hautes espérances à leur œuvre ; — tout le monde, pour ainsi dire, dans cette même attente, dans cette même bonne foi avec laquelle, depuis 91, on a successivement discuté et accueilli toutes nos Constitutions : combien on attache à ce mot de Constitution d'importance ! combien la définition de M. Michel Chevalier la rabaisse !

Quoi ! une simple constatation de ce qui existe ! Quoi ! ravaler à l'idée d'une sorte de procès-verbal, la grande prétention de constituer l'avenir !

Que deviendrait l'idée de loi primordiale, de loi organique; l'idée de rénovation et de création? Nous tombons du troisième ciel ; il est vrai que nous nous rapprochons de la terre, car la définition de M. Michel Chevalier est donnée à peu près, par les faits, par le résultat de nos soixante ans d'histoire. J'ai suivi nos Constitutions, chap. 8, et j'ai montré qu'elles *étaient nos révolutions se reproduisant, s'écrivant elles-mêmes*. La définition historique n'est donc pas confirmative de la définition philosophique. Le fait ne répond pas à l'idée préconçue, — même en France ! — et quant aux Etats-Unis, M. Michel Chevalier a autorité pour en apprécier les institutions, car il les a étudiées avec soin et talent. (Voir *Lettres sur l'Amérique du Nord*, t. II, 1836). D'ailleurs, pour juger ses appréciations, chacun de nous a un témoignage qui ne nous trompera pas, et qui est : la Constitution même des Etats-Unis.

« Nous, le peuple des Etats-Unis, pour former une » union plus parfaite, établir la justice, assurer la tran» quillité intérieure, pourvoir à la défense commune, ac» croître le bien-être général, et assurer les bienfaits de la » liberté à nous-mêmes et à notre postérité, décrétons et » établissons cette Constitution pour les Etats-Unis d'A» mérique. »

N'êtes-vous pas frappés de la simplicité, de la brièveté de ce préambule, et de sa différence avec nos déclarations passées et futures des droits de l'homme et du citoyen, ou des devoirs et des droits, ou même du préambule actuel? — Comparez ces quatre lignes toutes énonciatives de faits établis et d'intentions restreintes et déterminées, à nos expositions de principes. — Ne voyez-vous pas de suite qu'il y a là, tout comme entre la France et les Etats-Unis, un Océan qui sépare?

Dans le préambule des Etats-Unis, nulle ambition de doctrine et de métaphysique, nulle thèse d'esthétique et de morale universelle, nul examen des droits et des devoirs soit de l'homme à l'état naturel, soit de l'homme en société; nulle définition périlleuse de la liberté, de l'égalité, de la sécurité, etc.; rien de général, rien d'humanitaire !

Le peuple des Etats-Unis songe à s'*unir* davantage. Unis par la nécessité, par le besoin de s'entr'aider pour résister à l'oppression, unis *en fait* pour s'affranchir, ces peuples d'États divers veulent s'unir légalement, pour maintenir la liberté conquise, *pour assurer* la tranquillité *intérieure,* pourvoir à *la défense commune* et assurer la liberté *à eux et à leurs descendants* ; ils *établissent* dans ce but cette Constitution pour les *Etats-Unis d'Amérique.*

La nation, son présent et son avenir, voilà toute la pensée !

Que d'autres nations établissent une Constitution, comme elles le voudront, les Etats-Unis n'imaginent pas de leur en poser les bases : — que l'*homme* ait des droits et des devoirs naturels, les Etats-Unis ne se chargent ni de les proclamer, ni d'en assigner l'étendue et la limite : — que la société ait des lois primordiales nécessaires à rappeler, pour confondre l'ignorance ou la corruption des peuples qui les oublient, les Etats-Unis n'entreprennent ni d'en instruire l'univers, ni d'éclairer ces dogmes de l'ordre social. Les Etats-Unis s'occupent des Etats-Unis peuplés d'Américains; ils ne s'occupent pas de la *société* ni de l'*homme !* Ils élaborent pour eux et à leur usage les lois qui leur semblent le plus applicables à leur situation, ils ne s'ingèrent pas d'analyser les lois fondamentales qui doivent présider aux destins de l'humanité! ce ne seraient pas eux qui déclareraient du haut de leur sagesse que *toute société* dans laquelle tels et tels aphorismes ne sont pas admis, *n'a point de Constitution.* — Ce ne seraient pas eux qui, avec une superbe qu'aucune chute n'humilie, se remettraient toujours, comme des Moïses, à rédiger le décalogue des hommes libres. — Après le préambule, lisez la Constitution tout entière, il n'y a pas un principe énoncé sous forme de principe; il n'y a que des institutions à l'état d'application, et d'application spéciale aux Etats-Unis : pas un axiome, pas une idée qui aspire à dépasser l'horizon des Etats-Unis, pas une généralité, pas un mot de dogme et de philosophie! L'esprit purement national de la Constitution est tout dans son préambule, de même que l'esprit de nos Constitutions se résume dans ces déclarations sociales qui les précèdent.— Il n'est pas besoin d'aller aux Etats-Unis, — l'étude la plus profonde qu'on pourrait faire d'une nation ne la révélerait pas aussi bien, qu'elle se montre et se transmet en quelques lignes, dans ces préambules, dans ces Constitutions, solennels témoignages, pensée écrite de tout un peuple!

Nous avons, dans nos lois antiques, un de ces préambules simples et nets, tout pénétrés de l esprit national, et peinture saisissante d'une race et d'une époque. C'est le préambule de la loi salique, composé par Wisogast, Bodogast, Salogast, et Windogast, dans les lieux appelés Salaghève, Bodoghève et Windoghève! — Allez aujourd'hui en Norwège, vous y trouverez les chefs ou les anciens de chaque vallée, ainsi désignés, *Tofte*, dans Toftedale, *Torpen*, dans Torpen-dale, etc., etc.

« La nation des Francs, illustre, ayant Dieu pour fon-
» dateur, forte sous les armes, ferme dans les traités de
» paix, profonde en conseil, noble et saine de corps,

» d'une blancheur et d'une beauté singulière, hardie, agile » et rude au combat, depuis peu convertie à la foi ca- » tholique..... » — C'est bien le style de la Saga, c'est bien aussi le style de la race, jusque dans sa facilité à se vanter. Comparez ce préambule et celui de la Constitution des Etats-Unis : l'un est d'une époque primitive, l'autre d'une époque avancée ; mais tous deux s'appuient sur des faits, des réalités, des traits distinctifs du temps et du peuple : — ici le peuple franc, rude et naïf, là le peuple des Etats-Unis, positif et sérieux ; des deux côtés tout est marqué au type de la nation !

La Constitution des Etats-Unis est bien, comme le dit M. Michel Chevalier, une simple constatation, un procès-verbal que le temps est chargé de développer. Elle serait de plus *une machine administrative et politique*, qu'il y aurait loin de là à ces machines socialistes que nous comprenons sous le mot de Constitution.

La définition de M. Michel Chevalier est du reste curieuse à rapprocher de celle de J.-J. Rousseau !

« Trouver une machine administrative et politique, » voilà le problème mécanique à résoudre. » — M. Thiers dit aussi : « La mécanique politique en se compliquant » devient plus savante, afin d'arriver à une action plus » sûre et moins rude. » — Style industriel de notre époque.

« Trouver une forme d'association qui défende et pro- » tége..... tel est le problème fondamental dont le Con- » trat social donne la solution. » Ainsi avait dit Jean-Jacques, en style philosophique du temps.

Les termes du problème sont parallèles : l'un seulement embrasse la politique et l'administration, et l'autre tout l'ordre social.

Eh bien ! faut-il s'en tenir au problème de M. Michel

Chevalier? — Mais ce n'est que réduire le problème de Rousseau. — Substituer la recherche du meilleur gouvernement possible, à la recherche de la meilleure société possible : cela diminue la grandeur du but, cela n'ôte rien à la généralité de la recherche. Or, suivant moi, il ne s'agit pas de découvrir la machine la meilleure, pour le meilleur des peuples, — il s'agit de faire se mouvoir et progresser un peuple au moyen de la machine la mieux appropriée à son état actuel et à ses tendances. Pas plus que la société, le gouvernement d'un peuple ne doit être un pur ouvrage de l'esprit, une œuvre de fantaisie ou même de science; c'est une œuvre d'observation, c'est quelque chose de réel et non d'imaginaire. Le gouvernement d'un peuple doit résulter de la situation de ce peuple, de ses mœurs, de ses idées, de ses intérêts : il est donné par les faits. — Il doit ressortir des entrailles même de la nation, il est celui de tel peuple et non de tel autre. Que si vous recherchez le meilleur gouvernement possible, vous le recherchez pour l'homme, vous êtes ramenés à l'homme et à ses droits; vous rentrez dans le système philosophique par une porte détournée, par un sentier étroit et à la dérobée : — en ce cas, j'aime mieux, la grande voie et l'allure hardie : si le système philosophique ne fait que se déguiser et s'amoindrir, j'aime autant qu'il reste; qu'il reste avec ses deux grands objets, l'homme et l'humanité!

J'ai examiné rigoureusement les termes du problème posé par M. Michel Chevalier, car il me faut élucider toutes les définitions qui se rattachent au mot Constitution, et les ramener au principe qu'elles peuvent tendre à faire prévaloir. Eh bien! arrivé au principe humanitaire, j'aurais certifié qu'aux Etats-Unis on n'avait pas pu se poser dans des termes aussi généraux, le problème de la Constitution, même réduit à la politique et à l'administration ; j'aurais certifié que les Etats-Unis n'ont pas dû s'occuper du meilleur gouvernement possible, pas plus que de la meilleure société, et que ce peuple tout pratique a dû s'occuper uniquement du Gouvernement le plus convenable aux Etats-Unis.— En effet, je retrouve d'accord, sur ce point, M. Michel Chevalier et le texte de la Constitution.

« Quand on examine la Constitution des Etats-Uunis,— » dit M. M. Chevalier, il ne faut jamais perdre de vue que » le point de départ est un corps d'Etats tous distincts les » uns des autres, tous souverains, tous excessivement ja- » loux de leur souveraineté et de leur indépendance. » On verra avec quel rare bonheur l'intelligence pratique » des hommes supérieurs dont était composée la Conven- » tion américaine, a eu égard à toutes les données du pro- » blème complexe qui lui était posé ; comment la Cons- » titution concilie les nécessités d'un gouvernement central » fortement établi, avec le goût prononcé des Etats pour » l'indépendance. »

Le gouvernement des Etats-Unis n'a donc pas été trouvé : il est né des faits préexistants, comme le produit indigène du pays. Il a été *naturellement* ce qu'il est. Des Etats distincts existaient, il fallait en former une *union*. — Voilà ce que la Constitution se propose. Elle ne se fait point créatrice du possible, elle se borne à être régulatrice des forces qui se présentent à régulariser, elle n'est rien autre chose que le perfectionnement d'un premier acte qui avait été intitulé : *Acte de Confédération* et *Union perpétuelle*. A ce premier moment, 1776, ce n'était qu'un traité d'alliance entre Etats divers, « qu'un » pacte de fédération, une ligue. En 1807, ce ne fu- » rent plus les Etats qui stipulèrent, ce fut le peuple » de l'ensemble des Etats, — ce fut une Constitution, » dit M. Michel Chevalier : — Oui, en ce sens pratique que l'on constitua un pouvoir central et une nation collective, mais non pas en ce sens que le peuple de l'ensemble des Etats oubliât l'Etat particulier pour l'Etat collectif, non pas en ce sens que les Etats *ne stipulèrent point!* ils stipulèrent si bien, au contraire, que la Constitution dut être ratifiée par eux, et d'une manière expresse. (C. Ét. — Un. art. 7.)

En 89, chez nous, la province se perdit dans la France. Loin de vouloir conserver les priviléges, les lois particulières, l'existence même de la province, on apporta tout cela en offrande et en sacrifice à l'unité, on voulut tout transformer, tout reconstituer : — voilà une Constitution.

Les représentants du peuple aux États-Unis n'avaient pas plus reçu mission des États particuliers de les sacrifier à l'état général, que nos représentants en 89 ne l'avaient reçu de leurs provinces; les nôtres se la donnèrent et furent approuvés des provinces, parce que l'esprit provincial n'existait plus; — les représentants aux États-Unis ne dépassèrent pas leur mission, parce qu'ils ne le voulaient, ni ne le pouvaient. Ils voulaient des Etats particuliers, les États particuliers se voulaient avec énergie. On ne pensa donc pas à transformer la nation, ni par conséquent à la constituer.

Prendre les États comme ils sont, tels qu'ils sont, former *une Union plus parfaite* que le premier acte de confédération; ce but ne ressemble guère à l'idée de constituer telle que nous l'entendons. La Constitution des États-Unis est une convention entre États, à ratifier par ces États; elle est un système de garanties réciproques, en un mot une Charte, telle que nous avons précisé ce mot dans nos premiers chapitres. Nul, parmi ce peuple sage, ne crut le passé à effacer et la nation à refaire.

Cependant cette nation n'était pas une de ces vieilles nations établies sur un sol couvert de monuments, de lois, de coutumes, d'institutions, de traditions antiques: c'était une nation toute neuve et libre d'hier, et un sol vierge, inoccupé, susceptible de se prêter, comme ses habitants, peu nombreux, à toutes les combinaisons qu'on aurait pu imaginer; c'étaient des races diverses ayant laissé derrière elles, en partant pour l'Amérique, tout ce qui les rattachait au passé, pour se lancer aventureusement dans l'avenir, et qui au moment de la délivrance pouvaient établir, *à priori*, le contrat social sur ses meilleurs principes. Où vit-on jamais un pareil concours de circonstances? et quelle occasion cela eût été pour nos disciples de Jean-Jacques?

Eh bien! les Américains n'eurent pas un instant cette idée. Ils conservèrent tout ce qui était, comme si cela eût été enraciné par les siècles. Eux qui ne comptaient des années que sous un joug obscur et haï, ils ne les oublièrent pas, n'imaginant pas qu'on pût se renier soi-même; tandis qu'on nous a vus si facilement répudier nos glorieuses annales de douze cents années! — Ils firent dépendre leur Constitution de la société qu'ils avaient, au lieu de penser et de dire comme nous, que la société dépend de la Constitution; — ils s'établirent dans le domaine du fait, et non dans la région des idées, hommes nouveaux qui n'avaient pas d'histoire, et qui n'hésitèrent pas à s'en tenir entièrement au système historique.

CHAPITRE VII.

Question des deux Assemblées.

L'Angleterre et les États-Unis, le système philosophique et le système historique se retrouvent dans une des questions les plus importantes de nos Constitutions passées et futures : — deux Assemblées, ou une?

L'Angleterre aristocratique a deux Assemblées, — les États-Unis démocratiques ont deux Assemblées. La question des deux Assemblées n'est donc pas une question d'aristocratie ou de démocratie. Dans sa forme, elle peut le devenir; au fond, elle ne l'est pas. Cependant, beaucoup d'esprits, chez nous, la rattachent au premier de ces principes, et ce n'est pas sans cause. Car le sénat impérial, la pairie de la Restauration, la pairie même de 1830, furent des essais, des ombres, des semblants, des vanités d'aristocratie. On a oublié le conseil des Anciens, imitation de la Grèce par un législateur qui était lui-même l'imitation d'un sage. On est préoccupé de la pairie récente qui était une imitation de l'Angleterre et se rattachait encore par ce côté à une imitation d'aristocratie. On n'a pas encore eu le temps dans son esprit de retourner l'institution de deux Assemblées par son côté démocratique, pour n'y voir plus qu'un sénat comme aux États-Unis. De là ce qu'on peut appeler le premier préjugé, la question à première vue! — Voyons-la plus avant.

Les journaux ont publié la discussion qui a eu lieu dans les bureaux de l'Assemblée nationale, discussion très-remarquable par elle-même et par le nom des hommes qui l'ont soutenue: entre autres, MM. Thiers, Cormenin, Tocqueville, Victor Hugo, Léon Faucher, Rémusat, etc. — Cette discussion se reproduira dans l'Assemblée avec plus d'apparat et d'animation; mais elle à déjà été ample et substantielle. La question d'aristocratie et de démocratie y a tenu sa place, non pas avec raison, la plus large, qui a été donnée aux inconvénients et aux avantages de deux Assemblées.

Superfétation, antagonisme; — privilége si une seconde chambre est héréditaire, — militarisme et gérontocratie si elle est temporaire; — double emploi, — fiction constitutionnelle, — manque d'unité, d'énergie et d'action; — dualisme dans le parlement, tandis qu'il n'y a pas dualisme dans la nation; — prépondérance d'un côté ou de l'autre; — une des deux chambres est tout, ou elle n'est rien.

Je ne fais qu'indiquer par un mot des raisons puissamment présentées par M. de Cormenin. Voilà les inconvénients.

« L'antagonisme, c'est la liberté même, c'est-à-dire, » l'examen, la réflexion, la discussion. — Le pouvoir ab- » solu ne veut ni contradicteurs, ni contrepoids. — Tous » les pouvoirs dominants aiment le simple, c'est-à-dire, » l'absence des obstacles et des résistances. — Il faut au » contraire arrêter, inviter à la réflexion les peuples aussi » bien que les rois. — Il faut créer à ce souverain nou- » veau, que vous appelez le peuple, des obstacles, des » lenteurs qui l'obligent à réfléchir, à ne pas exécuter ses » volontés à l'instant même où il les conçoit, ce qui est » la tyrannie. — La toute-puissance rend fou. — Si les » empereurs romains ont commis tant d'actes de folie, » c'est qu'ils étaient tout puissants. » (Thiers.)

« La nation est une, mais ses agents peuvent et doi- » vent être multiples. — Ainsi le Pouvoir exécutif est sé- » paré du Pouvoir législatif: — toute la question se ré-

» duit donc à savoir si la division entre deux Assemblées » est utile.

» Le système d'une Assemblée unique conduit nécessai» rement à un gouvernement sans barrière, sans respon» sabilité, sans mesure, irréfléchi, instable, tyrannique. » — Une Assemblée unique n'est arrêtée sur rien. Quoi » qu'on fasse pour la modérer, elle traduira à l'instant ses » instincts, ses colères, ses caprices en lois. — Deux cham» bres, même semblables, empêchent que cela soit ainsi.

» Et le Pouvoir exécutif, que veut-on qu'il devienne » dans ce tête-à-tête éternel avec une seule Assemblée ? — » Qui apaisera les conflits ? — Vous n'aurez que le valet » docile d'une Assemblée, ou le destructeur de la Répu» blique. » (Tocqueville.)

« Les deux Assemblées n'auront ni des éléments diffé» rents, ni des intérêts opposés. — Ce que l'on veut, c'est » organiser un bon instrument législatif, en donnant de » la maturité aux décisions, en faisant que le vote des » lois ne soit pas précipité, ni sans appel, en établissant » quelque part des traditions, des principes en matière de » gouvernement. » (Léon Faucher).

« Napoléon disait quelquefois qu'il était le seul repré» sentant de la France. Louis XIV disait : « L'État c'est » moi. » Voilà où conduisent les idées d'unité logique» ment suivies. — On cherche en vain à se soustraire à » la crainte que doit inspirer une Assemblée omnipo» tente. C'est le pouvoir absolu qu'on propose ainsi. » Il ne faut pas croire que le pouvoir absolu soit moins » redoutable sous la forme démocratique que sous une » autre. » (Rémusat.)

Je n'ai pas prétendu résumer ici la discussion, car une analyse trop courte ne concentre pas les raisonnements, elle les affaiblit ; mais il me fallait appuyer par ces citations la remarque principale que je veux faire : c'est que dans cette discussion, ce qui prédomine, c'est la généralité des aperçus, c'est la philosophie politique.

Voilà deux théories en présence : — une Assemblée ou deux Assemblées. — Supposez qu'un congrès de philosophes de nations diverses soit convoqué pour traiter cette question, et sans se préoccuper d'aucune application particulère. Ils ne prendront pas ce débat à un point de vue plus élevé, plus universel. Il n'y a là, pour ainsi dire, acception ni des temps, ni des lieux, ni des personnes. Tels sont les inconvénients de deux Assemblées ; — tels sont les avantages de deux Assemblées. Ici ou là, n'importe! les voilà, partout où dans cet univers la question sera posée.

Je n'ai pas emprunté de citation à M. Victor Hugo ; je vais réparer cette omission.

« Voulez-vous, dit-il, un pouvoir fait pour un temps » de révolution? adoptez une chambre unique. — Voulez-» vous un pouvoir applicable aussi à un temps de paix? » créez deux Chambres? »

O hommes! comme aimait à s'exclamer Rousseau, c'est donc toujours pour vous que la France agit et discute! Il lui est donc impossible de ne songer qu'à elle! Ce n'est pas assurément de l'égoïsme, — mais il lui est donc même difficile de songer à elle. Il s'agit de savoir si nous établirons, oui ou non, deux Chambres législatives *en France*. Il pourrait y avoir pour cela des raisons spéciales à la France; mais ce serait là apparemment un côté étroit de la question, et, en attendant, nous traitons la question pour toute société humaine!

Toutefois, dans cette belle discussion des bureaux de l'Assemblée, où la question est si bien envisagée par ses aspects généraux, quelques orateurs se sont demandé sur quels éléments s'appuieraient ces deux Assemblées.

Et l'historien et le poète (Thiers et Victor Hugo) ont indiqué les mêmes.

« Vous devez associer l'expérience à la force, à la » maturité la jeunesse. Vous avez une chambre qui re- » présente la jeunesse de la France, — il vous faut aussi » une chambre qui représente la maturité. — Elle serait » le congrès des sages ; l'autre serait la réunion des » braves. » (Victor Hugo.)

« On dit qu'il n'y a pas en France les éléments de deux » Assemblées ; c'est une erreur ! — Il y a dans tout pays » des hommes politiques : les uns jeunes, les autres vieux ; » les uns calmes, les autres ardents ; les uns éprouvés par » les événements, les autres nouveaux ayant leur répu- » tation à faire. Il y a aussi des hommes qui, indépen- » damment de l'âge, ont des préférences les uns pour les » idées anciennes, les autres pour les idées nouvelles ; » de vieux hommes qui sont novateurs, de jeunes hom- » mes qui sont conservateurs. Laissez faire les électeurs : » ils enverront l'un avec les jeunes, l'autre avec les vieux ; » l'un avec les entreprenants, l'autre avec les sages. »

On voit que M. Thiers, par ces dernières lignes, et par cette antithèse, *vieux hommes novateurs* et *jeunes hommes conservateurs,* voudrait éviter la classification tranchée entre la jeunesse et la vieillesse ; mais, à part quelques exceptions ; qui ne voit cette classification établie d'elle-même et par la nature des choses ? En effet, ajoute-t-il, on enverra l'un avec les jeunes, l'autre avec les vieux ; c'est, comme l'a dit M. Victor Hugo : maturité d'un côté, jeunesse de l'autre.

En conséquence M. Duvergier de Hauranne, formulant ces idées en projet d'articles, propose un conseil des Anciens à 35 ans, au lieu de 40 ans, comme en l'an VIII, les hommes de nos jours vieillissent plus vite ; et l'on voudrait que la chambre des *vieux* comptât de *jeunes conservateurs*.

Quoi qu'il en soit, voici donc les éléments de deux Assemblées. Mais n'êtes-vous pas encore frappés d'une chose, c'est que ces éléments n'ont rien de particulier à la France! — *On dit qu'il n'y a pas en* FRANCE les *éléments des deux Assemblées, c'est une erreur !* — Il y a *dans tout pays des hommes politiques, les uns jeunes, les autres vieux.* Ainsi s'exprime M. Thiers. — La question est posée en *France*, il la résout par une généralité : — *Dans tout pays* jeunesse et vieillesse. Ce sont, il est très-vrai, des éléments qui existent dans toute nation, partout où il y a des hommes. Ainsi nous sommes toujours dans les aperçus humanitaires, et quand il s'agit de trouver quels éléments existent en *France* pour deux Assemblées, on demande ces éléments à l'homme, à l'humanité, et ce sont les seuls que va chercher non un philosophe, mais un historien, un homme d'État occupé depuis vingt ans à gouverner la France et toute sa vie à l'étudier.

Or, voyez aux États-Unis, puisqu'on y cherche l'exemple du sénat. Tous les orateurs l'ont cité.

« Combien, aux États-Unis, le sénat rend de services! » que de fautes il a prévenues? que de déterminations » imprudentes il a retardées ou empêchées ? Un général » conquérant pourrait bien porter une rude atteinte à la » Constitution! qui est-ce qui contient cet esprit? — C'est » le sénat, le sénat tout seul. » (THIERS.)

Très-bien! Mais qui est-ce qui donne au sénat cette puissance de dominer l'ambition d'un général conquérant?

« C'est le sénat qui a fait la force des États-Unis, » qui leur a donné une politique, qui les a rendus ri-

6.

» vaux de l'Angleterre et de la Russie. » (Léon FAUCHER.)

Très-bien! Mais qui a fait la force du sénat aux États-Unis? — en un mot, quels sont ses éléments et ses appuis?

Ses éléments sont-ils la vieillesse et la jeunesse?

Existe-t-il seulement parce que c'est une institution très-bonne en elle-même? ou a-t-il des raisons d'être, fondées sur le pays, et qui le mettent à l'abri des attaques et de la destruction?

La Constitution des États-Unis est un accord, une convention entre des États particuliers et un État général, *une union ;* leurs deux chambres sont un *congrès.*

Qu'ils aient reproduit *quasi machinalement* les usages et les formes de l'Angleterre leur mère patrie (CORMENIN), ou, qu'ayant essayé d'une Chambre unique en quelques États, ils soient revenus au système des deux Chambres par l'expérience (TOCQUEVILLE et Michel CHEVALIER), c'est une appréciation différente, mais qui ne va pas directement à la question qui nous intéresse : — Le Sénat est établi ; comment est-il établi ?

Constitution des États-Unis.

Art. 1er. Sect. 1re. Un congrès qui se composera d'un sénat et d'une chambre des représentants sera investi de tous les pouvoirs législatifs.

Sect. 2e. La chambre des représentants se composera de membres choisis par le peuple des divers États.

Sect. 3e. Le sénat des États-Unis sera composé de deux sénateurs de chaque État, élus par sa législature.

Ah! je comprends et la force du sénat américain, et son indépendance, et la diversité de ses attributions.

Il représente des intérêts spéciaux : les intérêts de chaque État, et de tous les États, en tant qu'États indépendants et distincts. Il a derrière lui tous ces États, il s'appuie sur eux, il représente leur souveraineté même et leur liberté.

Les sénateurs sont des délégués des États, des ambassadeurs des États, plus que des ambassadeurs : ils sont les représentants des États souverains au congrès.

La chambre des représentants, c'est l'ensemble de la nation, vis-à-vis du sénat qui est l'ensemble des États. — C'est un, et ce sont deux ; car ces États à eux tous forment la nation ; et vis-à-vis de la nation dans son unité, ils ont pourtant leur existence distincte à faire valoir et à défendre.

Peu importe même la grandeur des États. — Chacun a deux sénateurs ; car, grand ou petit, chaque État est souverain, et sa souveraineté doit avoir la même protection, le même éclat, la même représentation.

Comment la chambre des représentants chercherait-elle à attaquer, à détruire, à absorber le sénat, ou le sénat la chambre des représentants?

D'abord les représentants de la nation restent attachés individuellement à leurs États respectifs ; mais perdraient-ils cet attachement, ils ne peuvent rien contre le sénat, qui n'a avec eux de commun ni la mission, ni l'origine.

Dès lors, il n'y a là ni dualisme, ni double emploi, ni superfétation, ni gérontocratie, ni militarisme, ni manque d'unité, ni séparation absolue, et y eût-il ces imperfections ou toute autre, que le sénat subsisterait aussi longtemps que les États dont il est le délégué subsisteront eux-mêmes.

Ainsi le sénat des États-Unis a ses racines dans les faits préexistants ; il n'est qu'un degré supérieur d'institutions fortes auxquelles il correspond, et dont il emprunte sa puissance et sa vie. Il n'est pas seulement la théorie d'un rouage très-bien combiné, il ne repose pas sur une habile conception de *mécanique politique* (THIERS). — Il n'a pas été établi savamment comme un *bon instrument législatif* (Léon FAUCHER). Il est résulté de l'état du pays, de la nature des choses ; il est fondé sur des appuis solides, auxquels la chambre des représentants ni un général conquérant ne peuvent faire brèche, car il ne pourrait tomber qu'au bruit de la chute de tous les États, et de l'Union elle-même.

Voilà le sénat des États-Unis !

Maintenant je dirai : quels sont les éléments de deux Assemblées en France ?

Des institutions nobiliaires, alors que la noblesse n'existe plus ; ou des institutions fédérales, alors que les provinces ont cessé d'être : — les unes et les autres pourraient être bonnes en théorie, qu'elles n'en seraient pas moins chimériques en fait ; et M. de Cormenin a pu dire, qu'*il a été plus facile de supprimer la pairie du royaume qu'une mairie de village ;* — car celle-ci repose sur un fait national et permanent, la Commune ; — l'autre est tombée parce qu'elle n'avait aucune force de résistance qui lui appartînt, aucune vitalité qui lui fût propre, rien dans le pays qui lui prêtat assistance.

Donc, aujourd'hui, établissez deux chambres si vous pouvez ; mais montrez-moi d'abord quelques éléments qui n'appartiennent pas à la Grèce, à l'antiquité, à *tout pays,* comme les vieux et les jeunes. Y a-t-il ou n'y a-t-il pas *en France* des éléments particuliers à *la France* qui puissent justifier et étayer la double création que vous voulez faire ? Trouvez d'abord les étais en France, dites-moi les bases en France ; autrement la chute est inévitable.

Prouver théoriquement qu'une chose est parfaite, ce n'est qu'un premier point ; — montrer qu'elle est applicable à telle situation donnée, ce serait un second point ;

— l'établir enfin sur des appuis réels et préexistants, ce serait le troisième et le plus important. — Or, presque toujours en France nous nous en tenons au premier point, nous ne nous inquiétons guère du second, et nous agissons sans le troisième.

Je sais bien que le système philosophique se contente du premier point. Mais je sais qu'il a failli tant de fois, qu'on devrait, ce semble, hésiter à lui accorder confiance.

CHAPITRE VIII.

Constitution et avenir.

En discutant dans les bureaux la question des deux assemblées, M. de Rémusat a dit : « On prétend qu'au» cune limite n'arrêtera la volonté du peuple; que cette » volonté brisera toute entrave constitutionnelle. Alors il » est inutile de discuter le projet de Constitution ; car » les Constitutions ne sont que des systèmes de tempéra» ment et de limites. — Une misanthropie sceptique peut » seule accuser ainsi d'impuissance nos efforts. L'opinant » n'est pas suspect ; car il est de ceux qui auraient » désiré l'amélioration et non la destruction des institu» tions qui ne sont plus. Mais parce qu'elles ont été » brisées, s'ensuit-il que nous ne puissions rien fonder de » durable? — Sommes-nous donc condamnés à des révo» lutions perpétuelles ? — Ne faut-il pas constituer la » France avec l'espérance de travailler pour l'avenir ? et » devons-nous proclamer l'instabilité de l'édifice en l'é» levant? »

J'avoue être surpris de tout ce qu'il y a dans ces pensées. Le doute de l'avenir s'y montre avec tristesse. Car, quel est l'homme instruit et sérieux, auquel toutes ces ruines de constitutions entassées les unes sur les autres n'inspireraient pas de doutes et de réflexions? Mais ces doutes cherchent à s'effacer dans l'espérance; « du moins » ne proclamons pas l'instabilité de l'édifice en l'élevant. » M. de Rémusat ne veut pas être troublé dans son espoir, il se prémunit contre ceux qui tenteraient de l'ébranler. — Il ne permet pas qu'on insiste sur ce qu'il a bien vu dans le fond de son cœur, mais qu'il ne veut plus voir. Il s'élève contre le doute qu'après tout il éprouve : *les Constitutions sont des limites*. Ces limites, qui les pose? — un homme ou une assemblée! Pourquoi un autre homme ou une autre assemblée les respecteraient-elles? — Cette logique est impatiente quand on ne veut pas l'entendre. — Faudrait-il donc ne pas *discuter le projet de Constitution?* A cette conséquence M. de Rémusat se détourne avec inquiétude ; il se refuse à y penser, et en refuse le droit aux autres en les taxant de *misanthropie sceptique*.

M. de Rémusat est un philosophe, un esprit élevé, un homme d'État. — Si un philosophe repousse le raisonnement, si un esprit éclairé fuit de plein gré la lumière, si un homme d'État aime mieux espérer dans ce qui a toujours trompé les espérances, que de réfléchir avec hardiesse et de prendre un parti ; on s'explique comment une nation recommence longtemps ce travail de Danaïdes qui consiste à verser d'un côté la déception, et de l'autre à puiser sans fin aux sources des vaines espérances. — En France, d'ailleurs, on aime mieux agir que réfléchir, et par tout l'univers on est indocile à l'expérience, car elle est une leçon. — Il y a de plus l'insouciance et l'oubli du passé. On s'attache à ses illusions, même après qu'elles ne sont plus l'effet des convictions premières. Je comprends donc aisément qu'en général on pense comme M. de Rémusat, ou, pour mieux dire, qu'on aime comme lui en cette occasion à ne pas penser, et qu'on espère.

Mais que ceux-là qui préfèrent s'aveugler ne s'irritent pas contre ceux qui croient plus utile d'ouvrir les yeux! Car, si, de leur côté, ceux-ci voulaient recourir à des expressions qui critiquent et blâment, ils diraient que c'est la vanité humaine qui se complaît aux entreprises manquées par les devanciers, parce qu'on imagine toujours être mieux en état aujourd'hui qu'hier de les mener à fin heureuse.

Le 18 septembre 1791, des acclamations enthousiaste etunanimes accueillaient la lecture de l'Acte constitutionnel, faite *à la Nation, du haut de l'autel de la Patrie* : on s'embrassait, on se félicitait, on manifestait à grands cris et sa joie et ses espérances. Dans toute la France, ce furent des fêtes et des transports universels. — Le 30 du même mois, le président de l'Assemblée nationale disait à Louis XVI : « Sire, en acceptant la Constitution, vous » avez fini la Révolution » — Et l'Assemblée et le peuple d'applaudir !

Dans le préambule de l'an VIII on lisait : « Les pou- » voirs que la Constitution institue seront forts et stables. » — Citoyens, la Révolution est finie ! »

Est-ce que chacune de nos Constitutions n'a pas été l'objet des mêmes espérances, ou, pour dire plus vrai, des mêmes illusions ? Chacun à son tour croit la Révolution finie ; chaque Assemblée regarde son œuvre, et la proclame bonne ! — Hélas ! le temps ne donne pas raison à ces satisfactions anticipées.

« Sommes-nous donc condamnés à des révolutions » perpétuelles ? »

Si l'on disait : En reprenant perpétuellement le même chemin, sommes-nous condamnés à revenir perpétuellement au même but ?

Si l'on disait : En partant toujours des mêmes principes, sommes-nous condamnés à aboutir toujours aux mêmes conséquences ?

On répondrait *oui* à ces deux dernières questions. — Je réponds oui à la première.

Rappelons ici un article de M. Émile de Girardin, du 14 juin 1848, intitulé : *Pourquoi une constitution ?* C'est une page hardie de vérité et de logique.

« Je comprends une Constitution, là où un peuple et un » roi sont en présence, là où une Constitution a le carac» tère d'un pacte, d'un contrat, d'une transaction. » (Émile de Girardin).

Alors la Constitution est une charte. Il en est de même lorsque divers États forment une *Union* ou une Confédération, comme aux États-Unis, en Suisse, et comme y tendent aujourd'hui l'Italie et l'Allemagne. Ce sont ou ce seraient des fédérations d'États ; chaque État, en ce qui le concerne, gardant son indépendance. Grande différence avec la France qui, au contraire et avant tout, a voulu détruire la possibilité du fédéralisme, en détruisant les provinces, de telle sorte que les Girondins, après deux ans à peine, vinssent déjà trop tard. En France, et seulement en France, existe une telle unité, que la souveraineté du peuple est entière, et n'est point contrebalancée par une souveraineté d'États. Or, à ces deux souverainetés qui cherchent à se garantir, peuples et États, peuples et rois, correspondent les Constitutions, qui sont des chartes, des transactions.

Mais là où n'existe qu'une souveraineté unique, comme en ce moment, en France, il n'y a plus transaction. Je ne « comprends plus une Constitution, là où le peuple est » souverain, dit M. de Girardin ; car toute Constitu- » tion qui n'est pas une transaction est une restriction. »

En effet, M. de Rémusat l'exprime bien ainsi. « Les » Constitutions ne sont que des systèmes de tempérament, » de limites. »

Des limites! — « Mais pour que vous ayez le droit de » restreindre la souveraineté du peuple, il faudrait que » vous tinssiez ce droit d'une souveraineté supérieure à la » sienne. Or, c'est ce qui n'est pas : donc, vous êtes sans qua- » lité, sans titre, sans pouvoirs, sans mandat pour faire ce » que vous faites, pour rédiger et décréter une Constitution.

» Contesterez-vous ce que j'avance? — Nierez-vous ce » que j'affirme? — Alors vous m'expliquerez comment » la Constitution de 1795 a pu abroger celle de 1793. »

De qui l'Assemblée nationale tient-elle ses pouvoirs? — Du peuple.

De qui l'Assemblée qui lui succédera tiendra-t-elle ses pouvoirs? — Du peuple.

Impossible d'imaginer une supériorité quelconque de l'Assemblée actuelle sur l'Assemblée future, et du peuple actuel sur le peuple à venir.

La volonté du peuple même actuel ne se peut enchaîner. Elle peut ne plus vouloir demain ce qu'elle veut aujourd'hui.

La volonté de l'Assemblée même actuelle ne se peut lier. — Elle peut changer demain le décret d'aujourd'hui. Ce fut une même Assemblée qui décréta les deux Constitutions de 93 et de 95.

Cela est incontestable. « Il est absurde, dit Rousseau, » que la volonté du peuple se donne des chaînes pour l'a-

» venir. — Aussi l'Assemblée constituante déclare que la » nation a le droit imprescriptible de changer sa Constitution. » (Constit. 91, tit. 7, art. 1er.)

« Un peuple a toujours le droit de revoir, de réformer et » de changer sa Constitution. Une génération ne peut assujettir à ses lois les générations futures. » (Art. 28, » Décl. 93.) « La nation a toujours le droit de changer ou » de modifier sa Constitution.» (Projet 1er, 1848, art. 136.)

La Constitution de 95 passait sous silence le droit de changer la Constitution, et n'admettait qu'avec chagrin, on le voit facilement, le droit de révision. « Si l'expérience, » dit-elle, faisait sentir les inconvénients de quelques articles de la Constitution. (Art. 1er, tit. 13, Constit. 95, » art. 336). » Elle ne veut pas penser qu'une Assemblée se trouve assez hardie pour vouloir faire une Constitution tout comme les législateurs de 95, eux qui en avaient fait deux consécutives. Pourtant, s'il le fallait absolument, on pourra réviser; — mais que de formalités imposées avant de toucher à cette Constitution sainte !

On trouva plus simple de laisser tomber dans le mépris, avec le Directoire, la Constitution tout entière, pour acclamer à celle de l'an VIII.

La Constitution de l'an VIII ne parle ni du droit de changement, ni du droit de révision, espérant sans doute qu'on oublierait les deux.

Peut-être l'abbé Syeyès s'imagina-t-il qu'il était cette *autorité supérieure*, demandée par les philosophes, et qui, demeurant hors de contestation, imprimait le caractère d'*en haut* à leur œuvre. C'était d'ailleurs sa pensée. — Le pouvoir, disait-il, *doit venir d'en haut*, et M. Thiers approuve beaucoup cette maxime. (T. Ier, *Cons. et Emp.*) — Rousseau, qui s'en moquait en son ch. 3, liv. Ier du *Contrat social*, la prenait pour base de tout son édifice au ch. 6 II, liv. : Par son législateur Dieu, « intelligence » supérieure, qui constitue la République, et n'entre point » dans sa Constitution. » L'antiquité pensait de même. — Mais ce *Pouvoir d'en haut*, c'est la consécration divine dont j'ai parlé ailleurs, et qu'on cherche toujours. — Or Syeyès, qui ne put pas même se faire admettre comme grand électeur, n'ayant pas pu, à plus forte raison, se faire admettre comme représentant d'*en haut*, sa Constitution n'eut rien de plus sacré que toute autre.

La Constitution de 91 avait été la première. Elle était l'enfantement si impatiemment attendu de cette Assemblée qui s'était dite, et qui est restée nommée avant toute autre *Assemblée constituante*. Aussi, quand cette Assemblée eut porté dans son sein agité ce fruit de tant d'ardeurs, et qu'elle eut mis au jour cet enfant désiré : elle sentit une inexprimable angoisse, semblable à celle d'une mère expirante, et dont la pensée entrevoit une marâtre, prompte à faire périr le fils premier né, afin de le remplacer par un autre. Dans cette inquiétude, elle songea à décréter pour 30 ans, pour 25 ans, l'inviolabilité de son œuvre. Mais, comprenant qu'elle ne le pouvait à aucun titre de raison ni de force, elle sollicita la Nation, dans son propre intérêt, et par une sorte de prière : — « Considérant qu'il est plus » conforme à l'intérêt national d'user seulement par les » moyens pris dans la Constitution même du droit d'en » réformer les articles. » — Ensuite, entraînée par son désir au-delà de ce considérant qui n'a rien d'impératif, elle décrète formalités sur formalités pour la révision. — Elle prescrit le nombre des membres (249) qui composeront l'Assemblée de révision, et les termes du serment qu'ils devront prêter, serment « de vivre libres ou mourir, et de » se borner à statuer sur les objets qui auront été soumis » à l'Assemblée de révision par le vœu uniforme de trois

» législatures précédentes, de maintenir au surplus la Con-» stitution du royaume, décrétée par l'Assemblée natio-» nale constituante, aux années 1789, 1790 et 1791. » (Art. 7, tit. 7.) Elle ordonne enfin « que la prochaine lé-» gislature et la suivante ne puissent proposer la réforme » d'aucun article constitutionnel. » (Art. 3, tit. 7, C. 91.)

Et voilà que, par une amère dérision, qui se joue et des serments prescrits, et des formalités imposées, la législature suivante brise en un jour cette Constitution et se dissout sans même en refaire une autre, comme si sa mission spéciale avait été précisément de montrer la vanité de cet article que je viens de citer; qu'elle eût été convoquée seulement pour cette œuvre de destruction, et qu'elle dût finir aussitôt que cette mission vengeresse aurait été remplie.

La *Constitution* faite par l'Assemblée *constituante* et garantie par les prescriptions les plus multipliées, a été *moins durable* et plus facilement renversée que toute autre. Elle n'a pas vécu une année. A la hauteur de son orgueil a répondu la profondeur de son écroulement.

Le projet de Constitution (2me projet d'août) ne parle plus du droit de changer la Constitution, mais seulement du droit de la modifier, et il impose plusieurs formalités, entre autres :

« L'Assemblée de révision ne sera nommée que pour » deux mois. — Elle ne devra s'occuper que de la révi-» sion. » — Le projet veut bien cependant prévoir et décider que : « l'Assemblée de révision pourra, en cas d'ur-» gence, pourvoir aux nécessités législatives. »

Ainsi, comme en 95, l'Assemblée nationale actuelle ne veut pas penser que ses successeurs puissent changer la Constitution, et, quant à la reviser, elle leur prescrit comment ils exerceront leurs droits et comment il leur sera permis de toucher *à la loi fondamentale* de la *société*. (Rapport de M. A. Marrast).

La Constitution des États-Unis prescrit, il est vrai, des formalités de révision, et tout acte de société industrielle contient la forme dans laquelle il devra être rompu ou modifié ! — Mais encore une fois ce sont là des transactions, des actes synallagmatiques où chaque partie est mutuellement garant du tout. Au contraire, là où le peuple est souverain, la Constitution est un acte unilatéral, qui peut se détruire comme il s'est fait. Et comment pouvez-vous limiter la souveraineté qui succédera à la vôtre, « à moins » que vous ne teniez ce pouvoir d'une souveraineté supé» rieure. » Je suis sûr qu'il y a dans l'Assemblée nationale et qu'il y a eu dans toutes les Assemblées, depuis 89, des hommes riant bien de ces papes qui s'arrogeaient le droit de donner l'Amérique jusqu'à telle ligne à un roi de Castille, et jusqu'à telle ligne à un roi de Portugal. — François Ier disait : Je voudrais voir le testament du père Adam qui assigne à mes voisins cette part d'héritage, et qui me dépossède. — Eh bien ! toutes les Assemblées demandent à leur devancière une seule chose : c'est de leur montrer l'édit du Père céleste qui les autorise à disposer de cet héritage infini, inaliénable, qui se nomme l'avenir.

Les Assemblées peuvent être souveraines, — souveraines absolues : — mais les Constitutions savez-vous ce qu'elles sont ? Elles sont le témoignage de leur volonté, elles sont des testaments politiques ; quand ces Assemblées, ayant vécu leur vie, entrent dans le tombeau de l'histoire, pourquoi le testament impérieux laissé par elles aurait-il un autre sort que celui de ces rois absolus qui veulent régner même après la mort, et dont on dédaigne les volontés évanouies. En vain Louis XIV met son testament dans la tour du Parlement et sous triple serrure. — Le pouvoir n'est respecté que dans ses justes limites : il est tôt ou tard brisé quand il les excède. — S'il avait la force matérielle pour se faire obéir durant sa vie, aussitôt mort on se rit de son joug, et l'on déchire ses impuissants codiciles.

Toute Constitution, c'est le triomphe d'un moment voulant se formuler au-delà du moment; — c'est l'événement du jour voulant frapper le siècle à son empreinte, et perpétuer le fait de l'année dans une loi d'avenir. — L'avenir n'accepte ces lois qu'à titre de médailles, l'avenir repousse ces prescriptions d'une opinion effacée qu'il ne partage plus; — et tandis qu'on s'étonne de ces chutes successives de Constitutions qui avaient pu sembler solides, il n'y a à s'étonner que d'une chose : c'est de l'illusion des passions humaines qui, ne souffrant pas la chaîne des temps précédents, veulent toujours river à leur anneau la liberté des temps qui suivent.

LIVRE TROISIÈME.

CHRÉTIEN.

CHAPITRE PREMIER.

Constitutions. — Système historique et système philosophique.

Si je prends en un sens le mot *Constitution*, tout peuple, par cela même qu'il forme un peuple, a des lois, des usages, des institutions, un caractère, une existence marquée à des signes multiples, en un mot, une Constitution quelconque. En suivant l'histoire, je vois se modifier toutes ces choses; je vois se transformer tantôt lentement, tantôt tout à coup, ce mode d'existence, c'est-à-dire que la Constitution varie, se développe, s'affaiblit ou se fortifie. — Les annales d'un peuple ne sont pas autre chose que le récit des faits à travers lesquels s'accomplissent ces changements successifs; et ce changement est perpétuel! L'existence d'une nation, comme l'existence d'un homme, n'a pas un point d'arrêt dans l'immobilité. Chaque jour accomplit dans les idées et dans les faits un déplacement plus ou moins sensible. A nul instant de sa vie la Constitution d'un peuple n'est exactement la même, et, comme dans l'homme encore, c'est précisément parce qu'il y a mouvement qu'il y a vie. Il n'est donné à la Constitution d'un peuple de s'arrêter qu'avec son existence!

Si je prends en un autre sens le mot *Constitution*, je vois un code précis dont la prétention la plus modeste est de fixer, à un moment donné, les lois, le caractère, les institutions d'un peuple, et dont la prétention plus haute est, non-seulement de fixer le présent, mais d'instituer l'avenir, de telle sorte que le peuple soumis à une loi durable soit façonné et modelé par elle. — « Ce sont les chefs des » républiques qui font l'institution. » (MONTESQUIEU.) « L'es» prit social doit être l'ouvrage de l'institution. » (ROUSSEAU.) « La législation fait naître les mœurs. » (Id.) « Ce » sont les institutions nationales qui forment le génie, le » caractère, les goûts et les mœurs d'un peuple. » (*Gouvernement de Pologne.* ROUSSEAU, ch. 3.)

En envisageant ces deux sens si différents du mot Constitution, l'observation qui se présente à moi tout d'abord, c'est que, dans le premier sens, la Constitution, mobile comme l'homme, flexible comme les événements, se déroulant avec le cours des temps et de l'histoire, ne forme jamais une loi qui endigue l'opinion publique; car elle est l'opinion publique elle-même. Je ne parle pas de cette opinion de chaque jour, de ces flots mouvants qui ne laissent pas de traces; j'entends cette opinion qui, chaque fois qu'elle se généralise, produit des effets et s'imprime dans les circonstances extérieures. — La Constitution est faite et refaite sans fin par elle. — N'enchaînant rien, étant tout ce qui est, elle représente une idée de liberté indéfinie, et se prête à tous les progrès de la pensée humaine. — Système historique!

Dans le second sens, au contraire, la Contitution est *une règle primordiale, fondamentale* qui appose sa rigidité sur les mœurs et les institutions, et commande d'avance aux mœurs et aux institutions. En tout cas, elle représente une idée de volonté, de fixité et de contrainte, qui est une *impossibilité* ou une *tyrannie.* — Système philosophique !

Le dernier siècle adopta complétement ce système.

Le bien comprendre, le bien approfondir, c'est nous mettre à même de juger exactement ce que nous en prenons aujourd'hui et ce que nous en laissons. Que si nous apprécions avec justesse la voie que nous suivons et que nous avons suivie, nous verrons avec clarté où nous allons.

L'analyse du passé est l'intelligence du présent et la synthèse de l'avenir. Qu'on me pardonne cette sentence prétentieuse, mais elle exprime bien le but de ces études.

Or, nous tenons l'idée de Constitution du XVIIIe siècle, qui la tenait lui-même de l'antiquité. J'ai dit jusqu'ici *système philosophique*, je dois dire maintenant *système païen*, et le montrer.

CHAPITRE II.

Unité, Liberté.

Le XVIIIe siècle s'est attaché surtout à deux choses en politique : — *Unité, Liberté.* — Ce sont là deux grandes choses : elles ont pénétré les esprits et les faits. Mais d'où naissent-elles ? où ont-elles leur source et leur appui ?

Le XVIIIe siècle les fit naître de l'antiquité et trouva leur principe et leur force dans l'idée de Constitution !

Ceci, assurément, mérite quelque examen.

L'admiration de l'antiquité, conservée dans les cloîtres du moyen âge, propagée plus vivement à partir de ces temps qui ont été nommés le siècle de la Renaissance, et, devenue enfin si dominante au siècle de Louis XIV, qu'elle a produit l'Europe classique, et querellait tout moderne qui osait ne pas admirer les anciens, était arrivée à son apogée au XVIIIe siècle.— Jusque là elle s'était bornée aux arts, à la littérature, à ces œuvres vraiment admirables, et contre lesquelles il n'y aura jamais de réaction absolue. Elle s'était appliquée à ces exemples dignes d'un juste éloge, que nous présente la vie des hommes illustres d'autrefois, beaux traits qui relèvent l'humanité, au milieu d'époques qui trop souvent l'abaissent, quelquefois elle allait s'adresser aux institutions : ainsi Bossuet, tout en faisant de l'histoire un vaste cadre au christianisme, s'était complu en un portrait un peu idéal de l'Egypte. — Le bon Rollin suivit; le XVIIIe siècle allait se lancer à corps perdu dans cette voie de l'antiquité à fantaisie.

Ce ne fut plus seulement à de beaux traits épars, à des héros isolés qu'on s'attacha : ce fut à l'ensemble des peuple, des mœurs et des institutions. — Ce ne fut plus seulement à la forme des idées, ce fut au fond. L'admiration antique, dans le XVIIIe siècle s'exagéra sur tout; elle se pénétra des idées, des sentiments anciens : — bien plus, qu'une idée grande ou juste vînt à se présenter, fût-elle l'expression d'une pensée formée par les dix-huit siècles qui avaient succedé aux temps païens et par un concours d'idées qui n'appartenaient pas à ces siècles de l'erreur, vînt-elle en ligne directe de l'Évangile, n'importe! on en reportait l'honneur à l'antiquité, on faisait hommage de tout, à ce génie ancien d'où procédait par l'éducation le génie moderne; et, tandis qu'il se récriait contre cette pensée : — *Hors de l'Église point de salut;*— le XVIIIe siècle l'adopta complétement à son point de vue : — *Hors de l'antiquité point de salut.*— On se faisait donc bien humble vis-à-vis du paganisme? — Oui; mais pour se faire orgueilleux vis-à-vis du christianisme.

Là est le nœud du XVIIIe siècle.

Donc ce fut dans l'antiquité, et comme dérivant de ses institutions, que l'on se plût à montrer et à vanter ces deux choses : *Unité, — Liberté.*

En effet, on peut lire en gros caractères ces deux mots écrits au frontispice de l'antiquité, et le XVIIIe siècle se contentait des surfaces.

Est-ce ainsi qu'il nous a légué la satisfaction que nous prenons à écrire sur tous les murs les principes qu'il serait bien plus important d'inscrire dans nos lois? Je ne sais, tant est-il qu'aux temps anciens l'unité et la liberté ne sont que les choses du dehors.

« Quand on regarde aux civilisations qui ont précédé » celle de l'Europe moderne, il est impossible de ne pas » être frappé de l'unité qui y règne,— de là une simplicité » remarquable. » — (GUIZOT, *Civ. europ.* leç. 2.) Voilà ce que vit le XVIIIe siècle.

Mais M. Guizot remarque aussitôt que cette unité et cette simplicité ont produit, soit un état stationnaire, immobile, comme en Egypte et dans l'Inde, soit ce caractère de tyrannie qui apparaît au nom des principes et sous les formes les plus diverses.

Et il ajoute, « dans les temps modernes, on voit que » l'âme humaine a été remuée sur un plus grand nombre » de points, et à une plus grande profondeur.

» Le caractère de la spécialité a disparu de la civilisa- » tion : pour la première fois, elle s'est développée aussi » diverse, aussi riche, aussi laborieuse que le théâtre de » l'univers. »

Ainsi juge le XIXe siècle, moins superficiellement que le XVIIIe. On s'arrêtait à l'écorce ; nous voulons pénétrer à la sève!

Dans le monde ancien, l'*unité* n'était qu'une unité *spé-*

ciale, nationale. — Les nations n'étaient mêlées les unes aux autres ni par le commerce, ni par les idées, ni par la science, ni par une religion commune. Les relations de peuple à peuple sont la guerre et la conquête. Autrement on ne voit les peuples que l'un après l'autre : L'Egypte, la Grèce, Rome.—Un seul grand acteur est en scène à la fois, une seule civilisation est régnante ; — là même où il y a plusieurs acteurs, chacun joue son rôle à part : il y a l'unité du monologue. — Quand un peuple en a vaincu un ou plusieurs autres, l'unité ne se fait pas par le mélange, elle s'impose par la domination. — Les Spartiates ne s'unissent pas avec les Ilotes ; Rome reste, avec ses citoyens privilégiés, debout au-dessus des vaincus. Quelle humiliation pour les Grecs, les seuls pourtant qu'elle ne traitât pas de barbares, dont elle écoutât les rhéteurs et reçût des idées ! — « Combien ils étaient méprisés de l'orgueilleux Latin ! » (*Cantu.* t. V, l. 6.) Le type distinctif de l'antiquité, le caractère de son unité étroite, haineuse et purement nationale, c'est *l'esprit de séparation :* — voilà *l'esprit païen, l'unité païenne !*

Les peuples modernes, au contraire, quoique séparés en nations diverses, forment une société variée par le climat, le sang et l'origine, mais unie par les idées, la science, le commerce, les relations, la religion ! L'unité n'a pas de bornes, elle est indéfinie, elle tend toujours à l'assimilation, elle pourrait être universelle. — C'est qu'il y a dans le monde moderne un esprit nouveau, l'esprit de fusion, de communication, ou communion des idées, des sentiments, des croyances : l'esprit humanitaire, l'*unité chrétienne !*

Le XVIIIe siècle ne vit donc dans l'antiquité que l'unité étroite, il ne comprit que celle-là, et il l'exalta comme un modèle ; c'est-à-dire qu'il s'attacha à l'unité païenne, qui est l'esprit de séparation ; — il ne comprit ni ne vit l'unité chrétienne qui est l'esprit d'union, l'universalité !

Or, dans l'unité païenne, un point, trop remarquable en effet pour n'être pas vu, avait frappé le XVIIIe siècle ; c'était l'union de la religion et de l'Etat.

Chez tous les peuples anciens la religion était dans l'Etat, la religion était un moyen de gouvernement, les magistrats étaient pontifes. « Chaque Etat, ayant son culte » aussi bien que son gouvernement, ne distinguait point » ses dieux de ses lois. » (ROUSSEAU, *Cont. soc.* l. IV, ch. 8.)

De là, ce caractère de simplicité, admiré encore par le XVIIIe siècle ; rien, comme on l'a dit, n'étant plus simple que le despotisme. De là, absence de divisions dans la manière de penser des citoyens, et peu ou point de ces guerres de religion que le XVIIIe siècle ne se lassait pas de rappeler et de maudire. — Dans l'ancien monde, il est vrai, on ne se battait que pour des intérêts, et pas pour des idées. — Aujourd'hui on ne ferait pas de cela un sujet d'éloges comme au XVIIIe siècle ; et, de plus, quiconque voulait penser autrement que l'Etat était passible de mort, fût-il Socrate ! non pas tant pour impiété envers les dieux, que pour attaque à la Constitution de l'Etat. La pire de toutes les tyrannies régna sur l'antiquité entière : à savoir l'oppression de la pensée et de la conscience humaine ! Le XVIIIe siècle alla sans hésitation, avec ses publicistes d'abord et ses législateurs ensuite, jusqu'à cette conséquence. Dans son admiration de l'antiquité, non seulement il y admira l'union de la religion et de l'Etat, — mais il détesta la séparation de l'Église et de l'Etat dans le monde moderne.

C'est l'objet du dernier chapitre du *Contrat social*, le plus long, et sans nul doute celui que Rousseau sentait le plus important. Car du moment où la religion n'est pas dans l'Etat, il devient impossible d'établir l'unité purement nationale comme aux anciens jours. — La religion, c'est-à-dire les croyances et la part la plus intime de la pensée d'un peuple, échappant à l'action du législateur, « impossible de constituer la société, impossible de tout » ramener à l'unité politique sans laquelle jamais Etat ni » gouvernement ne sera bien constitué. » (ROUSSEAU, *Cont. soc.* l. IV, ch. 8.)

Dans ce dernier chapitre du *Contrat social,* on sent l'irritation constante de l'auteur amené forcément à combattre un adversaire qu'il ne peut négliger, et qu'il faut vaincre, — sinon périr !

Qu'il y eût avec le catholicisme romain *deux législateurs*, *deux chefs*, *deux patries*, c'était la contradiction la plus absolue posée en face du contrat social, et de l'unité antique. — « Religion des Lamas, religion des Japonais, s'écrie Rousseau, tel est le christianisme romain, » il en résulte une sorte de droit mixte et insociable qui » n'a point de nom. »

Cependant il n'avait pu s'empêcher de reconnaître que le christianisme romain n'était pas seul opposé à son système, et qu'il avait contre lui tout le christianisme. — Car, « Jésus, dit-il, étant venu établir sur la terre un » royaume spirituel, cela sépara le système théologique » du système politique, et fit que l'Etat cessa d'être un. — » ...... Hobbes est le seul qui ait bien vu le mal et le remède, qui ait osé proposer de réunir les deux têtes de » l'aigle et de tout ramener à l'unité politique ; mais il » a dû voir que l'esprit dominateur du christianisme était » incompatible avec son système. »

Ainsi Rousseau se rendait un compte exact de l'impossibilité de faire cadrer le christianisme avec cette idée que, « tout ce qui rompt l'unité sociale ne vaut rien ! » Placé entre l'alternative ou de déchirer son œuvre ou de déchirer le christianisme, il prit ce dernier parti. — Ainsi font tous les logiciens poussés à l'abîme ; les logiciens de tous les temps, et ceux de nos jours ! — Ceux-ci, placés entre leur raisonnement et l'existence continue de la société, déchirent la société ;— ils ne sont pas tous des Jean-Jacques par le talent, mais Jean-Jacques ne céda à aucun en orgueil, jusqu'à la folie.

« Au fond, la loi chrétienne est plus nuisible qu'utile à » la forte constitution de l'Etat.

» La religion même de l'homme, ou le christianisme, » non pas celui d'aujourd'hui, mais celui de l'Evangile, » qui en est tout-à-fait différent, religion sainte, sublime, » véritable, loin d'attacher les cœurs des citoyens à l'Etat, » les en détache comme de toutes les choses de la terre : » je ne connais rien de plus contraire à l'esprit social. » (ROUSSEAU, *Ibid.*)

Qu'on accorde si l'on peut le commencement et la fin de cette phrase : — une religion sainte, *véritable,* et cependant absolument contraire à l'esprit social. Le meilleur des christianismes était donc encore bien mauvais. Mais de deux choses l'une : la religion *vraie* doit concorder avec l'esprit social ; ou l'esprit social est faux, qui ne concorde pas avec la religion *vraie.*

Rousseau continue : « Une société de vrais chrétiens ne » serait plus une société d'hommes !

» Que les chrétiens soient vainqueurs ou vaincus, » qu'importe ! La Providence ne sait-elle pas mieux » qu'eux ce qu'il leur faut ? Mettez vis-à-vis de ces peuples » généreux que dévorait l'ardent amour de la gloire et » de la patrie, supposez une république chrétienne vis-à-» vis de Sparte ou de Rome, — les pieux chrétiens seront » battus avant d'avoir eu le temps de se reconnaître, ou

» ne devront leur salut qu'au mépris que leur ennemi aura
» pour eux.

» Mais je me trompe en disant une république chré-
» tienne, — le christianisme ne prêche que servitude et
» dépendance.

» Les troupes chrétiennes sont excellentes, dit-on.
» Je le nie ! qu'on m'en montre de telles ! — On me citera
» les Croisades ! — Bien loin d'être des chrétiens, c'étaient
» des citoyens de l'Église, se battant pour son pays spiri-
» tuel : à le bien prendre, ceci rentre sous le paganis-
» me. »

On pourrait ne pas s'expliquer très-bien ces citoyens de l'Eglise qui cessent par là même d'être chrétiens; mais Rousseau ne voulait pas admettre qu'on pût se battre pour des croyances et y déployer du courage. On ne se battait dans l'antiquité que pour le pays : par une similitude forcée, il ramenait les Croisades elles-mêmes à ce point de vue, et les faisait rentrer dans le paganisme.

Le système païen, qui résulte partout des doctrines du XVIIIe siècle, ici est explicite : il nie au christianisme, il décerne au paganisme seul, ces deux mobiles des plus puissants et des plus honorables : — *Patrie* et *Courage !*

Et le XVIIIe siècle applaudit à ces pages, qui ne reconnaissaient pas même du courage aux peuples chrétiens, et qui les livraient comme des fatalistes lâches et stupides au bras et au dédain de ces peuples anciens, Sparte, Rome, seuls grands, seuls admirables , seuls braves !

Et les Français du XVIIIe siècle, et *les fils des Croisés* ne s'indignèrent ni pour eux, ni pour leurs pères ! De la main du Génevois, ils recevaient des soufflets qui tombaient pourtant sur leur joue. Ah! Rousseau pouvait bien mépriser les hommes de son temps, puisqu'ils acceptaient ses aveugles outrages !

De là il concluait à une religion civile. « Sans pouvoir » obliger personne à en croire les dogmes, l'Etat pourra ban- » nir quiconque ne les croit pas. Il le bannira non comme » impie, mais comme insociable. — Que si quelqu'un, » après les avoir reconnus publiquement, se conduit comme » ne les croyant pas, qu'il soit puni de mort ! — Il a com- » mis le plus grand des crimes, il a menti devant la loi. »

Nous revoilà au despotisme antique, à l'asservissement de l'âme et de la conscience, à la déportation, à la mort, pour quiconque serait un penseur libre. Et ce sont les libres penseurs du XVIIIe siècle qui le décrètent ainsi ! — Sur quoi Rousseau trace de suite, pour la leçon de Robespierre, les dogmes de la religion civile. — « L'existence de la divi- » nité, puissante, intelligente, bienfaisante, prévoyante et » pourvoyante, — la vie à venir, — le bonheur des justes, » le châtiment des méchants. » — Rousseau, qui demandait un Dieu pour donner des lois aux hommes, se croyait apparemment plus qu'un Dieu, car il ne se contentait pas de donner des lois, il imposait des dogmes ! — Parmi ceux-là était la *sainteté du contrat social*. — Le premier projet de Constitution, en 1848, avait été plus modeste, en disant : *Le respect de la Constitution*.

Au commencement de ce même ch. 8, l. IV, Rousseau avait dit : « Il faut une longue altération de sentiments et » d'idées pour qu'on puisse se résoudre à prendre son sem- » blable pour maître, et se flatter qu'on s'en trouvera » bien ! »

Dans l'assujettissement ordinaire, cela est tyrannie. — Qu'est-ce donc dans l'assujettissement des âmes? Aussi la sanction n'est-elle pas ambiguë, bannissement et mort. — Ce qui n'empêche pas Rousseau de dire immédiatement et dans la même page : « L'intolérance appartient » aux dogmes que nous avons exclus. »

Résumons l'enchaînement des idées : — Admiration de l'antiquité. — Unité des nations païennes. — Unité fondée sur l'unité de la Religion et de l'État. — Religion civile. — La mort pour quiconque n'asservit pas sa pensée aux dogmes officiels. — Il n'en peut être, et il n'en a pas été jadis autrement. Crime de Socrate, crime de lèze-constitution ! car si la pensée est libre, l'unité et la constitution ne sont plus. — La Religion civile, et ses dogmes, et l'unité, dérivent et dépendent d'une loi fondamentale, d'une Constitution primordiale. — Le christianisme incompatible avec toutes ces choses !

Telle fut l'idée d'unité léguée par le XVIIIe siècle à la génération qui devait la traduire dans les faits. — 91 et 93 n'ont-ils pas été des traducteurs fidèles ?

Je voudrais n'avoir traité ici qu'une question vieillie. — Mais l'école admirative de l'unité païenne n'est pas encore fermée ; l'imitation de l'unité païenne n'est pas encore finie : — continuons donc.

J'ai dit qu'avec l'unité le XVIIIe siècle admirait surtout, dans le monde ancien, la *liberté*.

République, civisme, liberté ! ces mots retentissent dans l'antiquité. Il est tout simple que le XVIIIe siècle les ait répétés au monde moderne. Les anciens, d'ailleurs, nous ont, à cet égard, laissé de magnanimes exemples, qui feront toujours battre les cœurs, et peuvent toujours servir à vivifier les sentiments de patrie et d'indépendance.

Mais l'antiquité offre-t-elle de la liberté une image toute admirable et toute pure ? Est-ce dans l'antiquité que nous devions aller chercher le modèle de la liberté ? Le monde païen ne doit-il pas se peser en deux plateaux ? — Dans l'un se trouve la liberté, mais dans l'autre ne sentez-vous pas le pesant esclavage ? — Qui l'emporte des deux ? et pourquoi ces deux parts ? — Quelle en est la cause ?

qui les a réglées, qui les a maintenues? — Si l'on croyait ces questions étrangères au mot Constitution, on se tromperait fort. L'idée de Constitution oblige à la fin à se rendre compte des rapports de la religion et de l'État. C'est la dernière et suprême question relative à l'unité.

Mais la première question produite par l'idée de Constitution, c'est la question de liberté; car c'est la liberté humaine, la liberté indéfinie qu'il s'agit de définir; la liberté de chacun qu'il s'agit de régler vis-à-vis des autres, de protéger contre les autres; et la liberté de tous qu'il s'agit de coordonner avec la liberté de chacun.

La question de liberté dans l'ordre logique est donc la première. De cette question dépend l'idée de Constitution. Aussi Rousseau et Grotius (*Contrat social*, — *De jure gentium*), diffèrent de sentiments; mais ils commencent par là, et fondent sur cette base tout leur échafaudage.

L'antiquité nous présente le spectacle de peuples soumis à des Constitutions textuelles. Ces Constitutions président à la formation et à l'existence de tous les peuples anciens. — C'est là que le XVIIIe siècle a été puiser cette idée, c'est de là qu'elle s'est infusée en nous. On n'admire pas une idée sans lui demander compte de ses effets. — On ne peut pas, en regardant les Constitutions antiques, ne pas examiner comment elles avaient réglé ces questions de liberté que j'ai posées tout à l'heure.

Vous voyez bien que ce n'est pas au hasard que Grotius et Rousseau ont commencé leur livre, en se transportant dans l'antiquité, et en y examinant le principe et l'effet des Constitutions.

Or, pour admirer le principe, il faut admirer les effets. Le XVIIIe siècle admirait les Constitutions anciennes, il admira la liberté ancienne. — Et admirant la liberté, il réadmira les Constitutions.

A notre tour.

CHAPITRE III.

Hostilité. — Séparation. — Inégalité. — Immobilité. — Esclavage.

Tous les peuples de l'antiquité ont été façonnés par des législateurs. A l'origine, ou durant le cours de leur histoire, des esprits supérieurs apparaissent, qui font ou refont la Constitution du pays. — Moïse, Foé, Minos, Zoroastre, Solon, Lycurgue, Numa : voilà les noms les plus illustres, et ce ne sont pas les seuls. — Les peuples se rassemblent et s'établissent d'abord par les armes avec les héros ou demi-dieux ; ils s'organisent ensuite par les lois, avec les sages, prophètes ou législateurs. — Dans la Chine, l'Inde et la Perse, comme à Rome et en Grèce ; partout, dans l'univers connu, il se trouve un homme pour donner à chaque nation une loi fondamentale, une Constitution.

Un rapprochement peut nous servir à bien préciser les sociétés anciennes. Elles datent, comme un ordre ou une société monastique, d'un fondateur ou législateur qui leur donne une loi textuelle, qui s'empare d'elles dans le présent et dans l'avenir, qui les forme enfin et les asservit à sa règle. Ce fondateur ou législateur ne domine pas seulement la vie extérieure, il fonde la puissance de sa loi sur la domination intérieure des âmes, il règle les choses du corps et celles de la pensée, il s'empare de la RELIGION et de l'ÉDUCATION ; — il inscrute sa pensée à lui dans la pensée de toute une société, il lui donne cette pensée comme loi immuable et éternelle ; — il forme les générations d'après cette pensée et pour cette pensée. La Constitution est faite à un jour donné pour une société ; mais, à partir de ce jour, ce sont les sociétés qui sont faites par la Constitution et pour la Constitution.

Voilà la société monastique, voilà la société antique !

Qu'est-ce à dire, sinon immobilité et esclavage ?

Mais voici la différence entre les deux sociétés.

La société monastique sait qu'elle s'immobilise et qu'elle se soumet à une servitude. Son immobilité étant purement religieuse, se fonde sur l'immutabilité de la foi, et sa servitude étant celle de Dieu, elle est esclave volontaire. Toutefois, l'immobilité et la servitude sont deux choses si contraires à l'état général des sociétés modernes, et si opposées à la force du temps, que les sociétés monastiques n'ont pu elles-mêmes échapper à la nécessité des réformateurs, et qu'elles sont d'ailleurs des sociétés exceptionnelles et se proclamant telles, des sociétés restreintes, hors du monde, et qui se séparent du monde pour pouvoir être.

C'est à cette loi première et indispensable de SÉPARATION, que furent astreintes les sociétés anciennes. Elles n'auraient pu se mêler au MONDE, à l'ensemble des autres sociétés, sans perdre l'esprit de la règle. Ce fut le premier objet que se proposèrent les législateurs.

« Pour empêcher que son peuple ne se fondît parmi les » peuples étrangers, Moïse lui donna des mœurs et des » usages inalliables avec ceux des autres nations. — C'est » par là que cette singulière nation, idolâtre de sa règle, » s'est conservée jusqu'à nos jours.

» Lycurgue imposa un joug de fer, tel qu'aucun autre » peuple n'en porta jamais un semblable ; mais il identifia » Sparte à son joug, en lui montrant sans cesse la patrie » dans ses lois, en l'occupant toujours.

» Le même esprit guida tous les anciens législateurs » dans leurs institutions ; tous cherchèrent des liens qui

» attachassent les citoyens à la patrie d'une manière tou» jours *exclusive et nationale.* » (*Gouvern. de Pologne*, ch. 2. ROUSSEAU.)

« Ces lois annoncent encore au monde les grands » hommes qui les ont dictées. » (*Cont. soc.*)

Ainsi l'esprit de *séparation*, ce caractère de toutes les nations anciennes, cette unité *exclusive et nationale*, reconnue ici par Rousseau et admirée par toute son époque, résulte clairement de leurs Constitutions, en est la conséquence première et nécessaire. Tous les législateurs anciens ont tendu avant tout à ce but, tous ont compris que sans l'unité de la religion et de l'État au dedans, sans l'esprit de séparation et d'exclusion pour le dehors, une Constitution ne pouvait subsister. — Et, en effet, plus l'union *des lois et des dieux* a été grande, plus l'esprit *de séparation* a été étroit et haineux, et plus ces Constitutions ont été solides et durables. Ainsi Sparte, ainsi Rome, et plus encore, « la loi de Moïse et celle de l'enfant d'Is» maël. — Tandis que l'aveugle esprit de parti ne voit en » eux que d'heureux imposteurs, le vrai politique admire » dans leurs institutions ce grand et puissant génie qui pré» side aux établissements durables. » (R. *C. soc.*, l. II, c. 6.)

Il en est de même dans les sociétés monastiques, d'autant plus fortes et durables qu'elles sont plus *séparées du monde*. Et si l'Institut n'est pas la séparation absolue, il lui faut alors, pour garder sa puissance, regagner par la domination sur ses membres, par la soumission entière de leur esprit à la loi et à l'esprit du fondateur, ce que l'institution perd d'unité dans un mélange partiel avec le monde. — Appliquez ces lois aux sociétés religieuses fondées par saint Bruno et saint Ignace, ou aux sociétés anciennes fondées par Lycurgue et Moïse; elles sont la clef des unes et des autres.

Ces sociétés sont bien diverses dans leur but et leur esprit, mais les lois générales qui président à leur formation et à leur durée sont les mêmes : et jusque dans les détails, je pourrais vous montrer Rousseau admirant Moïse, « qui » surchargea les Juifs de rites, de cérémonies particulières, » et les gêna de mille façons pour les tenir sans cesse en » haleine, et les rendre toujours étrangers parmi les au- » tres hommes ; et Lycurgue, qui suivit le Spartiate dans » ses jeux, dans sa maison, dans ses amours, dans ses fes- » tins, ne lui laissa pas un instant de relâche pour être à » lui seul, et par cette continuelle contrainte en fit des » êtres au-dessus de l'humanité. »

De même encore dans les ordres monastiques. On l'a dit, Sparte fut un couvent. J'ajoute : toutes les sociétés anciennes furent chacune, vis-à-vis du monde, à l'état de claustration, comme est restée la Chine. — Cet état de la Chine nous surprend beaucoup, parce qu'il est unique dans le monde moderne. Ce n'est pas autre chose pourtant que l'état de toutes les sociétés anciennes (1), l'état des sociétés païennes, que le Christianisme est venu rompre par l'esprit d'expansion et d'universalité. — Les Chinois sont un peuple doux et facile, et aimant l'instruction. Ils eussent accueilli volontiers le Christianisme, ils l'accueillirent avec honneur à titre de science. Mais le Christianisme aurait amené avec lui deux conséquences : le progrès et la fusion, la communauté, les relations

(1) Bien longtemps avant les Chinois, les *Epidamniens*, afin *de ne pas communiquer avec les barbares*, avaient élu un magistrat pour faire tous les marchés au nom de la cité, et pour la cité. — « Pour » lors, dit Montesquieu, le commerce ne corrompt pas la Constitu- » tion, et la Constitution ne prive pas la société des avantages du » commerce. » (*Esp. des lois*, l. IV, ch. 6.)

avec les autres peuples. — Le système chinois ou système païen comprit qu'il était attaqué au cœur ; il voulait rester à l'état *stationnaire* au dedans, à l'état de *séparation* au dehors ; il voulait garder l'unité de la religion et de l'État, principe de ces deux choses. — Tout cela était *incompatible avec le Christianisme.*

Au résumé, la société monastique nous présente le modèle d'une société fondée par un législateur et formée par et pour une Constitution. Les mots répondent tellement aux idées que les règles des ordres religieux se sont appelées *Constitutions* bien avant que nous eussions songé aux nôtres, parce que c'étaient des *lois fondamentales* faites pour constituer une société. Or, la société monastique, d'après une Constitution primitive et fixe, ne peut exister et n'existe en effet qu'en étant séparée du monde, immobile et esclave de la règle, qu'en étant asservie corps et âme à la pensée du fondateur.

Telles furent les sociétés antiques, — SÉPARATION, IMMOBILITÉ et ESCLAVAGE. — Mais immobilité qui n'avait pas conscience d'elle-même, immobilité qui s'admirait et qu'est venu admirer le XVIIIe siècle : immobilité effrayante, car elle coëxistait avec la mobilité des événements, des passions et des idées. Les idées se faisaient jour, il fallait faire régner sur elles une compression permanente et sévère ; comment dès-lors ces sociétés pouvaient-elles être, sinon par l'esclavage et par la tyrannie ? — S'il faut l'absolutisme de la règle pour maintenir un ordre religieux, — quelle tyrannie d'un côté, quel esclavage de l'autre, ne fallait-il pas dans les sociétés antiques?

Fondées par une règle, dépendantes d'une règle, élevées pour une règle, soumises à la pensée du législateur, c'étaient des sociétés d'esclaves, et par suite ce devaient être des sociétés à esclaves.

Dirai-je ici comme Rousseau : « Toutes mes idées se » tiennent, mais je ne saurais les exposer toutes à la fois.» En tout cas je prie qu'on me suive.

L'esclavage des individus vis-à-vis d'un homme et l'esclavage d'un peuple vis-à-vis d'un législateur et de la loi fondamentale supposent des deux parts ou contrainte, ou aliénation volontaire de la liberté. — La contrainte n'est pas un droit, c'est une force qui doit se perpétuer, autrement, son effet cesse. — Ainsi l'esclavage, né de la guerre ou d'une oppression quelconque, est la force, et se perpétue forcément par une oppression continue.

L'aliénation volontaire ne saurait enchaîner, fût-elle légitime, que celui qui s'aliène ; pour obliger au-delà, pour obliger sa descendance, il faut encore la contrainte : dès-lors, c'est toujours l'esclavage.

Voyons donc comment s'établit et se perpétue une loi suprême !

Une loi suprême doit avoir pour premiers serviteurs, premiers esclaves, ses premiers ministres. — Dans toute l'antiquité, en effet, les corps les plus strictement réglés, contenus, façonnés par la loi supérieure, étaient les sénats, les colléges de Pontifes, les premiers magistrats. Suivez l'histoire de ces corps organisés dans le but de dominer l'existence civile et religieuse des peuples, leur puissance est d'autant plus forte qu'ils sont eux-mêmes plus enchaînés par la règle ; — elle s'affaiblit et s'altère à mesure que leurs membres s'affranchissent et prennent plus d'indépendance personnelle ; — de sorte que dans les premiers temps la corporation est tout, et les individus peu de chose ; tandis que plus tard et avec la décadence les individus s'élèvent d'autant que la puissance de la corporation décroît et tombe.

Rappelons ici, pour mémoire et pour exemple, le sénat romain : il devint faible, quand ses membres devinrent forts, quand il y eut des familles puissantes : Claudia, ou Julia; des hommes puissants : Sylla, Pompée ou César. Qu'importait l'un ou l'autre ? La corporation ne dominait plus les individus; les individus dominèrent la corporation ! — Ce sont encore là des lois générales applicables à des situations bien diverses.

La loi suprême du Christ, dans son application spéciale à la religion, a pour premiers serviteurs les membres du sacerdoce et de l'épiscopat, jusqu'au pape le serviteur des serviteurs de Dieu, *servus servorum*. Comment se continue et se maintient la corporation ecclésiastique organisée pour donner ses chefs à la société religieuse, si ce n'est par la servitude à la règle qui la constitue; puissance d'autant plus grande que les membres seront eux-mêmes plus stricts et plus fidèles observateurs de la loi dont ils sont les ministres ; puissance qui s'est affaiblie ou s'affaiblirait, suivant qu'on les a vus ou qu'on les verrait tendre à s'en affranchir ? de telle sorte qu'en suivant l'histoire, il y a eu force et unité, suivant que le corps était tout et les individus absorbés dans l'ensemble, et qu'il y a eu affaiblissement et scission, quand des puissances personnelles se sont élevées dans la corporation. — Ainsi le schisme grec ! — ainsi le protestantisme, à la suite de ces époques, où les magistrats chrétiens s'étaient affranchis de la servitude de la loi par la liberté des mœurs ; et où les chefs des églises grandis, de tous côtés par les fiefs, la richesse, la force armée, les naissances princières et les grandes ambitions, étaient devenus des puissances individuelles.

Donc un corps dominant dans une société doit, pour

que cette domination, pour que son influence subsiste, être lui-même formé, maintenu, constitué par une loi qui asservisse ses membres, et ne laisse pas se développer l'indépendance individuelle, qui serait la ruine du corps. — Ce principe fait bien comprendre le terrible Conseil des Dix pour maintenir et contenir le patricien vénitien. — Ce n'est pas tout : il faut élever, instruire les membres de ce corps, dans un but spécial, et d'une manière spéciale ; les bien pénétrer de la loi ; — que cette loi soit la règle de leur vie ; — plus encore, qu'elle soit la règle de leurs sentiments et de leur esprit : ainsi le comprit bien l'antiquité. Les corps dominants étant à la fois religieux et politiques, les pontifes étant magistrats, et les magistrats pontifes, plus ces corps réunissaient de pouvoirs, plus il fallait les imprégner de l'esprit de la Constitution, commander à leurs actes et à leur pensée par la Constitution. De là une éducation toute particulière, toute spéciale. Que si, par hasard, une nature indocile à cet enseignement, une pensée rebelle à ce joug venait à franchir le cercle tracé autour d'elle, du moins qu'elle ne se révélât pas au dehors ! — Que les augures n'eussent point de foi l'un à l'autre, soit ! mais qu'en se rencontrant ils s'abstinssent de rire ! Qu'on eût sur la religion, sur les lois de l'Etat une opinion personnelle, soit ! mais quelle se cachât bien sous le respect des dieux et des lois ! — Autrement, c'était attaquer la Constitution de l'Etat. En religion, en politique, toute indépendance de l'esprit était une subversion de l'Etat. Interdite aux simples citoyens, à plus forte raison l'étaitelle aux corps institués faits pour répandre autour d'eux l'influence de la Constitution ; — et pour les uns et pour les autres, il n'en pouvait être autrement, puisque la Constitution, loi divine, immobile et souveraine pour le présent et pour l'avenir, n'aurait pu subsister ni avec la liberté religieuse de l'esprit humain, ni avec la liberté politique des hommes.

Ces corps dominants, ces corporations qui semblaient toutes-puissantes aux yeux des peuples, ces sénateurs qui paraissaient des maîtres, étaient donc esclaves? Comment, les sommités sociales et les supériorités de la pensée étant esclaves, l'esclavage aurait-il pu ne pas s'étendre de plus en plus rigoureux, inflexible, à mesure que les esprits étaient plus humbles et les conditions plus inférieures? — Il en était ainsi! — De degrés en degrés, l'esclavage descendait plus pesant, plus étroit, plus complet, jusqu'à ce moment où pour être esclave au point où étaient les esclaves proprement dits; il fallait non pas seulement cesser d'être citoyen, mais cesser d'être compté pour *homme*.

Cette gradation, ou, pour mieux dire, cette dégradation est facile à suivre et à comprendre.

Pour que la société fût immobile, pour que la loi suprême pût se perpétuer et s'imposer à des suites de générations, il fallait d'abord ces corps dominants comme je les ai montrés; — il fallait que ces corps, imbus de la Constitution, en fissent pénétrer l'esprit, le respect et les traditions dans une société inférieure peu nombreuse. Ils y réussissaient surtout par ces deux grands moyens mis à leur disposition, *la religion et l'éducation*, et ensuite par tous ces rites, par toutes ces observations gênantes et multipliées que prescrivaient les Constitutions. — Il fallait que par son étendue bornée, cette société inférieure fût apte à recevoir une influence décisive et continue; de là le petit nombre des citoyens, et l'importance capitale qu'il y avait à n'en pas trop augmenter le nombre(1).

(1) Quand le despotisme impérial fut établi, — le titre de citoyen romain put être prodigué. — Il n'y avait plus de Constitution à

Rousseau, qui ne voulait pas de représentants, qui voulait que *tout le peuple statuât sur tout le peuple*, n'imaginait pas un grand peuple. — Sa pensée habitait Sparte et Athènes, ou Genève, et il parvint à faire adopter à la France des idées dont lui-même ne voyait l'application possible qu'à un peuple restreint.—Il regardait comme une des premières conditions à l'*institution* d'un peuple, *que chaque membre pût être connu de tous*. (L. II, ch. 6, *Cont. soc.*) — On l'eût fait bondir de lui dire que son système n'était après tout que le système monastique, qu'il n'était réalisable que dans un couvent, et que là il était réalisé depuis longtemps, dans un tout autre ordre d'idées, il est vrai, mais avec plus de fondement et de logique qu'il ne le développe au *Contrat social*. Montesquieu avait bien remarqué, « que les institutions anciennes » ne peuvent avoir lieu que dans un petit Etat, où l'on » peut donner une éducation générale, ou élever tout un » peuple comme une famille.

» Les lois de Minos, de Lycurgue et de Platon, suppo» sent une attention singulière de tous les citoyens les uns » sur les autres. On ne peut se promettre cela dans la » confusion, dans les négligences, dans l'étendue des af» faires d'un grand peuple. » (*Esp. des Lois*, liv. IV, ch. 7.)

L'antiquité avait cependant appliqué ces institutions en grand, et très en grand, mais à une condition à laquelle Rousseau et le XVIIIe siècle ne voulaient pas même songer. — Et cette condition, c'était l'esclavage.

maintenir, la volonté impériale avait remplacé la volonté de la Constitution. — La mobilité des caprices remplaça l'immobilité de la loi primitive. — Je ne sais trop de quel côté fut la plus grande part de tyrannie.

La tyrannie impériale pesa plus autour d'elle et moins aux extrémités. — Les provinces furent moins opprimées; — la tyrannie de la Constitution avait pesé davantage aux extrémités, et moins au centre.

Les citoyens enchaînés à la Constitution, moitié de force, sous la pression des corps dominants, moitié de gré, par les avantages qui leur étaient assurés, formaient dans toutes les sociétés anciennes une classe privilégiée, et l'on sait quels priviléges étaient attachés à la cité et au nom de citoyen ! — C'était, en réalité, être ou n'être pas, puisque qui n'était pas citoyen n'était rien : un étranger, un barbare, moins qu'un homme, une chose. — Le titre de citoyen était donc un monopole, et par là même il était dans sa nature d'être restreint. — Que la Constitution pesât sur les citoyens, ils n'en avaient pas moins, comme corps privilégié, un intérêt immense à la maintenir, et à se maintenir, puisqu'ils étaient par elle, et qu'au dessous d'eux était la grande majorité du nombre. Si le nombre eût pu élever la voix dans la société antique, cette voix de la plainte et du mécontentement eût dominé bientôt les prescriptions de la Constitution, et dérangé ces combinaisons qui ne se perpétuaient que par la force. — Le grand nombre se divisait en deux parties : la plèbe, les prolétaires, soumis à toutes les mesures de salut public, de répression extraordinaire, de discipline militaire et perpétuelle, et de transportation toutes les fois qu'il en était besoin. — Il n'y avait plus moyen au-dessous de trouver des lois applicables à des hommes, c'est-à-dire des lois, qui s'astreignissent encore à un respect quelconque pour cette qualité d'hommes ; il fallut classer les esclaves parmi les choses, pour pouvoir les traiter à ce titre, et établir une différence marquée entre eux et les prolétaires. — On appelait cela une *fiction*, et voyez comme tout s'enchaîne.

Il y eut dans l'antiquité un système de fictions inhérent à l'immobilité des lois premières. Malgré les législateurs et les Constitutions, le temps marchant toujours et entraînant les sociétés toutes immobilisées qu'elles fussent, on eut recours à ces interprétations des lois qui finissaient par devenir absolument contraires à la loi, ce qu'on nommait des *fictions*. — L'esclavage de l'homme étant contraire à la loi humaine, que la conscience ne pouvait s'empêcher de reconnaître, on feignait que l'esclave était une chose ; — singulière et monstrueuse fiction qui dispensait à son égard de la pitié et même de la raison ! Quelques sentiments d'humanité (1), quelques réflexions embarrassantes auraient pu se faire jour : — on se délivrait de tout cela par une fiction !

Comme si les mots ramenaient les choses, ou qu'un mot fût lié nécessairement à un autre, nous avons vu reparaître de nos jours les fictions constitutionnelles, bien innocentes, heureusement, en comparaison de celles de l'antiquité !

Ainsi il fallait aux Constitutions anciennes, c'est-à-dire à l'œuvre fixe et impérative d'un législateur, il fallait la composition des sociétés antiques, — un *corps* de magistrats prêtres, une société peu nombreuse de citoyens, le prolétariat, et au-dessous de ces hommes la grande majorité sociale dépouillée du nom d'hommes, c'est-à-dire, des

(1) L'humanité individuelle était même interdite ; — car elle eût été un danger pour l'État. — Le maître était protégé par l'État contre l'esclave ; mais, à son tour, il était responsable vis-à-vis de l'État du maintien de l'esclavage, d'où dépendait le maintien de la Constitution. A mesure que les Romains s'agrandissaient, les lois sur les esclaves devenaient plus cruelles. Pour dominer leur grand nombre vint enfin le sénatus-consulte de Sillanus. Il était atroce. Montesquieu dit : — « Il dérivait du droit des gens, qui veut qu'une société » même imparfaite se conserve. »

Cette raison finale est exacte, mais ce n'est pas du droit des gens qu'elle dérivait : — elle venait de la constitution sociale, qui avait à se maintenir contre le nombre, *per fas et nefas*.

classes inégales et enchaînées à perpétuité dans cette inégalité : esclavage nécessaire, inégalité nécessaire, tyrannie nécessaire! qui est la centralisation poussée au point d'engloutir les intérêts et les droits de la masse dans les intérêts et les droits de quelques-uns, et d'absorber toutes les volontés, toutes les pensées, même celles qui sont réputées libres, dans une seule volonté, dans une pensée unique, l'œuvre d'un législateur, — une Constitution!

La question de l'esclavage a été bien souvent traitée; ses causes accidentelles et primitives sont multiples et importent peu : — la guerre, — la conquête, — les créanciers, — le jeu, — la misère! (*Esprit des Lois*, ch. 2 à 7). — Mais sa cause permanente est dans la constitution des sociétés antiques, dans l'idée même de Constitution (1).

(1) On a beaucoup disputé pour savoir si l'esclavage venait du droit des gens; mais il eut fallu s'entendre d'abord sur le sens du mot *droit des gens*. Les anciens entendaient ce mot tout autrement que nous : pour eux les gens, GENTES, c'étaient les barbares, *ennemis* (*hostes*). Le droit des gens était le plus restreint, le moins favorable : — il nous faudrait traduire leur pensée par ces mots DROIT HOSTILE opposé au DROIT CIVIL. Pour nous, le droit des gens est le droit général, le plus large de tous, le droit supérieur à tous. C'était, pour les anciens, le droit inférieur à tous. — Ils appliquaient au droit les inégalités qui régnaient dans leur société. — Le premier droit était le droit par excellence du peuple dominateur. — *Jus quiritum*, le droit des *quirites*, le mot *quirites* par rapport au mot *Romain* était comme, chez les Juifs, le mot mystérieux *Jehovah*, par rapport au mot ordinaire, *Dieu*. — Après le droit des *quirites* venait le DROIT CIVIL, *jus civile*, droit des citoyens ; — puis le DROIT LATIN, *jus latinum;* puis le DROIT PROVINCIAL, *jus provinciale* ; les avantages allaient toujours décroissants; — enfin venait le DROIT DES GENS, *jus gentium*, c'est-à-dire le *droit hostile*. Voilà comment le *droit des gens* s'appliquait à l'esclavage. Les esclaves étaient traités toujours à titre d'ennemis, au point de vue d'un *droit hostile*, et en effet cruellement hostile.

Ainsi l'hostilité était l'esprit des sociétés anciennes, de peuple à peuple, et des citoyens aux esclaves, c'est-à-dire, au dehors, et au dedans.

L'esclavage, de la base au sommet, à des degrés divers, mais universel, mais éternel, mais incroyable à ses extrémités ; — la religion et l'Etat unis, la pensée captive, le corps et l'esprit asservis : — ce furent les résultats, c'étaient les conséquences de ces institutions qui osaient dans leur infirmité, mais dans leur orgueil, tracer impérieusement aux générations présentes et futures les cercles de cet enfer du Dante, à l'entrée duquel il fallait laisser d'abord et son âme et sa liberté !

Je me sens la poitrine oppressée devant cette contemplation des sociétés antiques, devant cette réelle oppression et exploitation de l'homme par l'homme, devant cet asservissement forcé des consciences et des intelligences aux dogmes de l'État, devant cette obligation légale de l'hypocrisie qui pesait sur les plus nobles cœurs, devant cette progression effroyable de tyrannie, qui va si vite, qu'elle ne peut plus même donner un nom humain à la grande majorité des hommes, — en un mot, devant cette réalité des sociétés païennes : — HOSTILITÉ, SÉPARATION, INÉGALITÉ, IMMOBILITÉ, ESCLAVAGE !

CHAPITRE IV.

Système païen.

Le XVIIIe siècle n'ayant vu dans l'univers ancien que l'unité nationale de chaque peuple, sans voir l'esprit d'hostilité qui divisait tous les peuples, et n'ayant entendu que la voix des citoyens et hommes libres, sans approfondir cette liberté et sans prêter l'oreille aux cris douloureux et profonds de l'esclavage, étouffés par la tyrannie, éleva naturellement son admiration des effets à la cause, de la société à ceux qui en étaient les auteurs. Le XVIIIe siècle, il est vrai, défendait à l'âme humaine de remonter du spectacle de la terre et du ciel au Dieu créateur et législateur; — mais, sur ce point, Rousseau avait tranché complétement avec son époque. Dans l'étude de l'antiquité, son esprit suivit sa pente; il alla de l'œuvre au Créateur, et il est assez curieux de remarquer qu'avant lui on s'était surtout attaché aux institutions en elles-mêmes, c'est-à-dire aux effets : et que lui insista surtout sur le législateur, c'est-à-dire sur la cause. — Cette différence entre Montesquieu et Rousseau est notable : — d'un côté, un esprit plus positif, plus occupé des résultats, et formé par la pratique des affaires, un magistrat; — de l'autre côté, un esprit plus spéculatif, plus métaphysicien, qui n'a reçu aucun pli du contact des affaires. Mais les habitudes de la vie déteignent toujours sur la pensée ou sur sa forme. Rousseau était pédagogue, on s'en aperçoit aisément à sa manière doctorale, et aux bons coups de férule qu'il donne à son époque. — En voici un exemple des plus rudes et qui nous ramène aux Constitutions et aux législateurs.

« Qu'ont de communs les Français, les Anglais et les » Russes, avec les Romains et les Grecs? — Rien presque » que la figure! — Comment eux, qui se sentent si petits, » penseraient-ils qu'il y ait eu de si grands hommes? — » Ils existèrent pourtant, et c'étaient des humains comme » nous... Qu'est-ce qui nous empêche d'être des hommes » comme eux? — Nos préjugés,... et les passions concen- » trées dans les cœurs par des institutions INEPTES que le » génie ne dicta jamais. »

Les Français dociles courbèrent le dos sous le coup, et se mirent à chercher tous les moyens de grandir à l'égal des Romains et des Grecs, en leur empruntant, par exemple, et leurs fêtes et leurs noms ; — mais le principal était de changer leurs institutions *ineptes* pour des Constitutions que dictât le génie.

Le XVIIIe siècle, les yeux fixés sur la figure des législateurs antiques, transporta dans la société moderne le rôle immense qu'ils avaient joué jadis.

Ces législateurs avaient été à la fois régulateurs de la religion et de la politique ; — eh bien, le législateur moderne décrétera des dogmes !

Ces législateurs avaient compris qu'il fallait former les citoyens à la règle, en les élevant ; — eh bien, le législateur moderne établira l'éducation publique !

« C'est ici l'article important, c'est l'éducation qui doit » donner aux âmes la forme nationale, et diriger tellement » leurs opinions et leurs goûts qu'elles soient patriotes par » inclination, par passion, par nécessité.

» La loi doit régler la matière, l'ordre et la forme des » études. — Tous les enfants doivent être élevés ensem- » ble et de la même manière.

» On ne doit même point permettre qu'ils jouent sépa- » rément, à leur fantaisie, — mais tous ensemble et en » public, — de manière qu'il y ait toujours un but com- » mun auquel tous aspirent ;

» Car il ne s'agit pas seulement de les occuper, mais de » les accoutumer de bonne heure à la règle.

» Il faut un collége de magistrats qui ait la suprême » administration de l'éducation publique ;

» C'est de ces établissements que dépend l'espoir de la » République, la gloire et le sort de la nation.

» Ces idées montrent de loin les routes inconnues aux » modernes, par lesquelles les anciens menaient les hom- » mes. » (*Gouvernement de Pologne*, ch. 4, ROUSSEAU.)

Ainsi un législateur, la religion civile, l'éducation pu-» blique et obligée; « une nationalité exclusive qui em-» pêche de se fondre, de se plaire, de s'allier avec les » autres peuples. » (ROUSSEAU.

Le XVIIIe siècle admit ce système, mais ne vit pas les conséquences qu'il avait produites dans l'antiquité, à savoir : l'*immobilité et l'esclavage ;* quoique cependant le caractère stationnaire des peuples anciens soit aussi visible qu'il l'est aujourd'hui en Chine, et que la liberté ne fût évidemment chez eux que le privilége du petit nombre sur le très-grand; — mais enfin, s'il ne vit pas ces conséquences, il vit les premières et n'hésita point.

Regardant en pitié ces nations modernes, où l'on ne voyait *pas un législateur ;* il leur parla de la grandeur antique, et les fit rougir de leur petitesse présente. C'étaient là des termes convenus pour ainsi dire : « La plupart » des peuples anciens vivaient dans des gouvernements » qui ont la vertu pour principe; on y faisait des choses » que nous ne voyons plus aujourd'hui, et qui étonnent » nos PETITES âmes. » (*Esprit des Lois,* liv. IV, ch. 4.)

A ce point, le mépris des modernes et l'estime de l'antiquité; c'était le dernier terme de cette admiration qui avait toujours été croissant d'âge en âge ; c'était l'admiration poussée jusqu'au retour vers le monde païen et vers les principes qui présidaient à ses sociétés. — Le monde chrétien était-il un progrès, si le monde païen était tel que notre imitation dût aller y puiser tous ses exemples? — Qu'était-ce que le blâme amer et continu du monde chrétien, et l'enthousiasme ardent et continu du monde païen, sinon, une contre-révolution païenne? — Il n'est pas de mon sujet de suivre les idées païennes en littérature, en histoire, en philosophie, en religion, mais elles se résumèrent en politique par l'adoption du système commun à toutes les sociétés antiques, — *un législateur, une Constitution!*

CHAPITRE V.

Système chrétien.

J'ai montré le système païen s'enchaînant avec une rigoureuse logique, depuis l'esclave qui n'était plus homme qu'à demi, jusqu'à l'instituteur suprême qui était demi-dieu!

J'ai maintenant à montrer ce que j'ai indiqué déjà, à savoir : que, transporté dans le monde moderne, ce système y a produit et tendrait à y produire tous les fruits amers de l'antiquité.

Mais j'ajoute qu'il a rencontré dans ce monde moderne des principes qui lui ont fait résistance, c'est-à-dire que le système païen a retrouvé contre lui le système chrétien!

En ramenant le sujet que je traite à sa plus simple expression, j'ai à montrer que le monde ancien n'est pas le monde nouveau.

Cette thèse ne semblerait pas avoir besoin de preuves, et pourtant, c'est le système des temps antiques qu'on a prétendu et qu'on prétend encore établir au sommet des sociétés modernes : *Instituteur* et *Constitution!*

Cherchons donc dans les temps modernes les principes sociaux des temps modernes, au lieu de les chercher dans les temps anciens ; et nous les verrons tous repousser ces idées empruntées à un monde détruit il y a déjà bien des siècles.

On appelle rétrogrades les idées qui remontent à quelques années en arrière; que dire du système philosophique rétrograde de deux mille années?

CHAPITRE VI.

Universalité. — Union. — Égalité.

Nous avons déjà fait ressortir, vis-à-vis de l'unité païenne, l'esprit d'union entre les peuples, l'unité chrétienne. Je rappelle ce premier point, et j'insiste :

« Il n'y a plus aujourd'hui de François, d'Allemands, » d'Espagnols, d'Anglois même, quoi qu'on en dise, il n'y » a que des Européens : tous ont les mêmes goûts, les » mêmes passions, les mêmes mœurs, — PARCE QU'AUCUN » N'A REÇU DE FORME NATIONALE PAR UNE INSTITUTION » PARTICULIÈRE ; — tous se diront désintéressés et seront » fripons : que leur importe de quel Etat ils suivent les » lois, pourvu qu'ils trouvent de l'argent à voler, et des » femmes à corrompre ? Ils sont partout dans leur pays. » (ROUSSEAU, *Gouvernement de Pologne.*)

En lisant Rousseau, il y a toujours deux choses qui m'étonnent : c'est la rare bonhomie avec laquelle son époque agréait ses injures, et la rare insolence avec laquelle il les jetait à la face des peuples.

Que la satire *pousse jusqu'à l'excès sa mordante hyperbole ;* cela est admis dans la poésie : mais que de l'hyperbole politique on conclue au dénigrement absolu de la société et à sa reconstitution sociale, je sais bien que c'est précisément sur cette méthode que sont fondés tous les socialismes; mais aussi je m'en prends d'un seul coup à tous les dérivés, en attaquant la méthode à sa source.

— Or, voyez le changement des idées! — cette uniformité des Européens, où Rousseau s'amusait à ne voir que l'uniformité de la friponnerie, apparaît aujourd'hui et apparaît à tous justement le signe caractéristique de la civilisation moderne, la marque de sa supériorité sur les civilisations antiques.

Nous louons la Constituante d'avoir voulu répandr ses idées dans l'Europe. Nous aimons à rattacher à nos grandes guerres ce résultat fécond et durable d'avoir mélangé davantage les peuples de l'Europe; nous admirons tout ce qui tend, au moral et au matériel, à unir de plus en plus les Européens : dans le passé, par exemple, l'imprimerie; dans le présent, les chemins de fer, ces deux immenses moyens d'universalité : en un mot, nous pensons sur ce point absolument au rebours de Jean-Jacques.

Oui, il est vrai, les peuples modernes n'avaient point, n'ont point encore, malgré les efforts constituants et philosophiques, et, plaise à Dieu! n'auront jamais ces institutions à l'antique, qui parquaient chaque peuple dans l'enceinte de ses seuls intérêts et de ses seules idées. — Il y a une unité supérieure qui domine en Europe l'unité de chaque peuple. Il y a une civilisation européenne au-dessus de la civilisation française, anglaise, italienne : — cette civilisation générale d'où les autres découlent et à laquelle elles se rattachent, de telle sorte, que toutes les dissemblances subsistent librement pourtant, mais dans l'unité de l'ensemble; cette civilisation jamais inerte, jamais immobile, toujours croissante, toujours marchant à l'unité sans anéantir les libertés nationales; cette civilisation existait avec tous ses traits avant qu'un historien célèbre n'en vînt d'une main ferme tracer le grand tableau. Rousseau l'entrevoyait avec colère et dédain ; nous, nous la contemplons avec respect et avec fierté : c'est l'union des peuples, c'est l'esprit d'universalité que le monde ancien n'a point connu, c'est le christianisme lui-même.

Car cette union dérive naturellement d'une même religion, d'une même pratique morale, d'un même Évangile! Aux religions civiles de l'antiquité, aussi multipliées que les peuples, a succédé la religion chrétienne, le Dieu chrétien. Toute religion civile, qui est la tyrannie à l'intérieur, serait en même temps la désunion et la séparation à l'extérieur. Avant toute autre unité, la plus haute et la plus fondamentale est l'unité de Dieu, l'unité de croyances (1)!

Comprenez donc l'importance de l'unité de dogme, vous tous, propagandistes de doctrines politiques, qui vous efforcez d'unir les peuples par les idées. Ce but vous semble magnifique, chacun de son côté veut l'atteindre. —Eh bien, soit! qu'on travaille tous ensemble! que d'autres encore cherchent l'union par l'unité des lois de commerce, l'unité des monnaies et des mesures. Une école spéciale attaque les douanes comme des barrières odieuses qui séparent les intérêts des peuples et empêchent leurs relations de s'étendre. Chaque rapprochement vers l'unité sera une conquête précieuse de la civilisation. Puissent, en effet, tomber toutes les barrières qui divisent : — barrières de dogmes religieux différents; — barrières d'opinions politiques opposées; — barrières d'intérêts hostiles! — Que les peuples se connaissent et soient unis par le commerce, la science, les idées et la foi, au lieu qu'autrefois ils ne se connaissaient que par la guerre, et ne s'unissaient que par la conquête. Puisse tomber tout ce qui tient, de loin ou de près, à l'esprit étroit et haineux de

(1) Unus Deus, et pater omnium, qui est super omnes, et per omnia, et in omnibus nobis. (St. Paul.)

l'antiquité : — moins on sera ennemi et étranger les uns aux autres, et plus l'esprit d'union prévaudra sur l'esprit de séparation, le système chrétien sur le système païen.

Maintenant regardons à l'intérieur des nationalités.

Était-ce dans l'antiquité que le XVIIIe siècle avait puisé l'idée d'égalité ? Le XVIIIe siècle, la bouche béante devant les noms de république et de citoyen, avait vu l'égalité des droits et des devoirs dans une classe ; mais il n'avait pas voulu remarquer ces cercles inégaux et inflexibles qui, renfermant chaque classe, ne comprenaient qu'un petit nombre d'élus dans les cercles supérieurs, et comprimaient les masses dans les cercles du prolétariat et de la servitude. Le christianisme, en établissant pour tous des droits et des devoirs égaux à l'égard de Dieu et de la vérité, rompait d'un seul coup l'inégalité païenne. Egaux par le but de l'existence, égaux par l'âme, égaux par la connaissance du vrai, égaux dans les plus grands destins de l'humanité, et unis dans toutes les choses supérieures, comment l'union et l'égalité n'auraient-elles pas tendu à s'établir dans les choses inférieures, dans les droits et les devoirs à l'égard de la loi et de la société ? Comment les classes seraient-elles demeurées hostiles, sous une loi suprême qui se désignait ainsi : loi de charité et d'amour : *Omnis lex, charitas ?*

Dans le monde ancien, l'inégalité était partout. — Les castes de sénateurs et de prêtres, puis les citoyens, puis la plèbe, tribus urbaines et tribus rurales, esclaves, peuples vainqueurs et peuples vaincus ; autant de degrés entre eux que de peuples divers. A Sparte, il n'y avait que les Spartiates et les Ilotes : il n'y eut que deux degrés, maîtres et esclaves. De même en Thessalie, Thessaliens et Pénestes. Mais dans l'empire Romain autant de rangs dans l'inégalité que de peuples, et non-seulement que de peuples, mais autant que de villes. L'antiquité ne comprenait pas même l'égalité dans la connaissance de la vérité; il y avait les prêtres, les initiés, et le vulgaire, qu'on ne jugeait bon que pour la superstition et pour l'ignorance.

Suivre depuis dix-huit cents ans la lutte de l'esprit chrétien contre l'esprit d'inégalité et d'hostilité entre les différentes classes et les différents peuples; suivre la marche patiente, mais continue, du système chrétien à travers le monde romain d'abord, et ensuite à travers le monde issu de l'invasion des Barbares et de l'orgueil de la conquête : admirable histoire ! mais remarquons seulement :

Que le citoyen antique a disparu : ce nom depuis le monde païen a cessé d'être un monopole ;

Que le monde moderne n'a point eu, même dans la féodalité et le moyen âge, ces cercles infranchissables où les hommes étaient fixés à tout jamais, afin que tout restât fixe dans la société, afin que les Constitutions restassent fixes et dominantes ;

Enfin, que dans l'antiquité l'esprit d'inégalité a toujours été le même, et que dans le monde moderne l'esprit croissant d'égalité est la marche de l'histoire.

Quels seraient ses écarts? quelles sont ses limites? jusqu'où arrivera-t-il? Ce sont là des questions qui embrassent les problèmes du présent et de l'avenir. Je sais d'avance une chose : c'est qu'il n'est donné à personne de les limiter, de les déterminer, et qu'elles suivront la loi dont je parlerai au chapitre suivant. Je n'ai d'ailleurs ici qu'à constater des principes.

Or, voici d'abord à l'encontre du système païen : hostilité des peuples entre eux, hostilité des classes entre elles. — Voici le système chrétien : union des peuples entre eux, union des classes entre elles.

Séparation et inégalité : monde ancien !

Universalité, union, égalité : monde nouveau !

CHAPITRE VII.

Progrès.

« La loi du progrès, qu'on a longtemps niée, a sa racine » dans la nature même de notre espèce. La société est » progressive, parce que tout individu est perfectible. » (*Rapp. sur la Const.* Ar. MARRAST.)

Oui, la loi du progrès a sa racine dans la nature même de notre espèce. — Toutefois, pendant quatre mille ans, notre espèce a été régie par une loi toute autre.

Dans l'antiquité, les diverses classes de la société n'étaient point perfectibles, car elles n'avaient pas à changer. L'esclave pouvait être perfectible comme une chose plus ou moins façonnée, plus ou moins utile. Il pouvait quelquefois cesser d'être esclave ; il sortait personnellement de l'esclavage, l'esclavage général ne cessait pas d'être le même : je me trompe ; il se perfectionnait en s'aggravant.

Corps de prêtres, corps de magistrats, lois, institutions, tout était fixe ; car l'institution première était immuable, — elle n'était pas perfectible. Sans doute cette loi de fixité et d'immobilité est si opposée à la *nature de notre espèce* et à la marche des siècles, qu'elle devait quelquefois plier et céder à la force des choses. J'ai déjà signalé l'invention des fictions. On sait quel fut à Rome le rôle de l'*interpré-*

tation et du *préteur ;* ces deux mots, dont l'un est la racine de l'autre.

L'interprétation était la soupape par laquelle s'échappait le progrès du temps et des idées, tout juste assez pour empêcher de sauter la machine compressive de la Constitution. — Le préteur était le représentant de la pensée actuelle, l'emportant peu à peu sur la pensée arriérée du vieux législateur.

Mais c'est ici le cas de rappeler cet axiome, l'*exception confirme la règle,* car c'était précisément le moyen trouvé par le préteur, afin de bien établir que les *exceptions* déterminées par lui ne détruisaient pas la règle indestructible des lois primordiales.

Si donc on fait honneur de la loi du progrès à la nature seule, on se trompe, puisque la nature a pu se taire durant quarante siècles.

Cette nature n'empêche pas aujourd'hui encore et l'Inde et la Chine d'être stationnaires. Dans l'antiquité, il y a le progrès et la décadence des peuples, des sciences, des arts ; mais la loi générale du progrès est inconnue, la loi de la fixité est, au contraire, en honneur et en pratique. Plus la loi du progrès est naturelle, plus l'oppression autrefois a donc été forte pour triompher de la nature même.

C'est le christianisme qui est venu dire et à l'homme et à la société la loi de leurs destins, leur donner le mot de l'énigme commune ; et non-seulement leur dire le mot, mais leur ordonner d'appliquer la loi sans cesse. — Chaque individu doit s'améliorer, et tendre à une perfection moralement indéfinie. — Il obéit ou n'obéit pas, réussit plus ou moins, s'égare ou s'illusionne, avance ou recule; mais la loi demeure, et il en est absolument de même pour l'humanité. Elle ne progresse pas toujours, mais le progrès est toujours le but. Le progrès pour l'individu s'absorbe en lui ; le progrès pour l'humanité s'accumule ; il est moralement et matériellement indéfini. La société est progressive, par cela même que l'homme est perfectible, mais c'est depuis dix-huit siècles seulement que l'homme et la société ont appris à se connaître.

Les plus belles pages de notre époque, les études historiques et philosophiques les plus lumineuses ont tendu à mettre en relief et en honneur cette loi du progrès.

Notre époque n'eût-elle pas fait autre chose que proclamer cette grande loi, elle eût été un progrès elle-même, car elle aurait répondu à ce mot si fameux de l'antiquité : *Connais-toi toi-même*, problème que l'antiquité se posa en un de ces rares moments d'humilité où elle eut conscience que l'homme ne se connaissait pas.

Il était trop vrai, et le XVIIIe siècle, en remontant aux institutions antiques, en mettant la loi fixe au-dessus des lois mobiles, la loi imperfectible au-dessus des lois perfectibles, était retombé dans l'ancien problème, il était retourné au doute, il se remettait à l'étude de l'homme et de la société. Il en cherchait les lois naturelles, il les demandait à la société païenne et à l'homme sauvage. — Le XIXe siècle trouve la loi du progrès dans la société moderne et dans l'homme chrétien.

J'ai vu d'honnêtes et religieux esprits murmurer contre ce mot de *progrès*, parce qu'ils le considéraient appliqué à tort et à travers. — Cela peut bien être, puisqu'un mot appartient à tout le monde, et souffre violence ; — mais la loi du progrès n'en est pas moins l'explication de l'homme et de la société, l'obstacle le plus fort, opposé à toutes les théories qui prétendent s'emparer de l'homme et de la société et les enchaîner dans un système, dans une Constitution. C'est le but de nos destinées générales et individuelles, et l'un des principaux caractères de la supériorité des temps modernes sur les temps anciens.

L'immobilité était le système païen.

Le progrès est la loi chrétienne.

CHAPITRE VIII.

Constitution. — Impossibilité et tyrannie.

Ce qui frappe dans les institutions antiques, ce qui attira surtout l'attention du XVIIIe siècle, c'est leur force et leur durée! Elles étaient immuables!

Le législateur, comme le fondateur d'ordre, traçait une règle qui avait précisément pour but de dominer le temps : œuvre hardie, par laquelle un homme commandait aux siècles et faisait planer son esprit toujours présent, toujours maître, sur les générations soumises. — Mais tandis que le XVIIIe siècle admirait la fixité des institutions antiques, il se trouva néanmoins amené à reconnaître le droit perpétuel de révoquer les Constitutions modernes!

Car, si les législateurs avaient pu jadis parler au nom des dieux, imposer leurs lois comme divines, et, conséquemment, ne pas même supposer qu'elles fussent révocables, il n'en pouvait plus être ainsi en partant de la souveraineté du peuple, qui, à tous les moments du temps, est égale à elle-même! — De là ces droits incontestables de révocation et de révision, devant lesquels s'inclinent avec plus ou moins de bonne volonté nos Constitutions et nos législateurs, mais qu'il leur faut subir. (Voir liv. II, ch. 8.) Ce n'est pas tout : — les Constitutions anciennes étaient immuables, parce qu'elles immobilisaient la société; —or, la loi des temps nouveaux, la loi du progrès ne permet pas plus de rester figé que de rester emprisonné dans la pensée d'un législateur.

Chaque peuple moderne se meut d'un mouvement constant dont les politiques s'efforcent de prendre la direction; mais dont aucun ne saurait mesurer au juste la portée. — Et c'est au milieu de ce mouvement incessant et invincible qu'une Constitution vient placer son apparence de fixité et de durée! — Ne voyez-vous pas qu'elle est déjà vieillie aussitôt qu'elle est née? — car elle ne marche pas, et déjà le temps a marché; elle est la même, et déjà tout est changé autour d'elle!

Il y a donc, en outre des raisons philosophiques vues par le dernier siècle, une raison historique et éternelle pour que les Constitutions et Chartes soient perpétuellement révocables et susceptibles de révision. Semblables aux portraits qui demeurent, tandis que leurs modèles se flétrissent et passent, les Constitutions ne seraient plus que des portraits d'un autre âge, si elles n'étaient souvent rafraîchies par des retouches; la révision n'est donc pas seulement un droit: — c'est une nécessité absolue, et d'autant plus fréquente que le temps amène des événements plus marquants et plus rapides.

Notre siècle est principalement frappé par ces réflexions historiques, et c'est sur elles que s'arrête le rapport de la Constitution. — «....En vertu de la loi du progrès, » y est-il dit, « les peuples, augmentant sans cesse leur industrie » et leurs lumières, accroissent dans la même proportion leurs besoins matériels et leurs besoins moraux. » Lorsque les institutions les compriment et les refoulent, » il vient un jour, une heure, où le progrès emporte les » résistances et se fait jour par les révolutions. »

Donc, si les Constitutions et Chartes se posaient immobiles dans le cours irrésistible du temps, si elles prétendaient limiter et mesurer une progression *indéfinie*, elles tenteraient l'impossible. — Des Constitutions immuables, nous ramenant vers l'immobilité et la compression des anciens jours, seraient donc une tyrannie et en fin de compte une impossibilité !

Mais d'un autre côté des Constitutions revisables et révocables ! Nous voilà bien loin de ces fortes conceptions, de ces institutions taillées comme les obélisques égyptiens pour traverser les siècles et faire l'étonnement de la postérité !

Des Constitutions révocables ! Que devient l'œuvre du législateur et quelle est sa portée, lorsque disparaît son plus beau caractère : la durée et la solidité ! — Que la Constitution soit révocable et révoquée en bloc ou en détail ; arrière toutes les intentions de former, de façonner la nation, de faire pénétrer en elle l'esprit de la Constitution !

La Constitution révocable ! Mais n'est-ce pas dire à la fois qu'elle est et qu'elle n'est pas ? n'est-ce pas élever l'édifice et le renverser tout ensemble ? planter un arbre en y mettant la cognée ?

M. de Rémusat a dit : « Ne proclamons pas l'instabilité » de l'édifice en l'élevant. » — C'est pour cela, sans doute, qu'on a rayé le droit de *révocation* inscrit dans le premier projet et gardé seulement le droit de révision.

Mais que nos Constitutions proclament le droit partiel ou le droit total, elles n'en sont pas moins forcées d'arriver à cette triste fin, que leur dernier chapitre raconte la vanité de tout ce qui précède !

Entre le commencement qui n'aspire à rien moins qu'à des principes éternels, et la fin qui avoue le droit indéfini de changement, nos Constitutions oscillent dans un équilibre impossible entre la vie et la mort. — Elles s'affirment en se niant; — elles se tuent en venant au monde!

Leur plus grand espoir est d'être partiellement détruites, et aucune n'a pu encore arriver là : — pour toutes la mort a été violente.

Mais les lois sont bien susceptibles à tous instants d'être revisées et révoquées? cependant elles sont honorées et vivent? — Oh! je suis tout disposé à accepter l'objection. — Précisons bien seulement le point où nous sommes.

M. Ledru-Rollin a dit (séance du 12 septembre 1848) : « Les Constitutions sont faites pour durer; elles sont immuables, elles sont éternelles. »

Voilà le système païen dans son intégrité.

Le principe du système, c'était l'immutabilité étayée par imposture, mais étayée sur les dieux.

Le système philosophique a ôté cet étai et n'a laissé que l'homme.

Avec les dieux a disparu l'immutabilité.

Maintenant toute prétention à l'immutabilité serait prétendre que l'homme d'un jour peut disposer du gouvernement des générations qui le suivent : ce serait être démenti demain, comme on l'a déjà été dix fois; ce serait refuser aux autres le droit que nous prenons, et usurper le droit divin en le niant.

Et cependant ôter au système la durée, c'est lui enlever tout, c'est détruire l'idée de constituer, d'instituer un peuple!

Ainsi nous nous trouvons ramenés à mon premier chapitre et au point de départ de toutes les questions : Stabilité et instabilité!

Les Constitutions voudraient et devraient être stables.

On y consacre tant d'ardeur, tant d'efforts, pourquoi? sinon pour qu'elles soient stables et qu'elles durent.

En même temps elles sont obligées de se proclamer elles-mêmes instables pour n'être pas des impossibilités et des tyrannies.

Dès lors sont-elles vraiment des Constitutions?

Et que sont-elles?

CHAPITRE IX.

Des lois.

Les Constitutions sont-elles moins, ou plus, ou autre chose que des lois?

Je serais tenté de m'arrêter au premier point; — car elles sont faites avec moins de calme et plus de passion que les lois. (*V.* l. 1er, ch. 8.) Quelle de nos Constitutions a mérité et gardé l'approbation soutenue et unanime qu'ont obtenue nos codes?

Cependant on met les Constitutions en première ligne. Elles sont plus que les lois! — Leur différence ne consiste pas en ce qu'une Constitution est un ensemble de dispositions, au lieu de lois séparées et sans lien entre elles; car chacun de nos codes a dû être combiné avec soin et harmonisé dans toutes ses parties : les différentes lois politiques pourraient être étudiées et reliées entre elles comme les lois civiles, elles formeraient le premier de nos codes, — le code politique. — Mais ce titre, à ce qu'il paraît, ne saurait leur suffire, et tous les constituants s'indigneraient de voir réduire à cette signification l'idée de Constitution.

La Constitution, disent-ils, est la loi fondamentale, la loi primordiale, elle est la base de la société, elle est la loi suprême, le principe vital, la tête et la source de toutes les autres, *fons et caput*.

Oui! voilà bien l'institution antique, la Constitution telle qu'on l'a prise d'abord sur le calque païen, et célébrée sur le mode philosophique, telle qu'elle s'est transmise jusqu'à nous dans la pensée de loi fondamentale. Cette expression est encore en pleine vigueur, je le reconnais : c'est même d'après cette idée que l'Assemblée nationale élabore la Constitution, « loi sacrée de la vie nationale, » disait M. de Lamennais au dernier article de son projet ; — « loi primordiale, axe de la sphère où se meut » l'activité nationale, » dit le rapport de M. Armand Marrast.

Mais, d'un autre côté, ce rapport établit à plus d'un passage que ces lois, dites fondamentales et primordiales, « ne consacrent que des idées faites, ne sont pas autre » chose que l'expression et la victoire d'un progrès accompli : » c'est-à-dire que ces lois prétendues constituantes ne sont, au contraire, que des lois constituées par *les nations, qui décident* à leur heure et quand elles veulent, de *ces changements à leur condition.*

Nous revoilà au chapitre précédent, et à nos deux systèmes toujours en présence et rarement d'accord.

La Constitution actuelle, sur la foi de ses devancières, se croit donc plus qu'une loi; les membres de la commission, dans le premier projet, avaient bien marqué en effet la différence qu'ils voulaient établir. D'après la déclaration des devoirs, le premier de tous était le *respect* de la Constitution ; venait ensuite l'*obéissance* à la loi.

Sans doute le respect de la Constitution serait le meilleur gage de sa durée! Mais en quoi pouvez-vous demander pour la Constitution, plus et autre chose que pour la loi? En quoi la Constitution est-elle plus qu'une loi? Est-ce que vous pouvez lui imprimer un caractère plus sacré qu'à toute autre loi? D'où lui viendrait ce caractère? A-t-elle donc une autre origine? — Législateurs, êtes-vous des dieux par rapport à la Constitution, et des humains par rapport aux autres lois?

Non! la Constitution n'est rien de plus que la loi : elle est une loi faite par des hommes, appliquée par des hommes, révocable par le même droit qui lui a donné naissance! Vous essaierez en vain d'en faire davantage! — Mais on l'essaie, avec moins de conviction cependant qu'autrefois : car il faut le dire, la fière et suprême idée de Constitution a perdu bien du terrain depuis ces temps où elle n'aspirait à rien moins qu'à renouveler la merveille des fortes et durables institutions antiques. Elle a perdu, non pas chez ceux qui parlent de reconstituer le monde; mais je lis dans le *Rapport :*

« Si parfaites que fussent les dispositions de la Constitu-
» tion (et elles n'ont pas des prétentions aussi téméraires),
» elles ne sauraient enchaîner le temps et les esprits. —
» Elles sont temporaires. — Faites pour une saison de la
» vie du peuple, et les générations qui se succèdent, et
» l'opinion publique qui se modifie, et la souveraineté
» du peuple conservent toujours le droit de reviser la Con-
» stitution. — Nous nous sommes bornés à consacrer ce
» droit, et à l'entourer de ces formes solennelles qu'une
» Assemblée doit toujours apporter dans ses actes quand
» il s'agit de toucher à la loi fondamentale du pays. »

Cette phrase exprime bien la manière générale de penser, et le clair obscur qui règne dans les esprits à l'égard des Constitutions.

Le premier mot, c'est, — *elles sont temporaires,* et le

dernier, c'est, — *loi fondamentale du pays*. Le point de départ, c'est qu'on reconnaît trois choses indépendantes par elles-mêmes, et dont l'indépendance est inaliénable, à savoir : les générations suivantes, l'opinion publique qui peut changer dans un laps d'années, et la souveraineté du peuple à laquelle s'appliquera toujours ce mot de Sieyès : « Nous sommes aujourd'hui ce que nous étions hier ! » La fin de la pensée, c'est qu'on donne une *loi fondamentale*, *une Constitution*, *une limite*, à ces trois souverainetés futures, et de quel droit? du droit de la souveraineté présente !

La fin de la phrase l'emporte-t-elle sur le commencement, ou le commencement sur la fin? Les trois souverainetés sont-elles supérieures, oui ou non, à la loi fondamentale? Est-ce l'institution qui formera le peuple futur, ou l'institution n'est-elle, suivant une autre partie du rapport, que l'opinion publique s'écrivant elle-même ! —Toujours les deux systèmes historique et philosophique : lequel des deux ?

On ne veut pas s'en rendre compte. Il y a un oui et un non, entre lequel nos Constitutions se balancent, depuis que l'idée de Constitution existe. Nous en sommes comme en 91, article Ier, titre 7 : *Droit imprescriptible de changer la Constitution;* article VII, même titre : *Serment de maintenir la Constitution;* c'est-à-dire qu'on se débat entre l'idée de Constitution et l'idée de lois, entre le désir et l'impossibilité d'imposer son œuvre à ses successeurs ; et à cette double vue répond la distinction d'*Assemblée constituante* et d'*Assemblée législative*.

M. de Cormenin, qui est un logicien pourtant, déclare que l'Assemblée nationale n'a pas le droit de nommer un président de la République, « qu'elle usurperait, qu'elle » outre-passerait son mandat, parce que le peuple, seul

» souverain, n'a délégué à ses mandataires que les pou- » voirs de faire une Constitution, et que la nation s'est, du » reste, réservé son omnipotence ! » — Il ajoute un peu plus loin que le peuple ne veut plus d'homme-roi, d'enfant-roi ! On pourrait contester que la nation actuelle se soit réservé son omnipotence par rapport à un président; mais il est incontestable qu'elle a dû réserver l'omnipotence de la nation future par rapport à une Constitution. Est-ce qu'elle peut donner à une Assemblée des pouvoirs constituants, et aliéner le droit d'en donner une autre fois de tout semblables! Un peuple ne peut pas plus s'aliéner à une Constitution qu'à un roi. S'il pouvait donner à une Constitution ? la puissance de l'enchaîner, il pourrait la donner à un homme.— Une telle renonciation est impossible. — « C'est une convention vaine et contra- » dictoire de supposer d'une part une autorité absolue, » celle du peuple qui constitue, et de l'autre une *obéissance absolue*, celle du peuple qui serait lié par la Constitution. — « Ce droit de moi contre moi-même est un mot qui n'a » aucun sens. » (*C. soc.* ch. 4.) Que la nation actuelle, c'est-à-dire l'ensemble des électeurs réunis pour une élection, voulût restreindre sa souveraineté, je lui nie à elle-même ce droit; mais en tout cas l'élection suivante reprend l'intégralité de son omnipotence. Une constitution-roi, qui est la règle de toutes choses, se conçoit moins qu'un *homme-roi*, lequel peut plier, et se plie bien davantage qu'une Constitution.— Si la Constitution est absolument flexible, alors elle n'est plus qu'une loi ; alors l'Assemblée législative peut constituer, tout comme l'Assemblée constituante ; alors il n'y a et il ne peut y avoir aucune différence entre Constitution et loi, Assemblée constituante et Assemblée législative, pas plus qu'il n'y a de différence entre la souveraineté du peuple, omnipotente et inaliénable aujourd'hui, omnipotente et inaliénable demain.

— Qu'a-t-on vu en effet dans l'histoire ? On a vu une Assemblée législative succéder à une Assemblée constituante ; mais aussi cette Assemblée législative, qu'a-t-elle fait, malgré les prescriptions de sa devancière ? — Elle a déconstitué. — Pour être dans le vrai, il faudrait dire : L'Assemblée constituante de 89, et l'Assemblée déconstituante de 92.

Pourquoi donc des Constitutions au lieu de lois ? — Ah ! c'est précisément que les Constitutions veulent être plus que des lois et autre chose que des lois ; elles veulent *enchaîner le temps et les esprits*, lors même qu'elles en avouent l'impossibilité. Elles reconnaissent le droit d'où elles partent et qui les domine, mais nous avons vu (liv. II, ch. 8) combien elles s'efforcent d'échapper à ce droit qu'elles confessent; par quelles inconséquences elles s'humilient devant le droit, et se révoltent contre la nécessité de s'y soumettre ; quels serments elles dictent ; à quelles formalités elles ont recours pour enchaîner ce *temps* et ces *esprits*, qui produisent des héritiers indociles.

Tantôt elles n'avouent que le droit de révision et pas celui de révocation, tantôt ni l'un ni l'autre. Ainsi l'an VIII ; ainsi la Charte de 1830. La Charte de 1814 va plus loin ; elle déclare hautement son intention d'exister permanente, *tant pour nous que pour nos successeurs*.

Qu'on avoue ou que l'on n'avoue pas son impuissance contre l'avenir, on cherche donc toujours à prévaloir contre l'avenir ! Et savez-vous à quel instinct on obéit ? à un instinct éternel, à ce sentiment qu'avaient les Romains, les Grecs, qu'auront toujours et de tout temps tous les hommes : — c'est de vouloir que la *Constitution d'un peuple soit une loi supérieure*.

Or, tous les constituants ont le sentiment qu'il manque à leur œuvre quelque chose d'où puisse naître le respect des peuples. Les anciens constituants ont recouru aux dieux ; nos Assemblées cherchent à y suppléer par des prescriptions de respect et d'inviolabilité, par des serments demandés aux peuples, par des décrets ou des tentatives d'immutabilité, par des distinctions d'Assemblées constituantes et d'Assemblées législatives. — Mais tout cela est contradictoire au principe, et ne soutient pas l'analyse ; comment cela soutiendrait-il l'épreuve du temps ?

L'idée de Constitution est opposée à l'idée de souveraineté du peuple. C'est une souveraineté qui prétendrait limiter celle dont elle dérive, et dont elle n'est qu'une expression momentanée !

Le mot de Constitution est le mot fixe, immobile, tyrannique du monde ancien : — *Lois,* c'est l'expression d'une souveraineté qui peut se revoir, se corriger, s'améliorer sans cesse ; c'est le mot flexible et progressif du monde nouveau.

Les lois sont respectées et obéies, par cela qu'elles restent dans la limite des droits ; les Constitutions ne sont pas respectées, par cela qu'elles les excèdent.

Les Constitutions, même en se déclarant susceptibles de révision et de révocation, *usurpent ;* car elles se donnent le droit de consacrer des droits qui n'ont pas besoin de consécration. — Les lois ne mentionnent jamais la faculté qu'on aura de les reviser et changer, à plus forte raison n'en prescrivent-elles pas les formes !

L'homme n'est ni ange, ni bête, dit Pascal ; et le malheur, c'est que quand il veut trop faire l'ange, il fait la bête.

Les Constitutions ne sont ni au-dessous, ni au-dessus des lois ; et le malheur, c'est que, voulant être *plus*, elles deviennent *moins*.

Mais alors il n'y aurait plus d'Assemblées *constituantes ;* il n'y aurait que des Assemblées *législatives ?* — C'est vrai !

Mais alors il n'y aurait plus que des *faiseurs de lois*, ce mot prononcé avec tant de mépris par Rousseau ; et pas de *législateurs !* c'est-à-dire pas de Moïse, pas de Minos, pas de Lycurgue, pas même d'abbé Sieyès ! — C'est vrai ! — Il n'y aurait plus de constituants, tels que les hommes de l'antiquité ou leurs imitateurs modernes ? C'est encore vrai ! — mais il y aurait des législateurs dans la belle et légitime acception du mot; et ce pourrait être, je le crois, encore un assez beau rôle.

CHAPITRE X.

Des législateurs.

Un philosophe de nos jours, représentant du peuple, a reproché très-vivement à Rousseau, d'avoir établi la souveraineté du nombre.

Cette souveraineté résulte, il est vrai, d'une partie du *Contrat social ;* mais il est également vrai qu'elle est combattue par une autre partie du livre.

« Rousseau comprit bien,» dit M. Guizot (*Civ. en Fr.* leç. 5me, « que les lois premières, fondamentales ne peu- » vent sortir de la multitude ; — que donner des lois à un » peuple, ce n'est point magistrature, que c'est une fonc- » tion supérieure qui n'a rien de commun avec l'empire » humain ! et il a fait intervenir un sage, violant ainsi le » principe de la souveraineté du nombre, pour recourir à » la souveraineté de l'intelligence. Cette contradiction est

» une preuve de son bon sens : sa supériorité d'esprit le » sauva des erreurs de sa logique. »

Laissons pour le moment la question du principe de la souveraineté, constatons seulement que Rousseau, admirateur des législateurs antiques, voulait un législateur à l'antique, un génie.

« Ceux qui ont un génie assez étendu pour pouvoir » donner des lois à leur nation ou à un autre, » avait dit aussi Montesquieu. (*Esp. des lois,* l. II, ch. 7.)

« Le législateur est à tous égards un homme extraordi» naire dans l'Etat ; s'il doit l'être par son génie, il ne l'est » pas moins par son emploi.

» Cette raison sublime, qui s'élève au-dessus de la portée » des hommes vulgaires, est celle du législateur. » (*Contrat social,* l. II, ch. 7.)

Dans tout cela on entendait personnifier le génie, et Rousseau niait formellement aux Assemblées, et à des Assemblées de représentants, le pouvoir et la faculté de représenter collectivement le génie législateur.

N'est-il pas vrai que sur ce point il y a matière à plus d'une réflexion ? — Nous avons déjà vu (liv. II, ch. 2), que Rousseau en présentait une, selon lui, capitale, celle de la tyrannie résultant de ces deux pouvoirs confondus : faire des lois, et gouverner. — En supposant qu'il eût admis, et il ne l'admettait pas, une Assemblée-législateur, il aurait demandé, sans doute, que deux Assemblées fussent convoquées : l'une, chargée de contrôler le gouvernement et de le diriger, établie pour cela au centre de l'empire ; l'autre, chargée de faire la Constitution, dans le recueillement, à l'abri du tumulte et du soin des affaires ; n'ayant pas à soumettre aux caprices des événements, des idées générales applicables à toutes les circonstances ; n'ayant à éprouver ni la crainte des émeutes, ni l'excitation de l'esprit qui résulte des combats, ne subissant la pression ni d'en bas, ni d'en haut, étrangère à tous ces calculs personnels, à toutes ces ambitions qui s'agitent autour du pouvoir, et n'y participant en aucune sorte : on comprendrait une Constitution ainsi élaborée dans la gravité de l'âme, et la tranquillité du séjour en une ville petite et paisible. — Comment comprendre nos Constitutions, discutées et votées au milieu de ce conflit journalier d'intérêts, de passions, de craintes, d'incertitudes, qui naissent des soucis du gouvernement, des piéges qu'on redoute, de ceux où l'on tombe, des sympathies et des défiances qu'on a pour les personnes, des espérances et des craintes qu'en touchant au gouvernement on a toujours pour soi-même?

Si le législateur doit être une Assemblée, ne serait-ce pas ainsi le moyen de donner à ce législateur toute l'indépendance extérieure, et toute la liberté intérieure que sa grande mission réclame ?

Quoi qu'il en soit, nous n'avons pas encore essayé de ce mode ; le XVIIIe siècle n'y songeait pas non plus, et ne songeait qu'à un homme de génie.

Or, c'est précisément cette idée d'un génie produisant une Constitution, qui a eu et qui devait avoir, en France, un grand succès.

Chacun a vu s'ouvrir devant lui la plus vaste et assurément la plus noble perspective ! — Etre le génie attendu, désiré ; le législateur appelé à peser dans ses mains une nation et à la trouver trop légère ! être l'alchimiste puissant qui changerait tout en or ! — refaire la Constitution d'un pays, jeter dans un nouveau moule sa forme politique, ses lois et ses idées sociales ; prendre les droits et les devoirs des citoyens, les principes religieux, politiques, administratifs et judiciaires, les richesses et les misères, les vertus et les passions, le passé et l'avenir d'un peuple !

prendre toutes ces choses comme des éléments dont on dispose, des matériaux qu'on amalgame, et faire sortir du creuset l'œuvre du bonheur et de la gloire des générations ! — quel rôle admirable pour un homme, ou pour une Assemblée !

Rousseau eut l'idée et l'ambition du rôle à l'égard de la France, c'était lui-même qu'il se plaisait à voir dans ce législateur, raison sublime, et surtout *dans cet étranger législateur, idée dont les républiques modernes, et entre autres celle de Genève, s'étaient fort bien trouvées*. (*C. soc.* l. II, ch. 7.) Ne pouvant instituer la France, il institua la Pologne, par écrit seulement; pendant ce temps les Russes s'emparaient du terrain !

Ce rôle de Moïse et de Minos, on commence à moins l'admirer et à en rire chez ceux qui ne sont ni Minos, ni Moïse. La prétention de faire une Constitution devient un sujet de caricature, l'amusement d'un collégien, la recherche d'un Jérôme Paturot : l'idée touche à sa fin, car elle tombe dans le domaine du ridicule, et cependant je lis dans le programme d'une société de représentants : — « Si nous avions à préparer la Constitution, nous établi- » rions, en revisant jusqu'à leur base les doctrines consti- » tutives de la société, les doctrines suivantes : — Deux » principes se disputent l'empire du monde,..... etc. — » Les bases sociales étant posées, nous en déduirons les » devoirs. La société doit à l'individu,..... etc..... récipro- » quement les membres du corps social lui doivent..... » Ensuite viennent des définitions (devoir public) de la » liberté, de l'éducation, de la justice, de la sécurité, » etc., etc. (devoir individuel), définitions de la fidélité, » de l'obéissance, etc..... »

Ainsi, voilà des hommes qui ne se posent rien moins pour but que *reviser jusqu'à leur base les doctrines consti-*

tutives de la société, et ceux-là ne sont pas les seuls. Individuellement ou par coteries, il y a mille et un projets pour reviser les bases de la société, quel champ pour l'imagination! Ce champ, c'est le terrain social. Chacun peut s'indigner contre les maigres moissons apparues jusqu'ici; chacun peut se figurer qu'abandonné à ses soins le sol en porterait de plus belles; chacun peut en rêver de merveilleuses. — C'est à qui sèmera ses doctrines et s'emparera du sol pour y introduire des cultures nouvelles. — Du reste, on promet de cultiver en bon père de famille: si le terrain est, pour le moment, occupé au nom d'une Constitution qui n'en est que le bail, on s'entend pour briser ce bail; les plus habiles dressent le nouveau que d'autres attaqueront à leur tour; ainsi, le désir, l'espoir, l'impatience d'arriver restent animés et haletants : plus il y a eu de changements, plus les esprits sont excités à des changements nouveaux, mouvement indéfini que chaque Constitution veut arrêter, et qui emporte toutes les Constitutions; car faire une Constitution, qu'est-ce autre chose que l'exemple et la justification même de ceux qui voudront en refaire une autre?

« Eh quoi! » s'écriait M. de Lamartine dans un discours fort applaudi, et qui a même assuré le triomphe du préambule de la Constitution nouvelle; « eh quoi! y a-t-il au » monde quelque chose de plus grand, de plus saint, de » plus solennel devant Dieu et devant les hommes, que le » spectacle d'une grande nation comme la nôtre, sortant » pour ainsi dire de la poussière et des ruines d'une révo- » lution, rassemblant, avec toutes ses mains, avec tous ses » efforts, les débris du Gouvernement, les principes nou- » veaux surgis de la philosophie nouvelle et du sein du » peuple inspiré de Dieu, pour en reconstruire pénible- » ment les bases, pour rechercher laborieusement devant

» Dieu lui-même les conditions durables de la société nou-
» velle que nous avons à fonder? »

Voilà une grande pompe d'expressions ; mais est-ce vraiment un spectacle si admirable que de voir une société toujours occupée à rassembler les débris de ses institutions et à recomposer son édifice social ? — une société oubliant et niant, pour ainsi dire, qu'elle est, et n'a pas cessé d'être ? — une société qui passe toujours de l'idée de réforme au fait de révolution ? — une société, en un mot, qui se pose toujours à l'état de débris, afin de se renouveler le plaisir et la gloire de s'élever à l'état d'édifice ? — Ce qu'elle fait aujourd'hui, n'est-ce pas ce qu'elle a déjà fait dix fois ? Ne recommencera-t-elle pas demain ? Et pourquoi ne recommencerait-elle pas ? Et pourquoi recommence-t-elle, si ce n'est pour rechercher la meilleure des Constitutions possibles ?

Dès lors nous ne sommes pas au bout de cette tâche !

Quel est donc ce rôle d'un peuple à la recherche de la meilleure des Constitutions ? Ne voyez-vous pas que si une telle recherche a de l'idéal et du généreux dans les premiers temps, elle finit par devenir singulière, sinon absurde ? Un peuple qui ne s'arrêterait pas dans cette voie en arriverait, tout comme le législateur-génie, à se trouver personnifié dans cette création de Louis Reybaud, dont le succès est un indice certain que le ridicule n'est plus seulement celui d'un homme, celui de quelques hommes, mais celui d'une époque.

Encore s'il n'y avait que du ridicule dans cette prétention de génie législateur ! Mais une fois qu'un législateur, un ou collectif, s'est donné la peine de former une société par une institution, il y a l'inévitable désir de maintenir cette institution ; et le moyen ? sinon d'asservir autant que possible toutes les pensées à la pensée fondamentale.

Regardez où se trouve principalement l'idée de l'*immutabilité des Constitutions.* — Chez tous ceux d'abord qui ont l'instinct de la tyrannie; chez tous ceux qui veulent dominer la société, et qui ne souffrent pas que la société les domine ; — puis chez tous les théoristes qui ont un plan pour reconstituer le monde !

Celui qui, poursuivant une rénovation, ne craint pas de bouleverser la société établie, s'il est de mauvaise foi, vise évidemment à la tyrannie; s'il est de bonne foi, il a donc une conviction bien profonde de son idée? Comment alors pourrait-il permettre, une fois cette idée dominant, qu'elle pût être dépossédée? Non ! il la défendra comme il l'a fait prévaloir, n'importe à quel prix ! La société paraîtrait-elle mécontente de son bonheur, il le lui imposerait ; car il croirait toujours de bonne foi que c'est elle qui se trompe, et qu'il faut la rendre heureuse malgré elle ! Par cela qu'il était destructeur, il sera despote, c'est-à-dire toujours entier dans ses desseins. — Les répugnances, les soulèvements de la résistance, il regardera comme un devoir de les vaincre, pour le bonheur futur. Qu'importent les catastrophes passagères à qui rêve un établissement de prospérités séculaires; — ce ne sont plus que des transitions dont il ne faut pas tenir compte; — fût-il seul, ou n'y eût-il avec lui que quelques-uns contre tous, il en appelle de tous présentement égarés, à tous mieux informés par la suite ! — Périsse le présent pourvu que l'avenir triomphe !

Si nous n'avions pas vu de tels hommes déjà à l'œuvre ; si notre siècle n'avait pas été déjà livré à ces hommes froids, impassibles dans l'accomplissement de leur tâche ; à ces hommes qu'on va chercher dans leur probité, dans leur patriotisme, dans leur douce vie de famille, dans leurs sentiments excellents, dans leurs intentions parfaites, au lieu de les aller chercher dans le sang qu'ils ont répandu et dans cet orgueil effréné, dans cette idolâtrie de leur propre pensée à laquelle ils n'hésitaient pas à sacrifier des générations entières; si leurs admirateurs d'aujourd'hui, qui seraient demain leurs continuateurs, ne les absolvaient pas, à ce seul titre, « d'avoir été supérieurs » même au remords par leur foi profonde » (Louis Blanc, Introd. *Hist. de la Rév.*); si tout cela n'était pas, on pourrait contredire ce que j'avance; mais cela a été, cela devait être, et cela serait encore avec le meilleur père de famille, le meilleur mari, le meilleur fils; car le cœur, l'humanité, la douceur de caractère, le remords, rien n'arrête, puisqu'il n'y a plus de remords, ou, pour mieux dire, qu'il s'en forme un nouveau, — le remords qu'on aurait si, en cédant à son cœur, à son humanité, à sa douceur, on faisait manquer l'œuvre du bonheur futur.

Je ne fais injure à aucun socialiste; car il en était de même avec Minos, Solon et Lycurgue. La tyrannie de ceux-ci n'a pas eu à s'exercer par la terreur immédiate et les supplices, puisque la société acceptait leurs prescriptions; mais leur tyrannie, moins apparente, fut continue: une fois établie, elle ne désempara plus; elle maintenait la société sous le joug par une terreur sans fin, par un asservissement sans limites.

Toutefois, je l'ai déjà dit, ceux-là parlaient au nom des dieux! Ils avaient bien senti qu'il fallait « recourir à une » autorité d'un autre ordre que la leur, autorité qui pût » entraîner sans violence et persuader sans contrainte; ils » avaient honoré les dieux de leur propre sagesse, afin » que les peuples, soumis aux lois de l'État comme à celles » de la nature, et reconnaissant le même pouvoir dans la » formation de l'homme et dans celle de la cité, obéissent » avec liberté et portassent docilement le joug de la félicité publique. » (Rousseau.)

Les païens étaient bien esclaves ; ils ne l'étaient pas assez pour se soumettre à un joug purement personnel. Les masses se seraient révoltées contre l'orgueil de celui qui ne leur eût parlé qu'en son nom ! et cet esclavage qu'ils n'auraient pas accepté, on a prétendu, et tous les théoristes depuis Rousseau prétendraient l'imposer aux peuples libres et modernes ! La souveraineté du génie ! « la grande » âme du législateur est la preuve de sa mission ! » *Contrat social,* l. II, ch. 7.) Mais d'autres âmes, qui ne se croient pas moins grandes, trouvent la mission incomplète et la reprennent pour leur compte.

Mais les législateurs anciens, au nom des dieux, ne cherchaient à régler qu'une société restreinte, une ville, un petit pays, un seul peuple !

Les législateurs modernes, en leur nom propre, prétendent régler l'Europe, l'humanité ; ce n'est pas de la société française seulement qu'ils cherchent les bases constitutives, c'est de la société humaine ; ils n'imaginent même pas avoir besoin d'autorité autre que leur génie pour commander aux hommes !

Or, il n'y a jamais eu de philosophie qui ait été loi pour les intelligences, l'intelligence d'un homme quel qu'il soit n'étant pas un lien qui enchaîne l'intelligence d'un autre homme ! Si les religions ont été des *liens*, c'est parce qu'elles se réclament d'en haut !

Il en sera de même de la philosophie politique !

Au nom de la liberté, vous niez le droit d'en haut, le *droit divin !* Mais par quoi le remplacez-vous ? — par un droit qui vient de vous, et qui ne vient que de vous ; le droit d'un homme, le *droit humain !*

Ah ! je conçois que vos pouvoirs aient toujours eu besoin, pour s'établir, de la force, et, pour se soutenir, encore de la force, et de la force poussée jusqu'à la terreur, jusqu'à l'extermination des contradicteurs! — Mais, voyez-vous, il vous faudrait exterminer l'humanité, car le dernier homme aura à vous dire : — Homme, tu n'es que mon égal; je puis subir ta force, mais non reconnaître ton droit; — car je ne me connais de supérieur que Dieu!

CHAPITRE XI.

Du Législateur.

« Je regarde les nations modernes; — je n'y vois pas
» un législateur! Chez les anciens, j'en vois trois princi-
» paux : Moïse, Lycurgue, Numa. Tous trois ont mis leurs
» principaux soins à des objets qui paraîtraient, à nos
» docteurs, dignes de risée; — tous trois ont eu des suc-
» cès qu'on jugerait impossibles, s'ils étaient moins at-
» testés. » (*Gouvernement de Pologne*, ch. 2.)

Il est une institution qui, elle aussi, a mis beaucoup de soin à des objets qui paraissaient dignes de risée aux docteurs du XVIIIe siècle, et qui, elle aussi, a eu des succès qu'on jugerait impossibles, s'ils étaient moins attestés; cette institution a formé et maintenu une société dont la force, la permanence et l'étendue dépassent tout ce qu'on admire dans les sociétés antiques; cette société a eu un législateur qui surpasse Moïse, Lycurgue et Numa; c'est la société chrétienne, et ce législateur le Christ!

Considérons un instant cette société en elle-même.

Son législateur a voulu que l'institution se maintînt, et, comme les autres législateurs, il a tout réglé : les choses de l'âme, de l'esprit et du corps; il a imposé sa pensée et sa loi à toutes les générations; il a prétendu à l'immutabilité, et employé pour y arriver les moyens indispensables, à savoir : — *un corps dominant,* composé d'un petit nombre de personnes, corps fortement constitué, élevé dans les principes de l'institution, chargé de les inculquer aux autres, et d'en faire pénétrer l'esprit dans les classes inférieures ; — puis les *citoyens*, c'est-à-dire les croyants, les *fidèles* ; — puis les *esclaves*, qui sont les hommes placés en même temps dans la société et hors de la société, c'est-à-dire les incroyants ; la société les regarde comme les esclaves de l'erreur, qu'il s'agit d'affranchir, et de faire arriver à la qualité d'hommes libres ; — enfin, les étrangers à cette société, désignés sous le nom générique d'*infidèles*, comme autrefois les *ennemis*, à l'opposé des *citoyens*. Mais entre autres choses qui diffèrent des sociétés anciennes, notons d'abord celles-ci : — 1° les esclaves ne le sont qu'autant qu'ils veulent l'être : la société n'a qu'un désir, celui de les voir arriver au titre civique de *fidèles* ; 2° l'institution, au lieu de se refuser aux étrangers, fait de continuels efforts pour se communiquer et assimiler toutes les nations dans son sein.

Ainsi, l'âme dominée par les rites, observances et croyances obligatoires, l'éducation dirigée, la tradition constante de la loi par un corps formé tout exprès avec mission de la garder, de la transmettre et de veiller rigoureusement à son maintien, la séparation morale d'avec les étrangers, le retranchement des membres qui n'ont plus l'esprit de l'institution, des classes inégales, la centralisation des pouvoirs, la soumission à la Constitution : — tous ces caractères sont communs aux institutions antiques et à l'institution chrétienne ; ils forment donc l'ensemble logique des moyens par lesquels seuls il est possible d'instituer une société ; ils sont donc le résultat de toute société faite par et pour une Constitution, — et ces moyens se résument en ceci : asservissement de tout, l'homme à la pensée d'un législateur inspirateur et maître ; c'est-à-dire esclavage et *absolutisme*.

Oui, tel est le résultat nécessaire ; — mais que les âmes chrétiennes ne s'effraient pas ! — Les institutions anciennes ont été l'absolutisme d'une pensée humaine sur des pensées qu'elle n'avait pas le droit de se soumettre, et dès lors l'esclavage forcé.

L'institution chrétienne, c'est l'asservissement volontaire à une pensée acceptée comme divine, et qui dès lors a droit de commander ; et cet asservissement, quoiqu'il ne soit pas de l'homme à l'homme, mais de l'homme à Dieu, est *amical*, *fraternel*, *filial*, épithètes que ne connut pas l'esclavage antique (*vos servi Dei*, *vos filii Dei*, *jam non servi*, *sed amici*), esclaves de Dieu, fils de Dieu, non plus esclaves, mais vraiment frères et amis. — Ce n'est plus l'asservissement, c'est la foi (*servitus*, *fides nostra*).

L'institution chrétienne a donc, en premier lieu, fondé une société plus remarquable qu'aucune des sociétés antiques ; — elle a singulièrement adouci le sort des assujettis à la Constitution : au lieu de corps dominants héréditaires, elle a formé un corps dominant recruté par l'élection dans tous les rangs jusqu'aux plus infimes, sans lui enlever en rien sa force de cohésion intérieure et de domination sur les autres. — Le législateur qui a fait une telle institution a bien dépassé les modèles précédents, et le XVIIIe siècle, qui admirait tant les institutions antiques et leurs auteurs, avait donc les yeux étrangement fermés pour ne pas admirer et ne pas même voir la société chrétienne et le Christ législateur.

L'historien anglais qui avait tracé les annales de l'Empire Romain, assis, à Rome, sur des ruines, n'entendait qu'avec indignation le chant des moines s'élever de l'emplacement où fut jadis le temple de Jupiter. Pourtant c'était la prière à un Dieu portant la croix, symbole de la pitié moderne, au lieu de l'hécatombe à un Dieu armé de la foudre, symbole de la terreur antique. Gibbon était sur le Capitole; il ne songeait qu'à cette colline dominatrice, tête de l'ancien monde, et il ne voyait pas vis-à-vis de lui le Vatican, cette autre colline, tête nouvelle du nouvel Empire romain; il contemplait l'ancien et ne sentait pas le moderne; — c'est que dans l'institution chrétienne il y avait un point, le plus visible et le plus admirable de tous, par lequel cependant l'institution échappait à l'admiration et à la vue du XVIIIe siècle : l'*universalité* (1).

Le XVIIIe siècle n'avait vu et compris que les sociétés restreintes de l'antiquité renfermées dans la nationalité, aussi multiples que les peuples, se gardant bien des autres,

(1) Que Rousseau et Gibbon n'aient pu comprendre le christianisme universel, ce n'est pas étonnant. Ils étaient protestants. L'esprit *catholique* ou universel leur manquait. — Le XVIIIe siècle formé à l'école de Bayle, de Hobbes, et des philosophes protestants et anglais, a été tout entier dans cette voie. Ce fut surtout au *catholicisme* qu'il s'attaqua. Il eût détruit, dans son essence, le plus remarquable caractère de la France, son esprit de *généralité!* — L'école du XVIIIe siècle fut *nationaliste* au lieu d'être *universelle*. Aujourd'hui nous sommes *humanitaires*, c'est-à-dire que nous sommes revenus à l'universalité. En fait, l'esprit français l'a emporté sur les doctrines étroites où on avait voulu le renfermer. Au moment même où prédominait l'école nationaliste, à la fin du siècle dernier, l'esprit français de *généralité* éclata, déborda, et a donné à la Révolution son plus grand caractère, celui de n'être pas une Révolution purement *nationale*.

Chose bien remarquable! tandis que la France et les écrivains censés catholiques du XVIIIe siècle répudiaient l'esprit d'universalité pour se rétrécir dans les principes protestants, au XIXe siècle ce sont les pays et les écrivains protestants dont le génie s'élève aux aperçus les plus universels, et qui propagent avec le plus de hauteur et d'indépendance d'esprit, l'appréciation éclairée de l'universalité et du catholicisme.

évitant le contact et le mélange, et formant ainsi chacune, dans un horizon étroit, le cercle d'une civilisation particulière. Il avait vu, chez tous les peuples anciens, l'idée de civilisation et de société, et l'idée de nation confondues ensemble ; c'est-à-dire, une société et une civilisation égyptienne, assyrienne, grecque, juive, chinoise, comme il y a une nation égyptienne et une nation chinoise. — Or, cette confusion de l'idée sociale et de l'idée nationale, héritée du paganisme, est précisément la grande confusion qui règne encore dans les esprits, et qui fait, qu'en s'occupant de la nation et en la réformant, on veut toujours s'occuper de la société et la réformer. — Tâchons d'éclairer ce sujet.

L'idée sociale et l'idée nationale réunies forment l'unité païenne, cette unité sans laquelle le dernier siècle n'imaginait plus qu'une société pût être bien constituée, et au nom de laquelle il condamnait péremptoirement tout ce qui pouvait l'affaiblir ou la rompre. Dans l'idée sociale est comprise l'idée religieuse. Le XVIIIe siècle fut plus conséquent en voulant régler la religion au point de vue de l'unité nationale, que ne le seraient ceux des socialistes d'aujourd'hui qui croient pouvoir constituer la société, et laisser en dehors de cette question la religion indépendante (1).

(1) M. Pierre Leroux est socialiste complet : il a compris que celui qui instituait une société devait instituer une religion.—« Nul peuple, » dit-il dans son projet de Constitution, ne pouvant subsister sans » rites, sans cérémonies, la République est une religion, ou plutôt » est la religion. Elle ne restera donc pas en arrière des religions » *partielles* qui l'ont précédée, et qui ont occupé sa place en attendant qu'elle vînt les légitimer et les concilier. Laissant aux futures » Assemblées à développer ce germe,.... » Ainsi les Assemblées seront dogmatisantes. — Elles ont déjà bien assez d'être législatives. — C'est toujours le même système : — unité de l'État, l'État religieux

Les sociétés anciennes étaient donc soumises à une unité absolue, leurs législateurs avaient donc été des législateurs non pas seulement politiques, mais des législateurs religieux et socialistes, donnant des lois civiles, administratives, judiciaires, politiques, morales, religieuses; ils ne constituaient pas seulement un gouvernement, une nation; ils constituaient une société complète. Les nations modernes, Rousseau le disait avec raison, n'avaient pas eu de tels législateurs, de ces législateurs sociaux dont nous avons eu depuis un si grand nombre; il n'y avait que des faiseurs de lois. — C'était très-vrai; — pourquoi?

C'est que le christianisme était venu déchirer l'unité païenne, en séparant l'idée spirituelle et religieuse de l'idée temporelle et civile, en séparant la société de la nation. — Voyez les nations modernes. — La civilisation générale a remplacé la civilisation particulière. Au lieu de nations UNES formant autant de sociétés DIVISÉES, les nations sont DIVISÉES dans une société UNE. Car parmi elles existe une institution commune et influente sur les mœurs, les esprits, les cœurs et les idées : institution qui ne porte pas le nom d'un peuple, qui n'est pas française, allemande, italienne, comme autrefois les institutions étaient juives ou romaines, — mais qui est européenne; bien plus, humanitaire, élastique, propagandiste, sans repos, sans limites, l'institution embrasse et peut embrasser tous les peuples; elle est *universelle*.

social et politique! — s'emparer de l'âme, ce qui est en effet le premier point! — nous avons montré le dernier : l'esclavage. — M. Pierre Leroux parle des *religions partielles*; — il ne voit pas l'*universalité* dans le christianisme, et comme base d'une religion *générale*, il établit des assemblées *nationales*, c'est-à-dire, autant de religions que d'assemblées et de nations. — Système antique, système païen.

Les Juifs, en voulant expliquer historiquement comment le christianisme naquit du judaïsme et s'en sépara, reconnaissent que le judaïsme est fondé sur l'esprit de *nationalité absolue* (Salvador, *Histoire des Juifs*); le Christ portant la loi chez les autres peuples, chez les nations, *Gentes*, brisait la Synagogue et détruisait le temple de Jérusalem. Mais ce que le christianisme a fait à l'égard du judaïsme, il l'a fait à l'égard de tout le paganisme. Il a brisé les écoles de chaque nation, le temple de chaque nation, l'unité de chaque nation, pour établir l'école universelle, le temple partout où il y a Dieu et la vérité, et l'unité au-dessus de toutes les nationalités.

A ce titre l'institution chrétienne n'est plus seulement une société religieuse, telle que je l'envisageais d'abord, avec ses lois, sa Constitution et son législateur; elle est entre toutes les nations un lien social, un intermédiaire intellectuel et moral; elle imprime à l'ensemble des peuples une même direction, elle les mêle et les fusionne sans cesse, elle les pousse constamment vers une unité qui n'aurait d'autres limites que l'univers. Elle est une institution sociale.

Magnifique révolution! le Christ est venu mettre la grande unité à la place de la petite. Le monde ancien était lié par un nœud gordien qui enchaînait tout dans la loi nationale. Le Christ a distendu la nation de l'unité nationale, il a fait l'universalité sociale; il n'a pas dénoué le nœud gordïen, il l'a tranché: *Veni mittere gladium in mundo.*

Et des sophistes ont voulu le refaire ce nœud de tyrannie, et ils se mettent tous à cette œuvre impossible, ceux qui parlent de reconstituer la société; ils se reportent tous aux temps des législateurs antiques et rêvent tous cette œuvre qui confisquait l'âme, l'esprit et le corps, tout l'individu, au profit de l'institution! l'entreprise est vaste; car elle ne peut plus se borner à un petit peuple.— Rousseau ne voulait qu'un petit peuple. « Il n'y a, disait-il, » que Dieu qui puisse gouverner le monde, et il faudrait » des facultés plus qu'humaines pour gouverner de gran- » des nations. » Mais aujourd'hui tous les peuples se tiennent; le christianisme ayant fait la société générale, il faut la prendre où elle en est; le christianisme ayant fait des lois pour *l'homme*, les instituteurs sociaux ne peuvent pas rester en arrière. Chez les anciens, il n'y avait que tel peuple; chez les modernes, il y a l'homme. Faire moins que le christianisme, ce serait déclarer par là même son infériorité et son impuissance relatives. Voilà comment les constituants furent amenés à l'homme. — La philosophie, qui remplaçait le christianisme, devait chercher au moins à l'égaler.

On se trouve donc forcé d'arriver à l'homme, et à la société humaine; car c'est là que le christianisme a posé la question. Si vous la rétrécissez, vous n'êtes pas à sa hauteur! —Si vous l'abordez, vous êtes en face de l'homme, et il vous faut une formule plus large, plus complète, plus universelle que le christianisme, une formule qui puisse le renverser et le remplacer avec avantage. Telle est l'obligation imposée aux instituteurs des sociétés modernes. — Il leur faut laisser bien loin derrière eux les petits législateurs antiques; il leur faut dépasser le Christ.

Il y aurait de quoi faire reculer quelques présomptions; mais si elles ne reculent pas, qu'elles aillent donc jusqu'au bout, qu'elles ne parlent donc pas seulement d'institutions sociales, qu'elles osent comme Saint-Simon, parler ouvertement d'institutions religieuses, de religion nouvelle, plus encore, qu'elles se disent et se proclament

Dieu (1). Car enfin ce n'est qu'à titre divin que la loi évangélique a été acceptée. — Nous ne sommes pas, nous ne serons pas plus esclaves que les anciens.

Si vous instituez l'homme, l'humanité, la société universelle, osez vous nommer Dieu ! Si vous n'instituez qu'une société restreinte et nationale, qu'est-ce que votre socialisme à côté du socialisme universel établi par l'institution chrétienne? — Si vous respectez le christianisme et entendez laisser vivre vis-à-vis de vous la société chrétienne, alors le christianisme étant la loi sociale, il ne vous reste plus à vous occuper que de la nation, c'est-à-dire à faire des lois. Voilà pourquoi les nations modernes n'ont eu et ne peuvent avoir que des *faiseurs de lois.*

C'est contre ce rôle borné que s'est révolté l'orgueil philosophique. Il est assez beau cependant ! — Que d'instituteurs sociaux incapables même d'être de bons faiseurs de lois, de bons législateurs? Qui veut un plus grand rôle, rétrogade au paganisme! Quelque chemin qu'on

(1) Je viens de citer Pierre Leroux. — Il dit : « La République est la religion. » — M. Pierre Leroux met Dieu dans la République, — Panthéisme. — M. Proudhon nie absolument Dieu et se dit *l'égal de Dieu ;* en effet, avant de remplacer Dieu, il faut le détruire. — Celui qui veut instituer la société arrive toujours jusqu'à la question divine. — Cela a été en 91 et 93 ; cela est aujourd'hui, et il n'en peut être autrement. — Car instituer la société, suppose un droit *supérieur.* Il ne manquait à Archimède qu'une chose pour soulever le monde : un point d'appui. — Il ne manque aux instituteurs sociaux qu'une chose pour refaire la société : un point d'appui. — C'est ce point d'appui que les instituteurs anciens prenaient sur les dieux, et que Jésus-Christ a pris sur Dieu. — Ainsi l'on arrive toujours, quoi qu'on fasse, à la question divine. — Socialistes, le génie n'est que le levier ; le point d'appui qu'il faudrait avoir hors du monde, pour soulever le monde, c'est Dieu.

prenne, on retourne aux nationalités exclusives, aux institutions tyranniques et à l'étroite unité des peuples anciens.

Eh bien ! le christianisme s'y oppose ! le christianisme, déclaré par Rousseau incompatible avec l'ordre social, et qui était vraiment incompatible avec l'ordre social imaginé par lui, le christianisme s'oppose à tout ce qui établirait des sociétés par peuples ! Car c'est la société morcelée qu'il est venu détruire, et qu'il ne laissera pas renaître ; — non pas qu'il soit *antisocial*, mais parce qu'il est lui-même l'institution sociale des temps nouveaux, le lien social sans lequel les nations se sépareraient comme aux temps antiques. — Or, depuis dix-huit cents ans, il n'y a plus qu'une société, qu'une civilisation au sein de laquelle se meuvent les nations. Aussi les nations n'ont-elles plus de date, — c'est la société générale, dont elles ne sont que des fractions, qui a une date, la date de sa fondation, l'ère chrétienne (1).

Les nations ont chacune leur rôle, leur vie individuelle, leur progrès spécial ; mais c'est la moindre part d'elles-mêmes. Elles s'estiment surtout à la part qu'elles prennent dans le mouvement et l'avancement de la société universelle. — Cette gloire est une des plus belles de la France ; il ne convenait pas d'en tirer vanité au premier article de la Constitution, mais il conviendra de ne jamais cesser d'y prétendre.

La société moderne est donc *une*, au lieu d'être, comme autrefois, *multiple*. — Il y a donc une institution so-

(1) Les nations anciennes, étant des sociétés distinctes, portaient leur titre d'origine ; elles avaient chacune leur date, non pas à titre de nation, mais à titre de société.

ciale, commune à toutes les nations? Oui! à l'entrée des temps nouveaux, il y a un texte écrit qui contient les lois de la société humaine, l'Évangile! Oui, au faîte de nos sociétés, il y a la majestueuse figure d'un législateur, inspirateur suprême de la civilisation universelle, le Christ!

Eh bien! le Christ en donnant ses lois au monde, et tout en les présentant, non pas comme font les Scribes et les Pharisiens, mais comme en ayant reçu le pouvoir (1), ne promulgua pas ses décrets sous le nom impératif de Constitution : — il les annonça d'abord comme une bonne nouvelle; puis, quand il eut fini de les dicter, il les scella de son sang, et les légua ensuite à l'amour et au respect, comme fait un père à l'égard de ses fils, — sous le nom touchant et simple de Testament.

CHAPITRE XII.

Liberté.

Il y a eu dans le monde païen l'esclavage de l'âme, par l'unité de la religion et de l'Etat, — l'esclavage de l'esprit, par l'éducation entre les mains de l'État, — l'esclavage du corps, par la servitude individuelle, triple servitude qui constitue l'esclavage complet.

La liberté générale a remplacé pour nous l'esclavage général. Par quels moyens? — par des moyens absolument opposés à ceux du système païen; à savoir :

Liberté de l'âme par la séparation de l'Église et de l'Etat;

(1) Sicut potestatem habens, et non sicut Scribæ eorum et Pharisæi. (St. Luc. iv, 7.)

Liberté de l'esprit par la liberté d'enseignement ;

Liberté du corps par l'affranchissement de l'individu ;

Triple liberté qui embrasse tout l'homme.

1° Liberté de l'âme.

Ce fut une conception bien étrange pour le monde ancien, que cette idée d'affranchir les âmes, et de les arracher au joug religieux de l'État. Ce fut une théorie bien subversive de toutes les idées reçues et de toutes les Constitutions établies. Aussi le monde païen comprit-il parfaitement que les chrétiens étaient les ennemis de l'État, que leurs doctrines étaient inconciliables avec le maintien de l'État, et de là cette lutte acharnée à la suite de laquelle il fallait ou que le christianisme pérît, ou que l'État perdît la moitié et la plus forte partie de son empire.

La question fut ainsi posée ; le XVIIIe siècle ne fait point difficulté de le reconnaître. « L'idée nouvelle d'un » royaume de l'autre monde n'ayant jamais pu entrer dans » la tête des païens, ils regardèrent toujours les chrétiens » comme de vrais rebelles. Depuis lors on a plusieurs fois » essayé de conserver ou de rétablir l'ANCIEN SYSTÈME, » mais sans succès ; l'esprit du christianisme a tout gagné. » Le culte sacré est toujours resté ou redevenu indépendant » du souverain, et sans liaison nécessaire avec l'État. » (ROUSSEAU.)

Le XVIIIe siècle a voulu à son tour rétablir l'ANCIEN SYSTÈME ; il voulait faire des hommes libres, et tout d'abord il prétendait leur ôter l'indépendance de la conscience et de la foi. — *Croire aux dogmes officiels*, les *pratiquer*, ou la mort ! Et il s'élevait contre l'intolérance chrétienne. — Il vantait Mahomet, les tzars russes et tous les législateurs qui ont tenu ou tiennent les peuples assujettis par la religion ; et il ne se demandait pas où donc la liberté a-t-elle un refuge et une garantie, si elle n'a pas son refuge dans les croyances, et sa garantie dans la faculté libre de croire et d'aimer? — Il ne voulait pas d'une juridiction spirituelle vis-à-vis d'une juridiction temporelle, parce que celle-ci alors n'était pas toute-puissante, et il ne voyait pas que la toute-puissance absolue du pouvoir, c'est la dépendance absolue du sujet; que la volonté une et irrésistible du maître, c'est l'asservissement de l'esclave: — ils parlaient de liberté, ces théoristes du XVIIIe siècle, et ils n'étaient que les louangeurs du despotisme, et les restaurateurs des tyrannies antiques! — Comme dans l'antiquité, ils faisaient de la religion un *moyen*, au lieu que le christianisme la présente comme un *but;* ils en faisaient un mensonge obligatoire, au lieu que le christianisme l'offre comme une vérité à accepter. — Ils auraient à la fois dégradé et captivé l'âme humaine, le christianisme était venu la relever et l'affranchir.

Je ne puis entrer ici dans l'examen historique de ce principe, séparation de l'Eglise et de l'État. Je dirai seulement qu'il y a trois systèmes : — 1° la religion dans l'État; — 2° l'État dans la religion : systèmes païens, juifs, indous, chinois, mahométans, n'importe; — 3° séparation de l'Eglise et de l'État : système chrétien, système de la liberté des âmes.

Dans le cours prolongé des temps, les passions humaines, ou les tendances d'une époque, ont fait pencher parfois le christianisme vers les deux autres systèmes. — Cela a toujours été un malheur. — Les schismes ont mis le christianisme grec-russe entièrement dans l'État, et ce christianisme s'est abâtardi. — Au moyen âge, et dans le Midi de l'Europe, en Espagne surtout, l'État a été trop dans la religion. De là les abus et les excès de l'autorité religieuse; de là l'inquisition exercée dans une société chrétienne, comme elle était exercée jadis dans toute société païenne;

de là la grande réaction du protestantisme qui a mis presque partout la religion dans l'Etat. — La religion a penché aussi en France vers l'État, et particulièrement sous Louis XIV, ce qui a donné lieu au plus grave reproche fait à cette époque, son intolérance! — On finit, comme l'a dit M. Guizot qui en a fait lui-même l'épreuve, on finit par tomber du côté où l'on penche; nous sommes arrivés jusqu'à une religion civile. — A ce point où disparaissait la liberté de l'âme, le christianisme avait à périr ou à renaître, l'homme à rester libre dans la plus haute partie de son être, ou à retomber sous cette servitude morale, le point de départ de toutes les servitudes antiques.

Le système païen a eu ses violences et a redemandé aux proconsuls romains ses licteurs. Le système chrétien a résisté, suivant la belle tactique de ses premiers jours, en souffrant et en mourant. Les triomphes n'ont jamais manqué à cette manière de combattre.

Napoléon, parmi toutes ses gloires, a eu celle de revenir au système chrétien, non pas qu'il le comprît comme gage de la liberté; il le comprenait comme moyen d'ordre, et c'est pourquoi il le fit entrer dans l'État.

Sous la Restauration, la religion a encore été dans l'État, et ce n'a été une force ni pour l'État, ni pour elle.

Sous le règne de Louis-Philippe, son action a été plus distincte de celle de l'État, et elle s'en est bien trouvée.

Je ne fais qu'indiquer ces choses à la hâte. Revenons au principe : il a faibli à droite ou à gauche, mais n'a pas cessé de se maintenir fortement. — Séparation de l'Église et de l'État, du spirituel et du temporel : — plus les deux juridictions seront indépendantes, plus la liberté de l'homme sera grande ; à mesure qu'elles s'unissent, la liberté de l'homme diminue, la persécution ou l'oppression commence. Le passé de l'esclavage a été, avant tout, asservissement de l'âme et de l'esprit; l'avenir de la liberté est dans l'affranchissement de plus en plus complet de l'esprit et de l'âme, c'est-à-dire progression de ce principe, séparation de la religion et de l'État : — progression du second principe qui en est la conséquence, liberté d'enseignement.

2° Liberté d'enseignement.

Le monde païen élevait les enfants pour cette société païenne qui était une et despotique.

Le monde moderne ne peut, avec une direction unique, élever les enfants pour une société qui est double et libre, la société religieuse et la société civile.

Je n'ai pas besoin d'entrer longuement dans cette controverse de l'enseignement, l'une des plus grandes pourtant du temps actuel.

Vaincu par la liberté de l'âme, le système païen s'est rabattu sur les esprits. Le despotisme impérial avait renoncé à la direction des âmes, non pas complétement, et non pas, je le répète, en vue de leur liberté; mais parce qu'il avait vu, il ne savait trop pour quelle cause, mais enfin il avait vu la résistance invincible qu'opposaient les âmes à être dirigées par l'État. — Il s'accommoda de la direction des esprits. L'État, dépossédé de la religion, gardait l'éducation; c'était encore immense. — *C'est là le point important*, avait dit ROUSSEAU.

Mais si le monde ancien a tyrannisé les esprits, et si le système païen moderne a tendu au même but, l'esprit du christianisme s'y refuse, tout comme à la religion civile; c'est-à-dire que le christianisme continue en faveur des esprits, vis-à-vis de l'État moderne, le combat qu'il soutint pour leur affranchissement vis-à-vis de l'État ancien.

L'âme et l'esprit de l'homme n'appartiennent pas plus l'un que l'autre à l'État. Si l'âme a été affranchie de l'État, ce n'est pas pour que l'esprit reste esclave. Le christianisme est venu rendre à la famille et à son père, c'est-à-dire au droit divin, l'enfant qui dans l'antiquité appartenait à l'Etat et à l'institution nationale, l'enfant dont s'étaient emparés les législateurs, l'enfant soumis alors à un droit purement humain. — Le christianisme, en séparant la religion de l'État, a détruit en même temps l'éducation par l'État. L'État ne peut être chargé de façonner pour lui des âmes et des esprits qui ne sont pas à lui et à ses idées, mais qui sont à deux sociétés, et qui sont de plus à Dieu et à eux-mêmes. Les âmes et les esprits n'appartiennent plus à l'État, depuis qu'ils s'appartiennent.

Considérez que la première proposition est *tyrannie*, et que la seconde est *liberté*.

Le monde ancien n'a pas connu la liberté d'enseignement.

Le monde moderne ne devrait pas connaître l'éducation par l'État.

Ceux qui ont vanté cette éducation, pourquoi l'ont-ils vantée? — Pour nous ramener à Lycurgue.

Lisez dans Rousseau cette tyrannie qui s'exerce jusque sur les jeux de l'enfance!

Il y a encore les continuateurs des pensées impériales, qui vantent l'éducation par l'État. Au nom de tel ou tel despotisme, n'importe! c'est toujours le despotisme.

L'éducation par l'État, asservissement des esprits; — l'homme à l'État, système païen.

Liberté d'enseignement, affranchissement des esprits; — l'homme à lui-même, système chrétien.

3° Liberté des corps.

Le christianisme vint remplacer le *droit hostile*, par la loi de charité; il commença par unir le maître à l'esclave, par ordonner au maître de respecter et d'aimer l'esclave, et à l'esclave d'aimer et de respecter le maître; il ne fit plus des esclaves que les co-partageants de la même habitation, *domestici*. Il les égalisa et les associa à leurs maîtres par les mêmes droits, les mêmes devoirs et les mêmes honneurs chrétiens. Le martyre, entre autres résultats, eut celui-ci, que les maîtres apprirent même à s'incliner, à s'agenouiller devant le corps inanimé des esclaves. Il y eut des esclaves, non plus seulement respectés, mais honorés et invoqués : ainsi devait s'anéantir l'esclavage.

Dans le moyen âge le christianisme ne pouvait immédiatement égaliser les vaincus et les vainqueurs, le seigneur et le serf : il travaille à les unir. Tout cela est reconnu aujourd'hui, la liberté corporelle ou liberté individuelle est donc une question depuis longtemps décidée ? Oui ! et cependant elle se présente sous une face nouvelle.

Nous avons vu les Constitutions antiques réclamer absolument, pour être, la religion civile et l'éducation par l'État.

Nous avons vu l'admiration du XVIIIe siècle s'attacher aux moyens employés par ces Constitutions pour *former et diriger les hommes*.

Nous avons vu que le système des institutions nationales qui façonnent le génie, le caractère, les goûts et les mœurs d'un peuple, étant ressuscité, on arrivait infailliblement à une religion civile pour l'unité nationale, et à l'éducation par l'État, afin d'élever les enfants dans l'esprit de la Constitution.

Notre époque a vu la théorie en pratique : avec les Constitutions sont arrivées, comme des conséquences nécessaires, ces deux tentatives de religion civile et d'éducation par l'État.

Le système philosophique veut aujourd'hui mettre le travail dans l'État. L'État devenant le grand industriel, le grand propriétaire, le régulateur de la production, serait le patron, le maître, l'exploitant unique, universel, absolu.

L'Etat ancien était maître par rapport à la religion et à l'éducation, maître des âmes et des esprits, mais il n'avait pas eu besoin d'organiser sa puissance à l'égard du travail, parce que le travail et les travailleurs, confondus dans un même mépris, étaient, en général, l'esclavage et les esclaves.

Le travail et les travailleurs ont grandi en honneur dans la société moderne.

Lorsque les instituteurs sociaux d'il y a soixante ans n'ont songé qu'à s'emparer de la religion et de l'éducation, il est évident que, tout occupés de l'antiquité, ils n'avaient pas même songé à chercher si, dans la société moderne, ne se trouvaient pas des éléments nouveaux, dignes de leur attention ; ils ne s'occupèrent pas du travail.

Depuis lors, le travail a pris dans la société une place encore plus importante qu'il ne l'avait il y a un siècle; et c'est avec raison que les instituteurs sociaux actuels ont compris qu'il ne suffisait pas de mettre la religion et l'éducation dans l'État, pour atteindre l'*unité de l'État;* mais qu'il fallait encore y mettre le travail.

En un sens, ils ont rendu un juste hommage au travail; c'est de le compter comme un troisième élément des sociétés modernes, dont il fallait s'occuper après la religion et l'éducation; ils lui rendent cet honneur de vouloir le constituer tout comme on a voulu constituer ces deux autres éléments de la société.

Mais comme les instituteurs précédents avaient soumis à l'État la liberté des âmes et des esprits, les instituteurs actuels lui soumettent la liberté corporelle ou liberté individuelle, par un système, véritable prise de possession des corps, esclavage général, qui, s'il pouvait être, serait égal à l'esclavage antique.

Ainsi, le système païen a reproduit, ou tendrait à reproduire parmi nous son triple attentat à la liberté, et il ne l'a pas reproduit sans en donner le principe, à savoir : le droit de constituer la société, l'idée de constitution !

Le système philosophique a dit : *Le Christianisme n'est que servitude et dépendance.*

Je dis : Le christianisme, c'est la triple liberté morale, intellectuelle et corporelle.

Le système philosophique, au contraire, n'est que le retour aux dogmes de l'État, à l'éducation de l'Etat, et il ne serait créateur que d'une chose : la servitude de l'Etat.

Une complète démonstration est ici nécessaire, et je la continue au chapitre suivant.

CHAPITRE XIII.

Organisation du travail. — Organisation de l'État.

Organiser le travail.

Constituer l'État.

Ceux qui réprouvent la première formule, adoptent sans hésitation la seconde.

Ces deux formules ne seraient donc pas de la même famille?

Voyons, et remarquons d'abord : 1° que les deux mots Travail et État se ressemblent en ceci, qu'ils n'embrassent rien de défini, et peuvent embrasser tout; 2° que les deux mots *organiser* et *constituer* peuvent se prendre l'un pour l'autre et sont tellement synonymes, qu'en changeant la formule, il nous est loisible de dire :

Constitution du travail.

Organisation de l'État.

Après les mots comparons les idées.

Veut-on organiser le travail agricole, industriel et intellectuel? cela signifierait alors constituer la société! on ne le nie pas : pourtant, si la société résiste trop à cette Constitution nouvelle sous le nom de travail, la proposition se pourrait réduire au travail industriel qu'on a principalement en vue.

Dans ce cas, il faudrait commencer par bien préciser les limites, car le travail industriel touche par mille points au travail commercial, agricole et intellectuel : aussi l'on s'en tient à ce terme général, et non défini, *le travail.*

Par quels moyens veut-on constituer le travail? S'agit-il d'améliorer partiellement les conditions de telle ou telle nature de travail? s'agit-il de donner des réglements à telle industrie, à tel corps de métier? Non, on méprise une telle méthode; on voit les choses de plus haut : on veut organiser le travail *à priori* d'après une théorie générale, puisée dans les droits et les devoirs naturels des travailleurs; on a conçu une philosophie du travail, une *Constitution*, qu'on imposera à la société. Cette Constitution est à la fois *humanitaire* et *nationaliste*. Elle est humanitaire, puisqu'elle considère le travail d'après ses lois générales chez l'homme et dans la société humaine. Elle est nationaliste, car établissant une société de travail dans des conditions particulières, il faut maintenir cette société, la séparer des autres, ce qui est la condition même de son existence. Aussi, la théorie du travail organisé veut des droits protecteurs, des barrières infranchissables, et se déclare ennemie du système libre échangiste, qui est le système d'universalité. Elle ne veut pas les industriels nationaux, mais elle veut l'industrie nationale entre les mains de la nation; par cela même, elle exige qu'on centralise la direction du travail. Il faut une direction habile et *une* qui puisse s'étendre partout, se faire sentir également partout. Cette direction est remise à l'État. Voilà le système d'*organisation du travail*.

Voici maintenant le système de *Constitution de l'Etat*.

Veut-on constituer l'État religieux, social et politique? cela signifierait alors organiser la société. Tels furent, en effet, le sens et l'application du mot dans la Révolution première; et quelle fut la méthode? se mit-on à étudier les faits, les institutions existantes? Non; on considéra l'État et la société de plus haut: on avait conçu un système qui était la philosophie des rapports sociaux et politiques, d'après la théorie des droits naturels de l'homme et du citoyen. On dressa dans les régions de l'esprit une organisation ou Constitution. C'était au peuple imparfait à se façonner d'après la Constitution parfaite qui lui était donnée. Or, le système philosophique qui traçait cette organisation était *humanitaire*, puisqu'il constituait d'après les lois de l'homme; et, en même temps, il était *nationaliste*, il était ennemi mortel du christianisme universel; il ne comprenait pas la société européenne; il voulait une société nationale : en effet, établissant une organisation, il fallait la maintenir distincte de toute autre. Enfin, s'imposant d'en haut, le système devait nécessairement être despotique, c'est-à-dire avoir la puissance de s'imposer. La Constitution devait se faire sentir en rayonnant autour d'elle; il faut qu'il y ait centralisation pour étendre partout et faire prévaloir l'esprit d'une Constitution.

Aujourd'hui, l'on s'efforce de limiter ces idées en organisant le moins possible dans l'ordre religieux et social, et s'en tenant à l'État politique. Mais il faudrait commencer par poser les frontières. Or, toutes les questions de travail, d'enseignement, de paupérisme, de liberté, d'égalité, de propriété participent de l'ordre social et de l'ordre politique, souvent aussi de l'ordre religieux ; les questions mêmes de gouvernement et d'administration, on les traite dans une Constitution, au point de vue de la division des pouvoirs en exécutif, législatif et judiciaire, c'est-à-dire au point de vue social. — Lors donc qu'effrayée du socialisme l'Assemblée nationale fuit les engagements sociaux et les épithètes *sociales*, je vois bien tous les efforts qu'elle fait pour se circonscrire et borner la tâche qu'elle a entreprise ; mais, en définitive, j'entends résonner partout les mots de pouvoir constituant et d'omnipotence; en définitive, elle continue à faire une Constitution, c'est-à-dire une *organisation* d'après des principes généraux ; elle organise l'Etat.

Organiser la religion, organiser l'enseignement, organiser le travail, organiser la société, organiser l'Etat, ne sont que des expressions diverses, mais qui, toutes, aboutissent à une même signification. Dérivées d'un même système philosophique, toutes ces organisations se résument en celle-ci : organiser l'Etat par une Constitution.

Etat et Constitution ; voilà les deux idées qui sont à la fois le principe et le terme de tous nos remaniements sociaux et politiques.

L'État est le but, la Constitution le moyen.

L'organisation du travail, le communisme, le socialisme sous toutes ses formes, consistent à absorber de plus en plus toutes choses dans l'État. Comment ? — Par le moyen d'une organisation systématique.

Le mot a quelques variantes, *Organisation*, *Constitution*, *Institution ;* mais il n'y a point de variantes dans l'idée. L'Etat, l'unité de l'Etat, — « tout ce qui rompt » l'unité sociale ne vaut rien.» Rousseau sacrifiait à ce principe religion et enseignement, liberté de l'âme et de l'esprit ; ses disciples veulent lui sacrifier le corps de la société, la liberté de l'industrie et de la propriété, la liberté des hommes. Ils veulent compléter l'Etat plus que vous ne voulez, et lui donner ce que vous entendez réserver, vos biens et vous-mêmes; mais l'Etat ! depuis longtemps on sacrifie à cette abstraction, sans bien s'en rendre compte.

On admire cette nuit où des enthousiasmes entraînants et entraînés vinrent déposer sur l'autel de la patrie, non pas seulement des titres nobiliaires personnels, mais les titres des corporations, les titres des provinces, tous les droits, toutes les libertés, toutes les traditions pêle-mêle. Enthousiasme admirable, en effet, par le cœur et la générosité ! Mais aujourd'hui des railleurs viennent et nous disent : Allons, continuez vos offrandes, apportez vos industries, apportez vos propriétés ; soyez donc aussi enthousiastes, aussi généreux que vos prédécesseurs !

Nous répondons, sacrifier à qui ? à l'Etat ! Sacrifier quoi ? nos femmes, nos enfants, nous tous, la propriété et la civilisation, la famille et l'humanité? — L'Etat, est-ce une idole ? et nous, sommes-nous ces fanatiques barbares de l'antiquité ou de l'Inde, dont l'idole demande la vie, et qui la lui donnent, sans examiner si elle n'est pas une vaine image, si d'avides et cruels sacrificateurs ne sont pas cachés derrière elle, si cette idole n'est pas à la fois le mannequin et la fortune de ses ministres? Nous commençons à revenir de cette idolâtrie.

Reconnaissons donc alors qu'il eût fallu en 89 un peu moins d'entraînement et un peu plus de sagesse. Admirons le sentiment par lequel on s'immole à la patrie, mais non l'enthousiasme aveuglé qui immolerait à un simulacre de la patrie, la patrie elle-même. La patrie, c'est son histoire, ses grandeurs de tous les temps, ses libertés, ses droits de tous les âges. Dans cette fameuse nuit trop vantée, on ne sacrifia pas seulement des abus, on sacrifia ses pères et leur honneur. La noblesse apporta ses titres, la bourgeoisie ses chartes, le peuple ses titres d'association. Il y avait dans tous ces titres les témoignages du courage et de la liberté des ancêtres. On pouvait ouvrir pour soi et pour ses fils un nouvel avenir ; devait-on pour cela apostasier le passé ? Il fallait réformer tout ce qui était à réformer : les inégalités, les despotismes financiers, seigneuriaux, commerciaux ; féodalité, royauté, clergé, jurandes, il fallait réformer, mais non pas tout offrir en holocauste à l'Etat. Il ne fallait pas, sur tous ces débris de despotisme, élever le despotisme d'une organisation sociale et philosophique sous le nom de Constitution, et le despotisme de la centralisation sous le nom de l'Etat.

Il ne fallait pas immoler la France à Paris, et le pays à l'Etat ! — Que Paris résume dans ses murs les gloires et l'éclat de la France, et soit le représentant de la nation ; on ne songe pas à rabaisser qui vous représente avec honneur ; mais la vie et la force ne doivent pas être là tout entières. « Imaginez un pays dans lequel la centralisation » soit excessive, le pouvoir y sera fort aussi longtemps » qu'il vivra ; mais pour changer la société, il suffira d'un » coup de main heureux. »

Tel fut l'Empire romain, tel fut le Bas-Empire. Qui a écrit les lignes ci-dessus ? Louis Blanc, un an avant la Révolution de Février (*Hist. de la Rév.* t. Ier). Aussi quelle est l'histoire de la France centralisée dans Paris ? La France est à la disposition de Paris ? mais Paris est à la disposition d'un coup de main heureux ! pour y parer, l'état de siége ! — Serait-ce donc le dernier sens de ce mot indéfini, l'Etat ?

Deux grands hommes ont établi en France l'idée de l'Etat ; mais ces deux grands hommes voulaient être l'Etat lui-même, Richelieu et Louis XIV. — « L'ordre se trouva » établi par cette intervention universelle du monarque, » dit M. de Barante ; mais la source des institutions na- » tionales était tarie. Les principes de la vie était retirés » à tout pouvoir intermédiaire. Alors commença ce qu'on » appelle l'Administration. »

Le principe centralisateur et administrant convient à tous les absolutismes. Il était le principe des sociétés antiques, l'unité païenne, c'est-à-dire l'organisation du despotisme même.

Les jurisconsultes ont été le chercher dans les traditions de l'impérialisme romain, et l'ont mis au service des royautés modernes. Le système philosophique crut sans doute trouver autre chose dans Rome république que dans Rome empire. Il se trompait. L'antiquité ne connut de différences que dans la forme. Aussi est-ce toujours des formes qu'elle se préoccupa. Monarchie, aristocratie, oligarchie, démocratie, elle faisait tout consister dans ces différences extérieures. Qu'importe? si au fond il y a toujours le même despotisme, et s'il n'y a jamais sous des noms divers qu'une seule chose, l'Etat ! Etudiez l'antiquité, allez de la Perse à Carthage, et de Rome à l'Egypte, vous ne verrez jamais que des variations nominales : ici des consuls, là des suffètes ; ici un sénat, là des rois, là des comices, là des assemblées populaires ; mais partout vous verrez un petit nombre d'hommes libres, et le grand nombre esclaves ; partout la violence, la haine, la compression et l'oppression, partout des ilotes, partout les prêtres magistrats, et les magistrats prêtres, la religion et le gouvernement réunis, la séparation des nations, des institutions portant l'empreinte de législateurs plus sombres ou plus doux, mais toujours une même chose : Constitution et Etat, et puis : immobilité, tyrannie, esclavage.

Nous avons puisé dans l'antiquité cette préoccupation de la forme en littérature jadis, et maintenant en politique. C'est ainsi qu'employés à modifier et à varier la forme de nos Constitutions, nous sommes tout aux questions d'aristocratie, de monarchie, d'oligarchie, de démocratie, et nous ne prenons pas garde à l'idée fondamentale, au principe constituant lui-même, et à ce despotisme latent sous le nom de l'Etat.

La Convention, Néron moderne à plusieurs têtes, comprit l'*État* dans toute l'acception du mot; elle poursuivit avant tout et surtout l'*unité de l'État*. Dans cette ligne, le sacrifice des Girondins fut son triomphe; mais il lui manqua encore plusieurs idées; et, entre autres, celle de centraliser l'industrie et la propriété entre les mains de l'État. Babœuf vint trop tard.

Le système de l'État convenait parfaitement à Napoléon; il se porta, sans réserve, héritier à la fois et de l'État tel que le comprenaient les jurisconsultes royaux, et de l'État tel que le comprenait la Révolution. Son génie s'appliqua au mécanisme de l'Etat. D'une machine mauvaise, et dont les rouages fonctionnaient mal, rouillés et embarrassés qu'ils étaient par le sang, il fit une machine remarquable, la machine administrative; mais ce qui a convenu à Richelieu, à la Convention, à Napoléon, ce qui convient à tous les despotismes, convient-il à toutes les libertés?

Le mécanisme administratif est un progrès matériel en administration, comme le chemin de fer est un progrès matériel en locomotion; mais le chemin de fer doit-il servir à concentrer le despotisme de l'Etat, ou doit-il servir à faciliter toutes les libertés individuelles? doit-il servir à absorber tout dans une volonté centrale, ou bien à associer toutes les parties entre elles? servira-t-il à porter le joug du centre aux extrémités, ou servira-t-il à transporter de toutes parts les associations de résistance contre la tyrannie centrale ? Les journées de Juin répondent ! Le mécanisme des chemins de fer, comme le mécanisme administratif, peut donc produire deux résultats bien différents. La question est de les faire servir à la liberté et à l'association générale, au lieu de les faire servir à la tyrannie et à la centralisation !

Après avoir, depuis Richelieu et Louis XIV, et à travers des républicains et des monarchistes, tous d'accord sur ce point, concentré de plus en plus l'administration du pays ; après avoir tenté de prendre la direction des âmes par la religion, de 1791 à 1800, et la direction des esprits par l'éducation, depuis l'Empire jusqu'à nous, le système de l'Etat voudrait aujourd'hui prendre la direction de l'industrie, de la propriété, des individus, considérés surtout sous le rapport corporel, *le travail*.

Cette dernière tentative effraie bien des gens que n'ont pas effrayés ou qui même admirent les premières. Presque tout le monde admire l'*État administrant*, c'est-à-dire, l'Etat se mettant à la place du pays lui-même : tels comprennent et admettraient l'*Etat dogmatisant*, c'est-à-dire l'Etat s'interposant entre Dieu et les consciences ; tels approuvent et demandent l'*Etat enseignant*, c'est-à-dire l'Etat s'interposant entre les enfants et les pères de famille ; et ils se récrient contre l'*Etat travaillant*, c'est-à-dire l'Etat qui veut s'interposer entre les ouvriers et les maîtres, et se mettre à leur place ; ils se récrient contre l'*Etat propriétaire*, c'est-à-dire l'Etat qui veut s'interposer entre la terre et l'homme. Ils ont raison assurément ; mais tandis qu'ils repoussent la *Constitution du travail*, pourquoi ne cessent-ils pas d'*organiser l'État ?*

Il y a une idée qu'il serait temps d'éclaircir, c'est l'idée de l'Etat !

Il y a une grande usurpation qu'il serait temps de faire cesser, c'est l'usurpation de l'Etat.

L'Etat n'est qu'une autorité déléguée, « elle ne peut, il » est vrai, rester étrangère à aucune portion de l'ordre » public; mais autre chose est une surveillance générale, » autre chose, une action directe et continue. Des désor- » dres aussi peuvent troubler la famille; la puissance pu- » blique est là pour y pourvoir selon les lois; cependant » elle ne doit pas élever la prétention d'être la tutrice de » chaque famille, elle y serait tyrannique et mal habile, » il en est de même de la cité. » (DE BARANTE, *des Communes.*)

L'intervention de l'Etat jusque dans l'intérieur de la famille, jusque dans la morale individuelle, existait dans l'antiquité. Aussi Rousseau n'avait-il pas manqué de vanter la *censure romaine* et de proposer des *censeurs*.

L'idée de l'Etat, exprimée si clairement par M. de Barante : est-ce l'Etat dogmatisant, censurant, enseignant, travaillant, administrant? est-ce l'Etat un et maître : *un* jusqu'à être tout; *maître*, jusqu'à n'avoir plus pour citoyens que des esclaves?

Comprenons donc et montrons quelle est la différence et la distance entre l'Etat ancien, l'Etat des jurisconsultes, des despotes, des instituteurs sociaux, des demi-*unitaristes*, des *unitaristes* complets; en un mot, l'Etat du système philosophique et païen; et l'Etat moderne tel qu'il est ou devrait être, l'Etat du système historique et chrétien.

CHAPITRE XIV.

État et Souveraineté.

Aux rois les plus absolus, le christianisme a plus d'une fois adressé ces paroles : « Ce ne sont pas les peuples qui » sont faits pour les rois, ce sont les rois qui sont faits » pour les peuples (1). »

Les rois absolus n'en tiennent pas compte, mais leurs successeurs paient un tel oubli.

Ces paroles n'en sont pas moins tout l'ancien monde et le nouveau.

Dans l'antiquité l'Etat est souverain ; il exerce la triple souveraineté religieuse, sociale et politique ; le peuple est sujet, plus que cela, esclave de l'État.

Dans le monde moderne, et ne considérant que le rapport du peuple à l'État, c'est le peuple qui est souverain, et l'État qui est le serviteur du peuple.

Rois, Assemblées, et surtout instituteurs sociaux, voilà tous, ce qu'ils oublient!

Le peuple est triple, peuple religieux, peuple social, peuple politique, et trois fois souverain.

Souverain religieux, il garde cette souveraineté qui est la première et la plus importante, il la garde complétement avant toutes choses, et vis-à-vis de tous. Le spirituel est séparé du temporel. Le peuple ne dépend que de sa conscience et de la loi divine ; — il est souverain, c'est-à-dire indépendant vis-à-vis de l'État, l'État n'a plus la souveraineté religieuse, elle est à chacun, et à tous.

Souverain social, le peuple ne se partage plus en so-

(1) Bourdaloue et Massillon, entre autres, à Louis XIV et à Louis XV. (*Carêmes*, Bourd. ; Massillon, 4e *Dim.*)

ciétés divisées et ennemies. Le peuple social, c'est l'humanité ; c'est la grande réunion de tous les hommes marchant vers un but commun, l'union, et formant une seule société séparée des sociétés antiques par l'ère chrétienne. Le peuple social, c'est l'*homme*. L'homme ne peut pas être institué par l'homme; sa souveraineté ne trouve pas un supérieur dans un égal. Qui donc, s'il n'est Dieu, peut prétendre donner des lois à l'*homme?* Les instituteurs sociaux qui n'en appellent qu'à leur propre sagesse, à leur autorité, à leur génie, que veulent-ils? sinon mettre leur souveraineté à la place de la souveraineté sociale, soumettre la souveraineté générale à leur souveraineté individuelle, et l'humanité à l'homme?

Ne pouvant pas recourir au droit divin pour faire plier le droit humain, il ne leur reste qu'une ressource ; — qui n'a pas le droit ne peut recourir qu'à la force ; puisqu'ils ne sont pas dieux, ils seront *nécessairement* tyrans?

Tout homme peut travailler pour l'humanité, l'humanité travaille sans cesse sur elle-même ; mais c'est le peuple social qui se traduit dans ses lois ; c'est sa souveraineté qui s'exerce, et non une souveraineté étrangère qui doive et puisse s'exercer sur lui : — le peuple social est souverain et indépendant vis-à-vis de l'État, l'État n'a plus la souveraineté sociale, elle est à l'humanité, elle est à tous. Il en est de même du peuple politique, ici le peuple est la nation, non plus concentrée en elle comme autrefois, mais tendant à s'unir aux autres, tendant à l'universalité.

Néanmoins, il y a et il y aura toujours le peuple politique, la nation ! Eh bien ! ce peuple est souverain, tout le monde et les Constitutions mêmes le proclament ; — s'il est souverain, il est donc au-dessus des Constitutions ! Ce ne sont pas les Constitutions qui sont souveraines ! Est-ce qu'il y aurait la souveraineté du peuple et celle des Constitutions?

Les rois, la République, l'État sont-ils faits pour le peuple, ou le peuple est-il fait soit pour les rois, soit pour la République, soit pour l'État ? — Voilà toujours « le fond » du grand débat, » comme l'a dit M. DE FALLOUX, « est-» ce au pays à manifester son opinion et à donner l'im-» pulsion, ou bien est-ce à lui à la recevoir ? »

Où est la souveraineté ? est-elle à un génie, c'est-à-dire à l'orgueil d'un homme, à un homme ou aux hommes ? à une volonté particulière ou à la volonté générale ? au peuple ou à l'État ?

L'État est-il serviteur ou maître ? — le peuple esclave ou souverain ?

L'État ! qu'est-ce que l'État ? est-ce un, quelques-uns ou tous ?

Dans l'antiquité, l'Etat ayant reçu partout la loi d'un instituteur, et concentré tous les pouvoirs, l'Etat a été *un*. — L'Etat tel qu'on voudrait le faire, tel que l'ont toujours compris les disciples de Rousseau, c'est l'Etat *un*, c'est-à-dire la réhabilitation du système ancien, le retour infaillible au despotisme ; — dans le monde moderne, au contraire, c'est le règne de la généralité, c'est l'universalité, c'est la souveraineté du peuple.

Le peuple politique, comme le peuple social, comme le peuple religieux, est souverain et indépendant vis-à-vis de l'Etat, la souveraineté politique est à tous.

Ainsi le peuple est souverain partout, et l'État nulle part.

Le peuple est souverain partout, et sa souveraineté ne peut reconnaître qu'une seule souveraineté supérieure à la sienne, celle de Dieu.

Le premier caractère, le caractère inséparable de la souveraineté, c'est l'indépendance. Le peuple souverain, vis-à-vis de l'État, ne peut vis-à-vis de lui-même exercer sa souveraineté sur son indépendance. La souveraineté est une et inaliénable, on l'a dit. Or, par toute Constitution on en divise, on en aliène une part : c'est la souveraineté s'abdiquant elle-même.

La souveraineté du peuple ne peut ni limiter, ni aliéner, ni diviser son indépendance. Tout acte par lequel elle le ferait, est nul de lui-même ; car elle reste toujours entièrement indépendante et souveraine : elle ne peut donc faire que des lois. — Elle est impuissante à se constituer, et cette impuissance est la plus haute marque de sa grandeur et de sa liberté : c'est dire qu'elle ne peut se donner des chaînes et qu'elle restera toujours essentiellement libre.

Sires constituants, ne vous étonnez donc pas que tous vos efforts soient inutiles, nous ne pouvons plus retourner au paganisme, et appartenir à l'Etat ; nous avons été affranchis des liens antiques et n'appartenons qu'à nous-mêmes : les peuples ne sont plus faits pour l'Etat, c'est l'Etat qui est fait pour le peuple (1).

CHAPITRE XV.

Des Représentants.

L'Etat, dans l'antiquité, n'était pas seulement le représentant de la société, il en était le directeur, le fondateur.

(1) Il y aurait beaucoup à dire sur cette question de la souveraineté. — J'ai cité M. Guizot louant Rousseau d'avoir abandonné la souveraineté du nombre pour la souveraineté du génie ; et M. Pierre Leroux attaquant Rousseau pour avoir établi la souveraineté du nombre. — Les socialistes aiment mieux la seconde souveraineté du même Rousseau, la souveraineté du génie, c'est-à-dire de l'homme! — Le système chrétien, ici comme partout, c'est liberté et universalité!

C'était lui qui la faisait et la créait chaque jour en vertu d'une institution supérieure à cette société. L'institution n'avait pas été faite par la société; la société avait été faite par l'institution. L'Etat représentait l'institution; il était, comme elle et d'après elle, supérieur à la société; il était en dehors et au-dessus d'elle. Les sociétés antiques avaient donc à leur faîte la *Constitution* et l'*Etat*.

L'Etat moderne, au contraire, n'a point créé la société; il n'est pas supérieur à la société; il est le *représentant* de la société, son expression, son interprète, son organe: il n'est pas, il ne doit pas être plus *tuteur* que *maître*, pas plus *directeur* que *créateur*.—L'Etat c'est nous! — L'Etat n'est pas un être à part de la société, il est la délégation sociale; la souveraineté n'est pas en lui, elle est dans le peuple pour lequel il agit et parle. La source de son pouvoir n'est pas dans une *Institution;* elle est dans l'utilité générale qui règle ce pouvoir, et en fait le mandataire, le simple mandataire de tous. Ce n'est pas l'Etat qui administre, c'est la société qui s'administre par le moyen de l'Etat. L'Etat n'est pas une volonté, il n'est qu'un mécanisme. Ce n'est pas l'Etat qui gouverne, c'est la société qui se gouverne par le moyen de l'Etat. En un mot, l'Etat n'est qu'un moyen, un intermédiaire entre chacun et tous; il ne commande pas à la société, il lui obéit; il n'est pas maître, je l'ai déjà dit, il est serviteur. — Ce ne sont pas là des différences de mots; il y a de profondes différences dans les conséquences.

Et tout d'abord celle-ci : L'Etat n'étant pas quelque chose de particulier, mais nous-mêmes; constituer l'Etat, c'est entreprendre, quoi qu'on fasse, de constituer la société.

Constituer la société, c'est le socialisme s'avouant hautement, le système philosophique hautement proclamé par la Révolution première, le système logique et complet.

Constituer la société en organisant l'Etat, qui n'est pas autre chose que l'expression et le représentant de la société, c'est chercher à s'abuser sur les mots, faire du socialisme en ne l'avouant pas, continuer le système philosophique en le cachant aux yeux des autres, à ses propres yeux, s'il était possible. Le système est boiteux, mais il marche ; il ne court pas dans les sentiers nouveaux du socialisme, mais il suit le grand chemin que le *Contrat social* a dès longtemps frayé.

L'Etat est le *représentant* de la société, et non son *créateur*. Dès lors, il n'y a plus, il ne doit pas y avoir en tête et comme origine de notre société un ou plusieurs instituteurs, modérés ou sombres. L'antiquité a eu deux écoles d'instituteurs : les sombres, tels que Minos, Dracon, Lycurgue, entre autres ; les modérés, tels que Solon, Numa, Zoroastre. Les uns parlent sévèrement au nom des dieux, et impriment la crainte ; les autres communiquent aux peuples les inspirations d'Égérie, ou de Minerve, ou d'Apollon, ou de la bonne Déesse. — Nos instituteurs modernes appartiennent aussi à ces deux catégories. Si donc la société reçoit ses lois et sa création d'un instituteur, je comprends la *Montagne* telle qu'elle s'est comprise elle-même : *Sinaï foudroyant et terrible, montagne sainte,* du haut de laquelle descendent des inspirés au visage redoutable, apportant au genre humain son Décalogue inscrit sur des tables de pierre, et au peuple prosterné son institution. Je comprends que si ce peuple résiste, le législateur de la Montagne extermine par le fer et le feu tous les contradicteurs. Seulement, nous demandons à n'être pas de pire condition que les Juifs ; nous demandons, sinon à voir, du moins à entendre le Dieu qui l'inspire. Quant aux autres, ils sont moins impérieux, mais ils n'en veulent pas moins inscrire leur institution sur des tables d'airain. Eh bien! donc, est-ce d'après vous, d'après votre autorité que vous instituez la société ? Non! c'est la société elle-même qui s'institue par le moyen de *représentants*.

Ainsi, nous sommes ramenés de tous côtés à ce mot *représentant*. L'Etat est le *représentant* de la société, nos législateurs sont des *représentants*.

Ah ! j'arrive à comprendre pourquoi Rousseau s'élevait si vertement contre l'idée de représentant : il avait raison ; car l'idée de *représentant* détruit l'idée d'*instituteur*.

« Elle vient du régime féodal, de cet inique et absurde » gouvernement où l'espèce humaine était dégradée. » (ROUSSEAU). Mon Dieu, oui ! et voilà la différence, c'est que dans l'antiquité l'espèce humaine était livrée à un homme, et que dans le monde moderne l'espèce humaine entend être *représentée*, c'est-à-dire ne se livrer qu'à elle-même. De quel côté, s'il vous plaît, est la *dégradation?*

Le système philosophique ramène directement les peuples au joug d'un homme, d'un législateur ; le monde moderne ne l'a pas suivi jusque là ; il a gardé l'idée de la *représentation*, comme il gardait l'idée de la *souveraineté du peuple*.

La souveraineté du génie et une Constitution façonnant la société, nous sommes en plein paganisme, en plein esclavage antique ; — la souveraineté générale et la représentation, nous sommes restés dans la voie des libertés modernes.

Nous n'avons donc, nous ne devons pas avoir des *instituteurs*. Nous avons des *représentants;* les lois qu'ils peuvent faire ne sont donc pas non plus *une institution* ou Constitution : elles ne sont, elles ne peuvent être qu'une *représentation* de nos vouloirs, de nos intérêts, de nos idées. Il n'appartient donc à personne de nous instituer d'après un système ; c'est nous qui traduisons notre pensée eu égard à nous-mêmes. Une Constitution n'est donc pas une loi fondamentale, primordiale ; c'est nous qui sommes fondamentaux, primordiaux, par rapport à la Constitution : nous ne sommes pas à sa volonté, elle est à la nôtre. Une Constitution ne peut pas limiter la prochaine *représentation* du peuple, puisqu'elle n'est elle-même que la *représentation* du peuple actuel.

Nous n'avons que des *représentants*. Des représentants ne se perpétuent pas; ils cherchent bien à se perpétuer le plus qu'ils peuvent : on a vu un parlement anglais qui voulait s'éterniser, et qui n'a éternisé que son nom final de *croupion*.

La représentation, pas plus que les représentants, ne peut prétendre éterniser en elle l'opinion publique. Si vous êtes nos constituants vous n'êtes pas nos représentants, et si vous êtes nos représentants, est-ce que ceux qui vous suivront ne le seront pas également ? Est-ce que la représentation peut s'amoindrir, si le représenté ne s'amoindrit jamais ?

Donc, point d'instituteurs, mais des représentants ; point d'institution, mais des lois ; et, de même, point d'Etat, point d'Etat administrant, point d'Etat dogmatisant, point d'Etat enseignant, point d'Etat travaillant, point d'Etat propriétaire.

L'Etat, c'est nous ! Dès lors, ce n'est pas en partant d'en haut, et en vertu des ordres et des inspirations d'un législateur, qu'il s'agit de combiner les lois qui nous intéressent, c'est en partant d'en bas, c'est en partant de nous qu'il faut remonter jusqu'aux combinaisons générales. Ce n'est pas de l'Etat qu'il faut descendre à la famille et à l'homme ; c'est de la famille et de l'homme qu'il faut remonter à l'Etat.

Il ne s'agit pas d'organiser l'Etat, de constituer *à priori*, d'après la philosophie ; il s'agit de s'occuper des bases, et de s'appuyer sur les faits, qui sont les réalités de l'histoire.

La famille s'associe avec d'autres familles, et forme la commune ; les communes associées forment le canton, les cantons associés forment les départements, les départements associés forment le pays. L'association générale, la plus haute forme de l'association qui, restreinte à la base, va toujours s'élargissant jusqu'à ce qu'elle embrasse toute l'étendue ; voilà l'État moderne.

L'Etat ancien entraînait l'idée principale d'administration, d'après un droit supérieur. L'Etat moderne doit entraîner l'idée principale d'association.

L'administration, en vertu d'un droit supérieur, c'est le despotisme ! L'association, c'est l'idée d'une réunion de forces n'ayant mis en commun et ne cédant à la communauté que les droits nécessaires à l'intérêt général, étant réservés tous les droits particuliers qui ne sont pas indispensables à l'association. La source des pouvoirs de l'association est dans ceux qui l'ont formée.

L'Etat étant l'association des départements, des cantons, des communes, l'association commençant à se former par la commune et non par l'Etat, c'est donc par en bas qu'il faudrait commencer avant de s'élever au faîte. Vous débutez par la Constitution de l'Etat ; il faudrait débuter par la commune, par la première des associations, et non par la dernière !

Si l'Etat est quelque chose au-dessus de la société, si vous êtes un législateur au-dessus de la société, vous avez raison, commencez par l'Etat ! Le système philosophique est logique, sauf le point de départ, sauf Dieu qui lui manque pour descendre de Dieu à l'Etat, et de l'Etat à l'homme.

Mais si, au contraire, l'Etat n'est que le représentant de la société, vous vous y prenez à rebours, vous faites l'édifice par le toit. Quand donc n'ira-t-on plus de l'Etat à nous, mais de nous à l'Etat (1) ?

(1) Quand on abandonnera le système philosophique pour le système historique, le système qui descend, pour le système qui monte ; alors les questions qu'aujourd'hui nous posons dans le vide, s'étageront d'elles-mêmes sur leurs bases.

Le chapitre où j'ai traité la question des deux Assemblées (liv. II, ch. 7) était imprimé quand la discussion à l'Assemblée nationale a eu lieu. Il y a eu plusieurs brillants discours, entre autres ceux de MM. de Lamartine et Odilon-Barrot, mais qui n'ont pas modifié la question, et n'ont pas été au-delà, quant à la solidité des arguments, de la belle discussion des bureaux.

M. de Lamartine a montré que les éléments de deux chambres manquaient ! M. Odilon-Barrot a montré que deux chambres seraient fort nécessaires !

Sur quoi il a été parlé des vieux et des jeunes. En effet, il n'était pas possible de trouver autre chose !

Mais si au lieu de constituer d'*en haut*, on s'élevait d'*en bas*, et qu'on se fût occupé de la commune, puis du canton, puis du département, puis de l'État, une gradation bien simple se serait immédiatement présentée : le conseil communal, le conseil cantonal, le conseil départemental, et le *conseil général*. Nous n'emprunterions ainsi ni le sénat de Rome et des États-Unis, ni les anciens de la Grèce, ni les pairs d'Angleterre et du moyen âge. Il y aurait les *Représentants* de la nation, et vis-à-vis d'eux, l'ensemble des conseils affiliés les uns aux autres, s'appuyant les uns sur les autres, et formant une chaine vraiment forte et réelle, qui, partant du conseil de la commune, irait jusqu'au conseil général du pays. Ce seraient, il est vrai, des institutions françaises et modernes, bâties sur notre sol, n'ayant pas d'autre prétention que d'être un développement de faits déjà existants, et d'institutions déjà éprouvées. Il s'agirait d'agrandir ces institutions, de les fortifier, de leur donner l'importance qu'elles devraient avoir, et de les compléter.

Il s'agirait non pas de créer, mais de laisser vivre; de ne pas comprimer, de ne pas étouffer la commune, le canton et le département. Cette vie ayant sa force et son essor, il s'agirait de la laisser se pro-

Nous sommes le pays : le pays est une association de communes ; — toute association a des délégués, des mandataires, des représentants.

Le monde ancien a eu des municipalités, et point de communes; des sénateurs et des législateurs, mais point de représentants.

Il n'a jamais connu ni le mot ni l'idée de représentation. Rousseau l'a dit à son éloge, je le dis dans un sens absolument contraire.

L'idée de représentation est la grande loi des temps modernes. Le Dieu même du christianisme s'est présenté et offert comme le Représentant de l'humanité.

Les peuples modernes ont choisi tel ou tel mode de représentation ; mais l'État, quel qu'il soit, royauté ou république, n'est et ne doit être que le représentant de la nation.

La royauté des temps modernes n'a pas été autre chose; que si elle l'a oublié, ç'a été à l'instigation des idées puisées dans l'antiquité païenne, dans l'Empire romain.

Mais quand une Assemblée se croit autre chose, elle aussi, qu'une *représentation*, elle fait absolument comme ces rois que leur pouvoir abuse !

La forme de *représentation*, royauté ou république, a de l'importance ; mais ce qui est plus important encore, c'est que l'idée de *représentation* demeure.

Si, dans une République, il y avait un État qui cessât d'être mon représentant pour devenir mon maître, la forme extérieure ne serait rien. L'antiquité pouvait s'en tenir aux mots, le monde moderne veut des réalités. La statue

duire d'elle-même dans son expression la plus complète, un conseil général. Il n'y aurait là rien des institutions, ni les institutions antiques !

De telles méthodes détruiraient tous les plans de nos instituteurs modernes ? — Ce résultat ne serait pas le pire !

a cessé d'être plus que l'homme : l'homme vaut plus que la statue, l'âme plus que l'enveloppe. L'adage, *la forme emporte le fond*, est un axiome dont nous avons hérité, comme de tant d'autres idées, du paganisme. Dans le monde chrétien, c'est le fond qui doit et qui devrait partout, en jurisprudence comme en politique, emporter la forme.

Que Louis XIV, que Napoléon, que la Convention disent : L'État, c'est moi ! je le comprends vis-à-vis de l'étranger et à titre de *représentation*, mais non pas à titre de souveraineté. Car alors, l'État, ce n'est ni le grand roi qui a le soleil pour devise, ni l'Assemblée qui étreint le pays dans sa main terrible, ni le fier conquérant qui frappe la terre de son épée ; l'Etat, c'est moi, moi le peuple, moi chacun, moi tous !

C'est-à-dire, que ni Louis XIV, ni l'Empereur, ni la Convention ne peuvent entendre par l'Etat, quelque chose qui ne soit pas moi, qui soit hors de moi, et qui veuille me constituer et me commander, moi qui l'institue et lui commande.

Le pouvoir ne vient pas d'*en haut*, dans le sens de Siéyès, c'est-à-dire, de la souveraineté du génie. Le pouvoir vient d'*en bas* : autrement il vient de plus haut que vous ne l'entendez : *Omnis potestas a Deo; vox populi, vox Dei.* Mais à moins qu'il ne vienne de Dieu, il vient de moi qui suis en bas, et qui vous envoie pour me représenter.

Vous tous, législateurs omnipotents, instituteurs prétentieux, Lycurgues de toute mesure, l'Etat ce n'est pas vous ; cessez donc de vouloir me jeter dans le moule de votre pensée !

Constituants et représentants sont deux mots qui hurlent de se trouver ensemble ! Constitution et représentation sont deux idées dont l'une est la négation de l'autre. Système *constitutionnel* et système *représentatif* se prennent pour synonymes, et ce sont deux systèmes absolument contraires !

L'*instituteur* est l'idée ancienne ! le *représentant* est l'idée moderne !

CHAPITRE XVI.

Isolement. — Association. — Centralisation.

Pour être maître, il faut dominer les résistances ; pour rester maître, il faut les annuler ; c'est-à-dire qu'il faut comprimer d'abord les forces qui pourraient opposer de la résistance, et puis rompre ces forces, les diviser, les isoler, afin que, désunies, elles ne puissent lutter contre le pouvoir dominateur.

Voilà, sous tous les régimes et dans tous les temps, comment on est maître, et comment on reste maître. Comprimer et isoler ! Comprimer est le premier moyen à la portée de quiconque est le plus fort ; c'est la force ! Isoler et diviser est le second moyen plus habile et plus sûr ; c'est la politique ! Louis XI et Catherine de Médicis l'exprimaient ainsi : diviser pour régner.

User de ces deux moyens, alternativement ou ensemble, compose le secret de ceux qui veulent être maîtres, et rester maîtres.

C'est par eux que dans l'antiquité l'État fut maître et la société assujettie ; c'est par eux que le petit nombre fut *maître*, et le grand nombre *esclave*.

J'ai montré, chapitre 5 de ce livre, la tyrannie permanente de l'Etat ancien ; j'ai montré en même temps les nations isolées à l'extérieur, et à l'intérieur les classes isolées ou séparées les unes des autres; j'ai encore à remarquer d'une manière spéciale l'application du système entre le *maître* et l'*esclave*.

Comment le pouvoir du maître était-il établi et maintenu? Par le droit hostile, ai-je dit; par une tyrannie monstrueuse qui avait bien des moyens à sa disposition; et, parmi ces moyens, l'*isolement*, la *séparation* des esclaves. Toutes les lois cherchaient à isoler l'esclave, à empêcher la formation de la famille, la continuation de la famille, l'association des esclaves, l'entente, l'accord ent e esclaves. — Il est clair que, du moment où ils auraient pu s'entendre, les maîtres auraient été perdus.

Spartacus était parvenu à se concerter avec ses compagnons. La *guerre servile* fut une des plus dangereuses que Rome ait soutenue; car elle était dans son sein: c'était une guerre sociale. « Elle naquit, » dit Montesquieu, « lors » que les maîtres eurent perdu pour leurs esclaves tout » sentiment d'humanité. » Qu'en conclure? c'est qu'il fallait adoucir le joug! impossible avec le maintien de la société ancienne et de l'esclavage; il n'était pas donné au système des institutions antiques de pouvoir se modérer et d'affaiblir ainsi la force de la compression. — Il fallut aggraver le joug : on avait cessé d'être humain, on devint cruel et atroce, et c'était nécessaire! — Les sénatus-consultes se multiplièrent, chacun redoublant de rigueur. Par les précautions de toutes sortes prises contre les esclaves, par les cellules où ils étaient renfermés de nuit, par les délations entre eux, par la mort en masse qui frappait même les innocents, si quelques-uns s'étaient entendus pour un acte que punissait la loi; en un mot, par la terreur continue de la part des oppresseurs, et par l'isolement des opprimés, un dixième de la société païenne put se maintenir à l'abri de la force physique des neuf autres dixièmes.

Il n'y avait qu'un moyen, qu'un seul, dans les sociétés païennes pour résister à la plainte ; c'était de l'étouffer.

Le christianisme a remplacé la compression et l'isolement par l'union. Or, de l'esprit d'union sont résultés toutes les conquêtes et tous les progrès de la liberté et de l'égalité modernes. Le christianisme porta tous les faibles à s'unir pour se défendre contre les forts, non pas en formant des associations hostiles les unes aux autres, mais des associations protectrices qui prévinssent l'hostilité, en empêchant l'oppression. Cet esprit d'association remplaça l'esprit de séparation de l'antiquité, et ne laissa pas les *petits* de la société à la merci des *grands*. — Ces deux mots avaient remplacé les deux catégories anciennes, *maîtres* et *esclaves*.

La liberté communale, association ! — Les libertés et les priviléges obtenus par les différents corps d'état, association! — Les ouvriers, les serfs mêmes purent s'entendre sur leurs intérêts et se réunir pour les faire valoir, se protéger et s'entr'aider eux-mêmes. Les associations, les corporations se multiplièrent à la ville, les communautés agricoles dans les campagnes. — On n'a pas étudié profondément toutes ces institutions inspirées par l'esprit chrétien ; elles étaient le moyen d'être libres et de vivre, par la protection mutuelle, entre soi et vis-à-vis des autres.

Le XVIIIe siècle ne daignait pas examiner ces institutions ; elles n'étaient pas dans l'antiquité, dès lors elles ne pouvaient à ses yeux être que méprisables ; et, en effet, il n'était pas en état de les comprendre. — Avec le temps, et surtout par les excès de l'autorité royale, qui avait dénaturé ces institutions protectrices en priviléges particuliers qu'exploitait le fisc, de nombreux abus s'étaient introduits, qu'il fallait réformer ; on trouva plus simple de détruire les institutions mêmes, de restaurer, sous le nom de liberté, l'*isolement*, l'*esprit de séparation* antique, bien plus, de proscrire même toute pensée d'*union*.

« L'anéantissement de toutes espèces de corporations » de citoyens du même état ou profession étant une des » bases fondamentales de la Constitution française, il est » défendu de les rétablir sous quelque prétexte que ce » soit.

» Les citoyens d'un même état ou profession, les entre- » preneurs, ceux qui ont une boutique ouverte, les ou- » vriers ou compagnons d'un art quelconque ne pourront, » lorsqu'ils se trouveront ensemble, se nommer ni pré- » sident, ni secrétaire, ni syndic, ni tenir des registres, » prendre des délibérations et faire des réglements sur » leurs prétendus intérêts communs. » (*Décret de la Constituante.*)

Voilà donc, entre autres, un de ces principes qu'on appelle les *principes sacrés de* 1789 ! Et quel est-il ? c'est la négation qu'il puisse y avoir entre les citoyens d'un même état, d'une même profession, des *intérêts communs*, et l'interdiction de s'entendre ! « La Constituante érigea en sys- » tème l'isolement des individus dans le travail. C'est une » des plus grandes erreurs qu'elle ait commisse. » (Michel Chevalier, *Journal des Débats*, 3 mai.)

Or, qu'est-il advenu? — C'est que l'ouvrier isolé s'est trouvé bientôt en face du patron et du maître, et que des intérêts divers étant en présence, il n'y avait plus union, il y avait au contraire désunion, et d'un côté la force de l'intelligence, de la fortune, de la position sociale; de l'autre la force du nombre ! — Le danger est évident;

aussi à quoi s'est-on appliqué ? — A maintenir l'isolement des individus, à empêcher les grèves, les coalitions, l'accord, l'entente entre les ouvriers, entre les masses populaires. — N'y a-t-il dans ces prescriptions, et en particulier dans ces interdictions de coalitions qu'on a toujours sévèrement réprimées entre ouvriers; n'y a-t-il que l'intérêt industriel des maîtres? — Non ! cet intérêt a sa part; mais, en outre et surtout, la société a senti qu'elle était constamment menacée d'un grand péril, et elle y a veillé, elle y veillait par tous les moyens matériels de répression ! Augmenter de jour en jour le nombre des gendarmes, accroître de tous côtés le nombre des prisons et les agrandir, n'être préoccupé que de systèmes pénitentiaires; emprisonner la mendicité dans des dépôts, c'est-à-dire en être venu à ce point d'être importuné par la plainte, et de vouloir, comme aux temps païens, ne plus même l'entendre; bâtir des forteresses moins contre l'ennemi, que comme garanties à l'intérieur, partout où il y avait des rassemblements de classes ouvrières, Paris et Lyon, par exemple; sentir de jour en jour la nécessité d'augmenter l'armée pour contenir les tentatives de troubles : suivez depuis trente ans cette progression de mesures, ce déploiement de forces, qu'y voyez-vous ? sinon les symptômes manifestes d'une société en garde contre elle-même, et qui n'a jamais assez de précautions contre les dangers recélés dans son sein ? — Cependant, malgré les précautions, les lois, les gendarmes, les prisons, les forteresses, le péril est venu; car le nombre croissait toujours, la *séparation* allait toujours se traçant de plus en plus; et voilà qu'un jour, après de sourdes rumeurs qui grondaient dans notre société, on a vu l'esprit d'hostilité sortir des cœurs pour diviser l'ordre social actuel en classes ennemies, puis se produire au dehors, faire explosion; enfin le sang s'est répandu dans une guerre, « non pas une guerre civile, mais une guerre sociale. » (Général CAVAIGNAC.)

Sommes-nous donc aux temps antiques? — En vérité, on s'effraierait d'approfondir la situation, si elle ne s'était pas malheureusement illuminée aux sinistres clartés du combat. On se dit de tous les côtés, on dit nettement : Il y a deux partis, il n'y a que deux partis : l'ordre et le désordre, ceux qui possèdent et ceux qui ne possèdent pas. — Eh bien ! que faire? Mais cette distinction, cette séparation n'est-elle pas aujourd'hui ce qu'elle a toujours été, chaque fois qu'une telle distinction s'est faite, c'est-à-dire le plus effroyable danger d'une société, la retraite du peuple sur le mont Aventin, la *guerre servile*, l'hostilité entre les ouvriers et les patrons, la grande séparation du monde ancien entre maîtres et esclaves? Que faire? — adoucir, ou réprimer? — Les sociétés antiques prirent ce dernier parti; elles ne pouvaient faire autrement, et, une fois entré dans cette voie, il faut la suivre jusqu'au bout; la compression demande de jour en jour une compression plus sévère : *Abyssus abyssum invocat.* Oh! oui, c'est un abîme qui se creuse toujours!

Adoucir! Les sociétés modernes seront poussées de ce côté par l'esprit chrétien qui est en elles. Mais adoucir, mais modérer la force de répression, quand la situation ne change pas, quand l'intérêt de la répression ne diminue pas, qu'il s'augmente, qu'il devient la loi impérieuse de la nécessité, du salut public? Il y a péril!

L'esprit d'hostilité devait naître du jour où il n'y aurait plus l'esprit de charité. Ne voyez-vous pas que l'*isolement* individuel est un moyen mauvais, un moyen d'arriver à la haine, et non pas un moyen de se secourir, de s'entendre, d'être libres et de vivre?

Le XVIIIe siècle a substitué l'isolement à l'association,

et par là il a créé l'hostilité; et en créant l'hostilité, il a produit la nécessité de la compression, qui conduirait, par des degrés rapides, jusqu'où ?... je l'ignore; mais qui nous a conduits déjà jusqu'à la guerre civile.

Or, la part de vérité qui se trouve dans les systèmes socialistes, et il n'y a point de systèmes qui n'ait une part de vérité, sans quoi ils n'auraient aucune vie (*veritas vita est*), c'est l'idée d'association.

« Le besoin de commune défense contre la misère, » contre le paupérisme, contre les bouleversements poli- » tiques, nous fait une loi d'entrer à pleines voiles dans les » idées d'association. — L'association est un des instincts » les plus forts de l'homme libre. — Toutes les fois que » des hommes vraiment libres ont été à travailler en- » semble, leur penchant a été de s'associer. Lorsque ce » penchant n'a pu suivre son cours, c'est que la liberté » était plus nominale que réelle.

» Les lois qui combattaient l'association doivent être » remplacées par d'autres qui la favorisent. »

Je cite ces phrases de M. Michel Chevalier, car il n'est pas socialiste, et ses lettres sur le travail ont été faites pour combattre le socialisme.

Le socialisme s'est donc couvert de ce drapeau, l'idée d'association. Il a attaqué l'esprit d'*hostilité*, d'*isolement*, de *concurrence*. La concurrence, en effet, est un mot imprégné d'hostilité; il ne faudrait que l'*émulation*. Aussi M. Thiers, dans un discours remarquable (sept. 1848), a-t-il souvent substitué le mot Émulation au mot Concurrence, bien que ces deux mots ne soient pas synonymes. — Il y a désunion dans la concurrence. L'émulation peut être vive dans l'union. — Ce qu'on reproche au système, ses désastres, ses ruines, tient à la concurrence; ce qu'on admire, son expansion, son activité, tient à l'émulation.

L'un de ces mots rentre dans le système païen d'isolement et de guerre ; l'autre, dans le système chrétien d'union et de progrès.

En 89, on a détruit tout le système d'association, il ne fallait que le réformer : aujourd'hui les socialistes détruiraient tout le système de la concurrence, il ne faudrait que le réformer.

Ils ont été frappés des excès de la concurrence, et ramenés par là à l'idée d'association ; mais partant de Rousseau et du système philosophique, ils la dénaturent.

L'association chrétienne est un moyen de liberté ; le socialisme en fait un moyen de tyrannie.

L'association philosophique depuis Rousseau jusqu'à Louis Blanc et autres, est le Contrat social, l'*aliénation sans réserve*, l'absorption entière de l'individu dans le tout.

L'association, d'après l'idée chrétienne, est libre, volontaire, multiple, et conserve toujours l'individualité dans l'ensemble. L'association n'est pas une chaîne de forçats qu'un garde-chiourme dirige par le bâton et la menace ; c'est la réunion d'hommes égaux et libres.

Aussi depuis dix-huit cents ans, depuis qu'il y a un christianisme, l'esprit d'association a multiplié de tous côtés ses formules ; il les a appropriées à chaque état social, il en a fait constamment la base d'une liberté. L'idée de liberté et d'association se répondent de telle sorte que la liberté n'existe qu'au moyen de l'association !

L'association proscrite en 89, Dieu merci, n'a pu l'être entièrement. — Crèches, salles d'asile, caisses d'épargne et de secours, associations de bienfaisance : la loi de charité s'est traduite à notre époque en effets admirables, et a contre-balancé en partie la désastreuse inimitié que la loi d'isolement avait fait naître.

Nous ne serons donc pas amenés, comme les sociétés païennes, à ne nous sauvegarder que par la compression; — mais il est nécessaire que l'esprit d'union remplace cet effrayant esprit d'hostilité qui partagerait la société en deux camps, — et c'est pourquoi le jour où cette hostilité était arrivée à son paroxisme, *une guerre sociale*, le système chrétien devait produire un symbole irrécusable d'union. Il fallait que la mission du christianisme fût proclamée au milieu des combattants, acceptée, et signée avec le sang, cette signature qui ne peut se révoquer en doute; il fallait qu'on vît l'Archevêque de Paris, le Pasteur, apparaître et mourir (1).

La désunion, voilà la plaie béante de la société actuelle que la compression peut empêcher de se répandre en flots de sang, mais qu'elle ne peut fermer ?

Et d'où vient-elle? — Elle vient du système philosophique, du système de l'Etat.

Avec l'Etat formé d'après les idées antiques, les conséquences ont dû se retrouver. Toutes les fois que l'Etat voudra être maître et rester maître, que cet Etat s'appelle Richelieu, Louis XI, Empire romain ou républiques anciennes, il n'y aura toujours que les deux moyens indiqués en commençant ce chapitre : comprimer et diviser !

Le système de l'Etat poussé jusqu'à l'*unitarisme* païen, ne pouvait manquer d'employer ces moyens. Il a comprimé jusqu'à la terreur ; il a divisé jusqu'à tout désunir.

Les corporations unissaient les ouvriers aux patrons, les communes unissaient leurs habitants, les provinces unissaient les localités ; toutes les associations individuelles et territoriales étant des forces de résistance, ont été

(1) O tardi corde, nonne hæc *oportuit*. (*Evangile* S. Luc, ch. 6.)

brisées, afin d'établir sur le fractionnement universel la puissance de la centralisation.

La centralisation! ce mot combine à la fois les deux moyens d'être maître et de rester maître : la force irrésistible de compression, et l'annulation de toutes les résistances isolées et divisées.

L'antiquité appliqua aussi bien le système de l'Etat, mais elle n'eut pas un mot si bien trouvé.

Par la centralisation, l'Etat est bien maître; seulement, tandis que l'Etat l'emporte sur toutes les résistances, lui-même est emporté *par un coup de main* (Louis Blanc). Il appartient à une surprise, à une audace, à une bonne chance; et qui le saisit, saisit en même temps tout le reste.

Centraliser l'administration, centraliser l'éducation, centraliser le travail, plus on centralisera de choses, plus l'Etat sera maître; plus il sera sur le modèle de l'Etat ancien, plus il appartiendra au hasard.

L'univers fut centralisé dans Rome, quelques soldats, ou quelques esclaves du palais le donnaient au premier venu.

Lorsqu'on cessera d'après les idées païennes de créer dans l'Etat un maître; lorsque l'Etat moderne ne sera plus considéré qu'à son vrai point de vue, comme l'expression de l'association générale et le représentant de la société, il n'aura plus à comprimer ni à diviser, il n'aura plus à centraliser, il aura à *unir*.

Unir la famille à la commune et les communes entre elles, unir les cantons au département et les départements entre eux, unir les ouvriers aux maîtres, au lieu de ligues clandestines et fatales, unir pour empêcher les coalitions, unir pour protéger et secourir au lieu de séparer pour maintenir, unir les gardes nationales entre elles, au lieu de ne songer qu'à leur discipline militaire (1) ; aggréger au lieu d'absorber ; unir toutes les classes comme membres d'une même famille, comme frères dans cette grande famille qui est la nation, au lieu de les diviser par des dénominations d'aristocratie et de démocratie empruntées encore aux haines antiques ; unir les intérêts et les hommes au lieu de les faire ennemis : voilà le travail de l'association salutaire. Chose curieuse ! tandis que de toutes parts on a proscrit et méconnu l'association, on ne réservait le droit de *réunion* que pour les clubs, c'est-à-dire le droit de s'assembler, pour s'injurier et se désunir.

On a dissimulé, sous l'idée de puissance nationale, tout ce que l'unitarisme et la centralisation renferment d'arbitraire et de violence. Ce ne sont pas là les vrais principes de la puissance nationale. Car la force nationale ne peut consister dans la compression et la désunion, deux choses mauvaises qui, après avoir concouru au même but, finissent elles-mêmes par entrer en lutte.

Nous voyons aujourd'hui la compression employée tout entière pour empêcher les funestes effets de la désunion.

L'union est le principe de la puissance nationale et de la liberté. *L'union fait la force.* La centralisation, c'est la désunion dans l'absolutisme. Au bout de l'absolutisme, la servitude ; au bout de la désunion, la guerre sociale.

La centralisation, c'est la force entière au centre, et dominant tout alentour.

(1) Les réunions de gardes nationaux qui ont eu lieu depuis quelque temps, à Lille, au Havre, à Dunkerque, à Bourges, etc., montrent que le sentiment public a compris l'utilité, la nécessité de s'associer et de s'entendre. Que les lois suivent donc le courant de l'opinion générale ! Qu'elles répondent donc à l'instinct des masses, plus profond souvent que l'habileté des législateurs.

L'association c'est la force partout, et s'unissant au centre.

Isolement, unitarisme, centralisation : système philosophique païen et constituant.

Union, association : système historique, chrétien et représentatif.

CHAPITRE XVII.

Constitution de 1848.

Qu'ai-je à dire de la Constitution de 1848 ?

Tout mon livre conteste les Constitutions dans leurs principes et leurs conséquences, dans leur passé et leur avenir; — je n'ai point à m'arrêter aux détails. — Je n'ai à considérer que l'ensemble : le système.

L'idée de Constitution dominant les esprits avait encore à se produire, et à fournir une nouvelle et dernière expérience. Le système philosophique avait encore à nous donner une formule. Sera-ce la dernière? Je ne sais! Sera-t-elle définitive ?

M. Marrast se pose à ce sujet la même question que M. de Rémusat : — « Les peuples seraient-ils condamnés » à ces secousses violentes et périodiques qu'on nomme » des révolutions? » — Il répond : Non ! — « Le moyen » de les éviter est, à notre avis, d'organiser les institutions » de manière que toute idée juste, toute application utile, » puisse s'y encadrer sans effort; que le mouvement des » esprits et des faits se régularise en s'appliquant, que » toute amélioration puisse passer de la conviction d'un

» seul dans l'opinion du plus grand nombre, et de l'opi-
» nion, dans les lois! Que faut-il pour cela? »

Point de Constitution! (Em. DE GIRARDIN). Car des institutions organisées avec cette souplesse que dépeint M. Marrast, c'est justement la Constitution historique, que j'ai montrée au chapitre premier de ce livre; c'est l'opinion publique se traduisant successivement dans les lois; c'est tout le contraire du système philosophique qui prétend instituer les peuples. — C'est le système mobile au lieu du système fixe, la loi perpétuellement révocable et changeable, au lieu de l'institution qui s'impose aux générations et aux assemblées futures; c'est un code administratif et politique, qui se donne comme l'expression des idées et des intérêts du temps, sauf à subir les modifications que le temps futur apportera, et sans imaginer d'en réglementer la limite et la forme; c'est la loi du progrès au lieu de la loi stationnaire, la loi simple au lieu de la loi vaniteuse, la loi qui reconnaît la souveraineté de la nation au lieu de la loi qui, sortie de cette souveraineté, veut en confisquer une partie, en un mot ce sont des lois et non une Constitution : voilà la réponse !

M. Marrast en donne une autre : que faut-il ?— « Adop-
» ter une forme de gouvernement flexible, où le senti-
» ment public trouve toujours son expression sincère, et
» dont le moule soit rebelle à l'ambition ou à la violence
» des minorités : — voilà ce que réalise le Gouvernement
» républicain à l'aide du suffrage universel. »

M. Marrast était sur la question de *Constitution*, et il nous transporte sur la question de gouvernement; il était dans une question de fond, et il en sort par une question de forme. La forme républicaine peut être telle qu'il la dépeint; mais si avec une forme républicaine il y avait une Constitution fixe despotique, *immuable*, *éternelle*, comme dit M. Ledru-Rollin, une *institution sociale*, comme le veulent les constituants à idées complètes, *une république-religion*, comme l'entend M. Pierre Leroux, — une Constitution faite pour façonner le peuple; — cela est très possible, car il en était ainsi dans toutes les républiques anciennes, et il en a été ainsi dans la première République que nous avons eue; dans ce cas, « toute idée » juste et toute application utile ne s'encadreraient pas » sans effort dans la Constitution; la Constitution ne se » prêterait pas avec facilité au mouvement des esprits.— Ce n'est donc pas seulement dans la forme républicaine qu'il faut chercher la flexibilité, d'autant qu'on a vu des républiques fort inflexibles, témoins Rome et Sparte, pour ne citer que d'antiques exemples.— C'est donc avec l'idée de Constitution qu'il s'agit de faire concorder la loi de progrès, c'est-à-dire le système historique et chrétien avec le système philosophique et païen.

Telle est la tentative que semble s'être proposée la Constitution actuelle; tel est, à vrai dire, l'esprit de cette Constitution. Le mélange et la présence des deux systèmes s'y font perpétuellement sentir.

Je l'ai déjà indiqué en plusieurs passages, et sans recourir à une démonstration bien longue, on comprendra facilement qu'il en doit être ainsi. Le système philosophique, en 1789, a été le résultat et l'expression de la philosophie du XVIIIe siècle. La métaphysique, le rationalisme, les théories primordiales, l'adoration de l'antiquité, le dénigrement des temps modernes et l'inexpérience du présent, se donnèrent rendez-vous sur l'idée antique, primordiale, métaphysique et théorique de *Constitution*.

Arrivés à la moitié de notre siècle, nous pouvons déjà apprécier l'ensemble de ses travaux et de son caractère. Notre époque est historique; elle a scruté les faits qu'effleurait le dernier siècle; elle a étudié les siècles avant de les travestir et d'en rire; elle a découvert, pour ainsi dire, le monde moderne qui avait disparu sous les couches classiques de l'antiquité; elle s'est mise à nous parler de nous et de notre passé, et à nous apprendre que nous n'étions pas tout à fait si *petits* ni si *méprisables* que le dernier siècle avait bien voulu le croire et le dire; elle a même été jusqu'à nous montrer, dans nos annales à nous, des institutions qui n'étaient pas absolument *ineptes*, bien qu'elles fussent nées souvent de la foule, du cœur et des entrailles d'une époque, sans qu'on les trouvât auparavant dictées par quelque savant philosophe; elle nous a montré que nous n'avions pas à rougir de nos pères, qu'il y avait eu des bourgeois dans les ténèbres du moyen âge valant bien les citoyens des illustres bourgades de la Grèce; que dans notre passé il y avait de grands hommes, et même de très-grandes choses : en un mot, notre siècle a refait bon nombre d'idées antihistoriques du dernier siècle, et les a remplacées par d'admirables et de vraies études historiques, aliments solides de la science politique, leçons profondes, jointes d'ailleurs à la pratique habituelle et à l'expérience des affaires.

Comment donc en serions-nous encore au système philosophique? comment l'empreinte de notre époque historique ne se ferait-elle pas sentir fortement dans le travail de la Constitution?

Le comité de Constitution avait fait un préambule intitulé : *Déclarations des devoirs et des droits*. Ce titre était déjà bien différent de la *déclaration de* 91, *des droits naturels de l'homme et du citoyen*. 91 ne parlait que des *droits*; c'est l'époque occupée seulement à conquérir. — 95 avait parlé des *droits et des devoirs*; le moment était venu de contenir les droits qui avaient été obtenus. —

1848 disait *les devoirs et les droits*, c'est l'idée de l'ordre avant tout. Cependant cette déclaration a paru encore trop philosophique ; et, en effet, elle consistait surtout en des définitions vagues, périlleuses, incomplètes, de devoirs et de droits, qui sont la thèse éternelle de la philosophie. On a supprimé la déclaration.

Or, ces déclarations avaient été, en 91 et depuis, des Constitutions pour l'humanité, distinctes de la Constitution française qui les suivait. 1848 a donc supprimé déjà l'idée de Constitution *humanitaire,* pour se borner à l'idée de Constitution *française :* le premier pas est fait.

Il n'y a plus de déclaration à l'adresse de l'humanité et de l'homme ; il n'y a plus qu'un préambule à la Constitution nationale. On a proposé une quinzaine de préambules différents, on a proposé de le supprimer ; cela a tenu à peu de chose.

Mais, par cela même que cela eût pu être, le préambule n'était donc pas indispensable ? — Oui et non, suivant les systèmes.

M. Coquerel a dit : Sans préambule, la Constitution ne serait plus qu'une loi. — D'après M. de Lamartine, c'était une question de vie ou de mort pour la Constitution !

Le système historique prend ses bases dans les faits nationaux. Les trouvant tout établis, il n'aurait pas à les indiquer d'avance : il les déclarerait en les développant ; il n'y a là ni préambule, ni Constitution : il y aurait des lois.

Le système philosophique, au contraire, a ses bases en des principes généraux puisés dans l'étude et la théorie *de l'homme.* C'est l'esprit humain qui construit ; il faut bien qu'il se pose à lui-même ses assises. Est-ce que tout système n'a pas ses prolégomènes indispensables ? toute science ses axiomes ? sans quoi elle ne pourrait pas être.

On ne saurait, dans le système philosophique, ôter son préambule à une Constitution.

Les systèmes historique et philosophique étaient donc en lutte. Le préambule effacé eût été un second coup mortel porté au système philosophique. Toutefois, en ôtant le préambule, on n'eût enlevé que l'enseigne; le système fût encore resté; car il est répandu dans tout l'ensemble du projet, et tant que l'idée de Constitution subsiste, il est toujours debout; mais le système historique l'attaque, l'amoindrit, le décolore, l'annule.

Il n'y a plus l'enthousiasme de 89, qui était aveugle, mais qui était de l'enthousiasme! Il n'y a plus ces ambitions de constituer l'homme et l'univers, qui étaient insensées, mais qui étaient ardentes. On sent que toutes les convictions du système sont tombées! Le système historique mutile de tous côtés son adversaire. Une réunion de représentants a écrit : « Nous ne croyons plus à l'efficacité » des Constitutions; nous en avons trop brisé pour cela. » — M. Ledru-Rollin, le même qui parle de Constitutions *immuables, éternelles,* a dit : « Nous avons dans nos li- » vres des Constitutions de quoi défrayer tous les peu- » ples! »— et cette réunion de représentants, et M. Ledru-Rollin, dans les mêmes pages et dans le même discours, réclament fortement des *institutions sociales!* Quoi donc! *Institution* ou *Constitution*, est-ce que ce n'est pas la même idée? Si les Constitutions ne paraissent plus vous suffire, ce n'est pas le mot qui vous fait défaut, c'est l'idée; l'idée philosophique, l'idée instituante ou constituante qui fléchit, et se débat contre les attaques et les étreintes de l'histoire.

Le système historique envahit le système philosophique, chose très-bonne en elle-même; mais de là un tiraillement entre deux forces équivalentes! La Constitution n'appartient ni à l'une ni à l'autre : elle unit deux choses incompatibles, l'idée de Constitution, et l'idée de progrès! l'idée d'institution fondamentale, et l'idée d'un mouvement social qui entraîne toutes les nations et ne permet à personne de leur dire : Voilà votre règle et votre limite. — Elle n'ose plus être une Constitution, et elle ne sait pas se résoudre à n'être qu'une loi; elle n'est et ne peut être qu'une transition qui renonce au passé, et que déjà l'avenir renonce.

D'autres pourront penser qu'elle est une conciliation heureuse, une combinaison de sagesse pratique. Nous verrons où conduira cette épreuve.

Voyons d'une autre part ses conséquences actuelles.

« La Constitution va poser les principes, » a dit M. Marie ; « ces principes doivent être développés dans les lois » organiques. Ces lois organiques doivent être faites par le » pouvoir qui aura posé les principes. »

Ainsi il y a d'abord un préambule qui pose les principes de la Constitution, puis la Constitution qui pose les principes des lois organiques, puis les lois organiques qui régleront les divers objets, d'une manière complète.

Et remarquez qu'en attendant la Constitution, l'Assemblée nationale a fait un assez grand nombre de lois provisoires, qui auront à être remplacées par la Constitution et par les lois organiques.

Eh bien! si au lieu de lois provisoires, de préambule, de Constitution, et enfin de lois organiques, on s'en fût tenu de suite et tout bonnement à l'idée de lois organiques, et qu'on se fût mis à l'œuvre, que vous en semble? — Prenez tous les chapitres de la Constitution? est-ce qu'ils ne répondent pas chacun à une ou plusieurs lois organiques qui viendront refaire les chapitres, les compléter, les augmenter et les expliquer? On trace des cadres pour avoir ensuite à les tracer de nouveau et à les remplir. — Double et triple emploi qui a eu pour le pays, et je suppose pour l'Assemblée, le grand inconvénient du provisoire et des longueurs, et ce n'est pas le seul.

On veut poser les principes, mais qu'arrive-t-il? c'est que toutes les fois qu'un principe difficile et sujet à discussion se présente, on renvoie, pour l'approfondir et le décider, aux lois organiques; c'est-à-dire que la Constitution, au lieu de poser les principes, se garde autant qu'elle peut de les préciser; et le comité de Constitution a insisté sur les motifs de prudence qui engageaient à tenir cette route. Il faut éviter des principes trop tranchés qui ne permettraient aucune latitude aux lois postérieures, des dispositions dont l'application pourrait entraîner des conséquences fâcheuses.

Non-seulement, en effet, cela peut être prudent à l'égard des lois organiques qui, enchaînées d'avance par certains principes, pourraient en reconnaître l'erreur, l'exagération, dans une discussion plus détaillée où se dérouleront les conséquences; mais, en outre, dès qu'on songe à la nécessité d'être flexible et de se prêter au mouvement des temps et des esprits, et qu'en même temps on veut une Constitution, il faudrait, pour bien faire, que cette Constitution fût conçue de telle sorte qu'elle ne décidât rien, et pût se plier à toutes les interprétations et à toutes les circonstances. Sa nullité, le vague et l'incertain de ses idées, l'élasticité de ses termes, deviendraient alors son habileté la plus grande.

Nous voilà bien loin de ces Constitutions d'airain et de fer qui scellaient à une muraille de granit les nations anciennes. Voici une Constitution que l'on cherche à pétrir de cire.

Le système historique y oblige. La loi du progrès, et

les générations qui se succèdent, et l'opinion qui se modifie (Rapport), demandent impérieusement que la Constitution soit un roseau pour ne pas rompre.

Ainsi, nous arrivons toujours à deux points, ou l'immutabilité, la tyrannie, l'esclavage, le monde païen, — ou le progrès, la flexibilité, la liberté, le monde chrétien.

Mais alors pourquoi rester à ce mot de Constitution qu'à chaque pas on dépouille de son idée? Pourquoi ce quadruple travail de lois provisoires, de préambule, de Constitution et de lois organiques?

C'est qu'un système ne tombe pas entièrement, avant de faire de derniers et suprêmes efforts pour vivre.

Le système philosophique, en maintenant le mot de Constitution, triomphe encore; et tous ceux qui veulent instituer ou constituer s'y cramponnent; car tant qu'il reste, il leur reste l'espérance.

Ce n'est pas, d'ailleurs, le mot seul qui triomphe; en maints endroits les principes instituants se maintiennent (1).

(1) Je prends un exemple, et il y en a plus d'un.

Au dernier chapitre, la Constitution *maintient* les codes en déclarant qu'ils restent en vigueur.

L'art. 70 de la Charte de 1830 déclarait, au contraire, *toutes lois abrogées en ce qu'elles avaient de contraire à la Charte.*

Ces deux rédactions répondent à deux points de vue. — Ou les lois antérieures sont *virtuellement* abrogées, et alors il faut les déclarer en vigueur pour les consacrer de nouveau et les faire revivre. C'est ce que faisait la Charte de 1814, art. 69, à l'égard des codes. Car la Restauration voulait dire, que sans son approbation les lois impériales étaient comme non avenues.

Ou bien les lois antérieures sont regardées comme *virtuellement* existantes, et alors il suffit d'exprimer comment et en quoi on y déroge. — (Art. 70, Charte 1830.)

Dans le premier cas la vie et la force ne sont conservées que par la Constitution. — Système philosophique.

Les esprits qui leur sont le plus opposés glissent eux-mêmes à chaque pas sur cette pente. Le système philosophique perd du terrain; mais enfin il est maître, tant que subsiste le droit et le pouvoir non défini de constituer.

Et c'est ainsi que l'Assemblée nationale recommence cette entreprise tant de fois devenue vaine de constituer à nouveau un peuple ancien. Elle fait effort pour échapper aux principes dont elle réprouve les suites; mais elle y est ramenée; « sa supériorité d'esprit, » suivant une expression que j'ai déjà citée, « la sauve des erreurs de sa » logique; elle cherche, » comme le dit encore le même auteur, « à s'établir avec plus de raison que de consé- » quence scientifique dans ces régions du bon sens, vraie » patrie de l'esprit humain, qui y revient toujours après » avoir erré de toutes parts. » Mais le bon sens humain ne veut pas de contradiction entre les termes et la pensée, il ne veut pas de confusion dans la pensée elle-même. S'il repousse d'une part la *subversion*, il ne peut accepter de

Dans le second cas, la vie et la force précèdent la Constitution. — Système historique. — Faut-il donc maintenir les codes pour qu'ils continuent, d'exister?

Est-ce qu'au contraire il ne faudrait pas les déclarer abrogés pour qu'ils cessassent d'être? — En un mot, tout est-il maintenu de plein droit sauf dérogation?

Ou tout est-il abrogé de plein droit, sauf maintien formel?

Le projet de Constitution résout la question dans ce dernier sens. — Et l'on s'étonne qu'un socialiste ait pu dire : — *Tout est abrogé, puisque tout est projet!*

Il le disait explicitement, vous le dites implicitement!

Vous avez déclaré cette théorie *subversive*, et vous vous y conformez.

On pourra changer peut-être cette rédaction du dernier chapitre. — Elle n'en aura pas moins été acceptée par le comité de Constitution et par les bureaux. Tant il est vrai qu'avec un faux point de départ, il est difficile de ne pas faire fausse route.

l'autre l'*inconséquence ;* il ne peut prendre le socialisme pour base et le réprouver comme couronnement de l'édifice; marcher dans la même voie que lui, c'est grande difficulté pour atteindre un but tout autre.

CHAPITRE XVIII.

Révolution française.

Deux systèmes sont donc en présence au fond de tous nos mouvements politiques ; je les ai nommés, par leur véritable nom et sans détour, système païen, système chrétien.

Mais ce système païen s'est formé dans une époque et dans des âmes imbues de christianisme.

« C'est l'explication de cette contradiction apparente » de l'esprit du XVIIIe siècle, qui empruntait tout du christianisme en politique, et qui le reniait en le dépouillant. » (*Histoire des Girondins*, t. Ier.)

Or, cette recrudescence du paganisme dans le christianisme, devait amener d'inévitables catastrophes, et faire naître une de ces époques mémorables qui sont le combat du bien et du mal, époques durant lesquelles, cependant, l'homme et les nations se retrempent pour des choses grandes et nouvelles, et sont arrachées violemment à l'engourdissement, comme dans le songe de Jacob, afin de se livrer à de puissants efforts, et d'arriver à d'étonnants triomphes.

Ceux qui, dans la Révolution, s'efforçaient de renverser le christianisme, ne supposaient guère lui devoir leurs inspirations les plus fécondes. — Remarquez bien que je ne dis pas *toutes*, comme M. de Lamartine; et je n'en veux citer que quelques-unes : l'idée d'*égalité*, l'idée de *fraternité*, ces mots-là auraient bien étonné chez les anciens; l'idée d'*universalité* : cette idée était bien opposée à la *nationalité* antique. Loin de songer à répandre au dehors les idées et les lumières, c'était un crime national d'aller instruire des barbares. Les Romains auraient singulièrement accueilli le citoyen zélé pour l'humanité qui se fût avisé d'aller porter la civilisation au delà du Rhin et du Danube.

Même à l'intérieur de l'Empire, pourvu que les peuples fussent soumis, on ne leur demandait d'adopter ni les mêmes lois, ni les mêmes usages, ni les mêmes idées; bien au contraire! s'ils se fussent mis à imiter l'État-maître, le peuple-roi se fût trouvé fort blessé de voir les vaincus s'arroger sa physionomie nationale et souveraine, et les insolents eussent pu être rayés de la surface de la terre. L'idée de propagande est née avec le christianisme; elle est le cachet de l'esprit nouveau, esprit de lumière, de foi, et d'amour qui cherche à se répandre, à se communiquer et à s'unir.

Voilà les *principes sacrés* du christianisme qui animaient et dirigeaient même à leur insu les hommes de 1789. — Il y avait encore la tolérance, la philanthropie, l'humanité, la bienfaisance, qui, sous la livrée des mots philosophiques du XVIIIe siècle, n'en étaient pas moins des sentiments chrétiens, auxquels Térence avait bien pu faire une allusion fort souvent citée, mais qui était restée surtout au théâtre. En tout cas l'humanité des anciens ne prévalait pas contre l'inégalité; on pouvait absolument être humain pour son égal, on ne l'était pas pour son inférieur. Sans doute les hommes valaient mieux que leurs lois et leurs institutions; car, sans cela, il semble impossible que le monde païen eût duré ; mais, enfin, tous ces sentiments étaient çà et là seulement dans le domaine privé, il avait fallu le christianisme pour les faire tomber dans le domaine public.

Disons encore une chose principale : le système chrétien fournissait à la Révolution la loi du progrès ; non pas qu'on s'en rendît compte alors comme on fait aujourd'hui, mais la loi du progrès était dans toutes les pensées : elle était le but de la Révolution, l'air qu'on respire à pleins poumons, sans lui demander d'où il vient et sans l'analyser.

Passons au système païen. — Il a fourni à la Révolution ses parodies de l'antiquité, ses fêtes et ses ridicules, puis l'isolement de l'ouvrier, l'hostilité entre les classes, l'esprit de tyrannie, la centralisation, la religion civile, l'éducation par l'État, et, avant tout et comme base de toutes ces choses, l'idée de Constitution, d'institutions sociales.

D'après le système païen, la Révolution a détruit les *institutions ineptes* que n'avait pas dictées le génie : elle a demandé au génie des institutions nouvelles ; elle a regardé comme son devoir et son droit de refaire la société. Ç'a été là sa pensée fondamentale, le serment du Jeu de Paume, le programme du Tiers-État, par Mirabeau et Syeyès : *refaire la société par la Constitution.*

Le système païen a créé le socialisme, depuis celui qui consistait d'abord à refaire Dieu, la religion et l'homme, jusqu'à celui qui consisterait aujourd'hui à refaire le travail, l'industrie et la propriété ; depuis celui qui veut refaire le monde moral et divin, jusqu'à celui qui se contente du monde humain et matériel (1).

(1) Le communisme veut se rattacher au système chrétien ; mais

Le système païen a fait grandir démesurément l'idée de l'État ; il a attribué à l'État tous les droits que le système chrétien lui nie : direction des âmes, des esprits et des corps. La première entreprise a eu lieu en 1791 ; le christianisme ne l'a pas permis, et nos âmes sont libres.

La seconde entreprise dure depuis l'Empire : inférieure à la première en violence, elle a été plus tenace ; on se refusait à en voir les dangers et les conséquences.

Le plus célèbre soutien de l'éducation par l'État a déclaré hautement, depuis février dernier, qu'il avait voulu garder pour l'État de 1830 l'enseignement public, mais qu'il ne voulait pas l'abandonner à l'État après 1848, ne sachant pas ce que cet enseignement pourrait être. Ainsi l'éducation par l'État était bien, à ses yeux, la prétention de l'État d'élever les enfants en vue de l'État, de les façonner, de les former à l'esprit de la Constitution. — C'était le système païen, la *direction des esprits.*

De ce côté, le christianisme ne cessera pas la lutte qu'il n'ait, comme autrefois, ôté l'homme à l'État pour le rendre à lui-même. Il faut que nos esprits soient libres.

Reste la troisième entreprise, dont nous voyons les essais, et qui peuvent se développer encore. Le système chrétien aura à la combattre. Il faut que nos corps et que nos individualités restent libres !

La Révolution a donc été et est encore la lutte des deux systèmes. Ces systèmes, tout en se mêlant l'un l'autre, entrèrent en lice en 1789, et ce mélange et cette lutte sont l'histoire des soixante dernières années ; lutte mémorable, lutte de géants ! Les combats du XVIe siècle s'étaient

l'essence du système chrétien et historique, est qu'on ne refait pas *à priori* la société. (*V.* ch. 12.) Le communisme qui prétend la refaire, jusques et y compris l'Icarie, part du principe de *Constitution* comme tous les autres systèmes philosophiques.

livrés entre deux systèmes chrétiens, et entre les deux principes de l'autorité générale et de la liberté individuelle; mais les combats des XVIIIe et XIXe siècles ont été plus importants encore : — c'est le système chrétien et le système païen, l'esprit du passé et l'esprit de l'avenir, qui se sont pris corps à corps; c'est la lutte de deux mondes, le monde ancien et le monde nouveau : ne vous étonnez pas que l'univers ait tremblé et tremble sous le choc.

Au résumé, le système de l'antiquité était hostilité, immobilité, tyrannie, esclavage, Etat et Constitution.

Le système moderne est union, progrès, liberté, association, universalité et représentation.

De quel côté est la vérité? de quel côté est l'erreur?

Jusqu'où le premier système peut-il rétrograder? — Il rétrogradera difficilement au delà de l'Etat UN ET MAÎTRE, c'est-à-dire au delà de la servitude pour tous.

Jusqu'à quel but l'autre système peut-il atteindre? Comment le dirais-je, puisque son nom est le progrès indéfini; seulement il s'étendra difficilement au delà de cette idée, l'universalité religieuse, sociale et politique; c'est-à-dire, au delà de la liberté, de la paix, et de Dieu pour tous.

CHAPITRE XIX ET DERNIER.

Résumé et Conclusion.

Le système philosophique est né de l'antiquité, je l'ai appelé système païen; j'ai dit que le système historique était le système chrétien, l'inspiration des temps modernes. Qu'on me permette un coup d'œil général sur l'influence de l'antiquité, et sur la réaction du XIXe siècle contre l'esprit de l'antiquité ; ce sera le résumé et la conclusion de mon livre.

Quand l'antiquité, conservée en quelque sorte dans le Bas-Empire par une tradition plus vive et non interrompue, fut venue se réfugier en Italie, après la prise de Constantinople, et ranimer les souvenirs qui restaient encore dans l'Occident, elle exerça, en Italie surtout, une influence de forme. L'antiquité avait excellé dans la forme, tout le monde est d'accord sur ce point ; elle influa donc, en Italie, par son beau côté, mais elle ne pénétra pas au fond des idées ; loin de là, elle se consacra aux arts, à la religion. Dans la littérature, l'Italie avait eu ses beaux génies de l'époque du Dante. L'admiration de l'antiquité fut donc limitée de toutes parts par l'esprit chrétien.

Venue en France à la suite de nos guerres du XVIe siècle et de nos relations avec les peuples Italiques, c'est la France qui la répandit ensuite en Europe, et l'imposa quelque temps à l'Allemagne, qui n'avait pas encore Goethe et Schiller ; et à l'Angleterre, qui oublia un moment Shakespear. Mais, limitée au nord par l'esprit de nations essentiellement distinctes des races Grecques et Romaines, c'est en France seulement que l'admiration et l'influence de l'antiquité ont été sans limites, et devaient arriver à une résurrection pour ainsi dire complète du paganisme, en littérature, en philosophie, en politique, en religion, jusqu'à ce qu'elles eussent abouti dans toutes ces choses au principe même de l'antiquité, c'est-à-dire au despotisme et à l'esclavage.

Par cela que nous reconnaissons dans l'antiquité un culte approfondi de la forme, on conçoit l'imitation artistique et littéraire. Elle nous a réussi, a produit notre grand siècle, nous a valu une des plus notables dominations que nous ayons exercées sur l'Europe, celle de nos écrivains ; à Dieu ne plaise que je la dénigre ! Toutefois, on ne peut s'empêcher de remarquer que la littérature classique fut despote, qu'elle traçait des règles dont il n'était pas permis de s'écarter, qu'elle était une *Constitution littéraire* imposée à tous les citoyens de la république des lettres ; que l'idée de l'enfreindre était considérée comme un véritable attentat, et qu'à la fin, la compression de ces lois conduisait à l'*immobilité*, à l'état *stationnaire*, pesait sur tous les auteurs, et ôtait à l'esprit captif toute originalité, toute initiative. L'Allemagne et l'Angleterre n'avaient pas tardé à secouer ce servage ; en France on s'y soumit, mais sans le sentir, car ayant porté les lèvres à cette coupe si bien ciselée de l'antiquité, on s'était mis à y boire à longs traits la liqueur païenne, on était passé de la forme littéraire à l'idée philosophique.

Le XVIIIe siècle, se trouvant libre et même fort libre sur plusieurs points, ne remarqua pas qu'après tout il continuait à suivre et à copier l'esprit de l'antiquité.

Dans l'antiquité, les philosophes et les enseignements des philosophes ont joué un grand rôle ; on remarque la supériorité morale des philosophes sur les prêtres, de la philosophie sur la religion, de la raison sur la superstition.

Par un mot, les temps modernes se trouvèrent assimilés aux temps anciens. Littérateurs, poètes, romanciers, faiseurs de contes moraux ou immoraux, esprits légers et enjoués, ou pesants et graves, ceux qui pensaient et ceux qui ne pensaient pas, tous furent dits philosophes. On l'était à bon compte, et comme ce mot mettait en honneur, il fit fortune.

Dès lors, on se prit à vivre rétrospectivement dans l'antiquité. Ceux-ci représentaient les philosophes et la raison, ceux-là représentaient les prêtres et la superstition. On appliqua aux prêtres modernes tout ce qui avait été dit du sacerdoce païen ; la religion était, il est vrai, le christianisme au lieu d'être le paganisme ; mais on ne pouvait pas y regarder de si près.

Distinguer entre les prêtres du Christ et ceux de Jupiter, entre la religion païenne et la religion chrétienne, c'eût été distinguer aussi entre les philosophes anciens et les philosophes modernes, ôter à Voltaire sa descendance directe de Platon et Socrate, et à d'Alembert sa filiation d'Aristote ; c'eût été faire tomber toute cette fantasmagorie, qui, déplaçant les temps et les rôles, se transportait du XVIIIe siècle en pleine antiquité. Cette espèce d'illusion d'optique, et de comédie jouée dans les habits antiques, serait peut-être amusante, si elle n'eût pas été impie, et n'eût pas tourné au tragique.

La philosophie du XVIIIe siècle fut essentiellement despotique ; elle fit tout plier à ses systèmes. Histoire, religion, sentiments, les faits, les caractères, elle envisageait tout, d'après les règles qu'elle s'était faites, d'après le moule qu'elle avait tracé. Hors de ce moule philosophique, rien n'était bon. Quiconque dans les siècles avait pensé et agi autrement qu'on ne devait penser et agir d'après les philosophes, était condamné. On ne s'occupait pas à comprendre les époques et les hommes, mais à les juger ; on ne cherchait pas à s'initier à l'esprit des temps, à le suivre dans ses progrès, à l'expliquer dans sa marche, on forçait tous les temps et tous les évènements à comparaître devant l'esprit de la philosophie du XVIIIe siècle, et tout ce qui ne répondait pas convenablement à l'interrogatoire était rejeté dans les ténèbres extérieures du mépris et de l'oubli ! Ainsi furent jugés le monde moderne, et ses institutions, et ses annales. L'antiquité, au contraire, apparut glorieuse, car elle était jugée d'après l'esprit qu'elle-même avait inspiré : elle était, pour ainsi dire, à la fois juge et partie.

La philosophie du XVIIIe siècle ne fut point une recherche consciencieuse du vrai, se rendant compte des erreurs et de leurs causes, travaillant avec compassion à les redresser, et indulgente pour les hommes. Elle avait pris à l'antiquité le rire de Démocrite, elle ne s'appliquait pas à convaincre ses adversaires, mais à les écraser par le sarcasme et par l'injure.

Elle était impitoyable et inflexible pour qui avait la faiblesse de croire, fussent des cœurs blessés cherchant une consolation, et des malheureux un refuge ; elle desséchait l'âme pour l'éclairer : elle conduisait rapidement à la plus effrayante de toutes les immobilités, le néant ; et, en fin de compte, aboutissait à un double esclavage. Pour les gens éclairés, l'esclavage de l'hypocrisie officielle comme dans l'antiquité, car il fallait, disait-elle, respecter extérieurement la religion à cause de l'Etat et à cause du peuple ; et, pour le peuple, l'esclavage de la religion, qui était dite une superstition, mais nécessaire comme frein, et bonne pour l'ignorant vulgaire, toujours comme dans l'antiquité.

La sensation pour point de départ, le néant pour but, et une double dégradation de l'âme humaine par l'hypocrisie et l'ignorance, voilà ce que la résurrection de l'antiquité ramenait vis-à-vis de ce christianisme, qui avait voulu la liberté de l'âme, à l'encontre même du bourreau ; la foi sincère à la place de l'hypocrisie, la communauté de sentiments et d'idées entre tous les hommes, sans distinction des *gens éclairés* et du *vulgaire*, le frein de la religion, tout particulièrement pour les riches, l'amour pour les pauvres, et la vérité pour tous.

En religion, l'admiration de l'antiquité arriva jusqu'à la religion civile. La théorie moderne fut parfaitement calquée sur l'antiquité, sans oublier la sanction des dogmes de l'Etat, *la mort*, formulée sans le moindre attendrissement par l'âme tendre de Rousseau.

En politique on sait jusqu'où a été la recrudescence des idées antiques, le travestissement des Français en Catons et en Brutus, l'imitation insensée des Grecs et des Romains.

Après une gradation de trois siècles, l'admiration de l'antiquité ayant passé de la forme littéraire aux idées philosophiques, politiques et religieuses du paganisme, on était arrivé à la fin du XVIIIe siècle à l'oubli entier, à l'inintelligence et à la négation de toutes les idées chrétiennes! L'admiration était devenue une adoration, un délire; on avait quitté Dieu pour les idoles, le délire des idées se précipita en de sanglants ridicules, il y eut aberration, folie : le temps de réagir était venu.

Qui nous délivrera des Grecs et des Romains ?

Cette exclamation suffira à la gloire d'un poète; car elle était l'expression concise de l'idée générale, le cri d'affranchissement des idées modernes!

L'engouement païen avait commencé par la littérature, aliment des idées païennes. — C'est contre la littérature que l'esprit moderne s'est élevé d'abord.

Je dis l'esprit moderne, ou l'esprit chrétien; c'est même chose. Le monde n'est divisé qu'en deux époques: les temps anciens, les temps modernes. Les temps anciens sont les temps païens, les temps modernes sont les temps chrétiens. Le Christ a séparé les annales de l'univers en deux parts ; l'ancien et le moderne, le paganisme et le christianisme ; le christianisme a été l'ère des temps nouveaux.

J'ai montré l'esprit de l'antiquité, l'esprit païen renaissant et s'emparant peu à peu des temps modernes, surtout en France : l'esprit chrétien, l'esprit moderne est rentré en lice.

Les événements arrachèrent un jeune homme à cette atmosphère d'antiquité et de paganisme où tout était plongé. Il avait été nourri cependant des études antiques, et il en a gardé la bonne empreinte, la beauté de la forme; mais les idées chrétiennes, la famille chrétienne, un pays chrétien avaient entouré les berceaux de sa pensée : la mer infinie où il repose aujourd'hui, avait été sa contemplation première ; et, dans les forêts de l'Amérique, il avait retrouvé les sources primitives de l'inspiration : la nature et Dieu ; il ne pouvait plus trouver les anciens si admirables, ni si grands.

Quand le *Génie du Christianisme* parut, l'esprit du XVIIIe siècle put croire que c'était un chant mélancolique sur des ruines, des fleurs jetées sur une tombe. Non ! c'était le prélude de l'avenir, c'était le XIXe siècle qui se levait, c'était le génie de la vieille antiquité qui fléchissait devant le génie du christianisme toujours jeune, Jupiter et ses dieux qui se retrouvaient encore une fois chassés par le Christ, du Capitole, des sommités de la pensée humaine. Le monde ancien allait céder la place au monde moderne; et c'est pourquoi les images du nouveau monde convenaient à cette pensée qui ouvrait un monde nouveau ; car elles lui faisaient sentir que l'esprit humain n'avait pas dû aller du grand au petit, mais du petit au grand, et qu'il devait y avoir, entre l'antiquité et nous, la même différence qu'entre le maigre Illyssus, fleuve aimé de la civilisation antique dont il était le centre, et le puissant Meschacebé, ce père des fleuves vers lequel était en marche la civilisation moderne.

Dans ce même temps Napoléon relevait les autels. C'est ainsi qu'au moment où il semblait vaincu, le christianisme se redressa appuyé sur les deux plus grands génies de notre siècle. Napoléon réédifiait le temple, Châteaubriand réédifiait l'idée.

La philosophie ne tarda pas à prendre son rang dans l'essor nouveau de la pensée chrétienne. Depuis MM. de Maistre et de Bonald, elle a multiplié ses efforts et ses noms illustres.

Le travail religieux du christianisme n'est pas l'œuvre d'un jour, c'est son œuvre éternelle. On peut suivre ses progrès, et noter les ouvriers remarquables qu'a eus l'institution chrétienne.

L'esprit antique avait surtout défiguré l'histoire. Notre époque, je l'ai déjà montré, a été surtout historique, et à cet égard sa tâche n'est pas finie. — Le moyen âge, entre autres, avait été singulièrement flétri : la plupart de nos grands travaux historiques, en France, en Allemagne, en Angleterre, partout, se sont portés sur le moyen âge pour nous le faire connaître et dissiper les ténèbres répandues sur lui. — Hallam, Thierry, Guizot, de Barante, Capefigue, Michaud, Savigny, Voigt, Hurter, Ranke, Raumer, Sismondi, Lingard, et, vraiment! je fais injure à vingt noms que je ne cite pas et qui pourraient l'être ; autant d'historiens célèbres, autant d'ouvrages où le moyen âge apparait avec ses grandeurs, avec ses traits d'indépendance, de courage, d'énergie, et surtout avec son caractère puissant d'unité *morale*, de *civilisation européenne*.

C'est le monde moderne bien supérieur au monde ancien, car il est marqué à ce grand caractère que n'a pas connu le paganisme, — l'*universalité*.

L'histoire ne fournit donc plus de superficiels éléments au système philosophique et païen ; l'histoire a rassemblé les preuves de la loi du progrès dans le passé, et s'est mise tout entière au service du progrès futur.

Or, c'était par l'histoire qu'on avait attaqué le christianisme social : poussé par l'histoire, le système philosophique a été forcé de reconnaître les bienfaits sociaux du christianisme, ses influences en faveur de la liberté et de l'égalité, en faveur des femmes, des malheureux et des opprimés ; il rend grâces à ses services passés, mais il s'efforce encore de le remplacer dans sa mission, et se croit appelé à régler les progrès de l'avenir.

Ainsi l'esprit moderne a remplacé l'esprit ancien dans la littérature, dans la religion, dans l'histoire ; mais il combat encore, en philosophie, contre l'éclectisme et le panthéisme, ces deux dernières formes de la philosophie antique ; et en politique contre les systèmes imitateurs des institutions anciennes. — La philosophie et la politique se donnent la main dans le monde moderne, différent du monde ancien, où la philosophie était spéculative, et surveillée de près, sitôt qu'elle paraissait menacer les institutions. L'État était armé de sa plus grande rigueur contre les idées : car le despotisme qui est un *fait*, comprend toujours parfaitement que son plus grand ennemi est l'*idée*, qui est la liberté de penser et de juger.

Chez nous, au contraire, de la spéculation la philosophie va à l'action, elle s'enchaîne immédiatement à la politique, et la dirige. C'est pourquoi des idées politiques, des théories constituantes et sociales, se désignent sous le nom de système philosophique.

Philosophie et politique, voilà donc aujourd'hui le terrain où se concentre la lutte, le terrain social! — Encore l'esprit païen, à son apogée, déclarait-il le christianisme *antisocial, incompatible avec une société bien constituée*, tandis qu'aujourd'hui le christianisme, reconnu *progrès social* quant au passé, est seulement déclaré insuffisant pour les temps nouveaux, et inférieur aux combinaisons du socialisme moderne.

Eh bien! en politique et en socialisme, nous avons montré tout le système philosophique se résumant dans l'idée de *Constitution*, *d'Institution*, *immuables et éternelles ;* les Constitutions ont exigé, dans l'antiquité, l'*immobilité et l'esclavage*, et mis les âmes, les esprits et les corps dans la servitude de l'État. — Avec les Constitutions et nécessités par les Constitutions, nous avons montré la religion civile, l'éducation par l'État, l'institution de corps dominants, la concentration de tous les pouvoirs, la séparation des nations entre elles, l'esprit d'hostilité entre les différentes classes et les différents peuples, l'esclavage enfin du grand nombre par la terreur permanente, et le monopole du très-petit nombre accaparant tous les priviléges, même celui de la dignité d'homme.

De nos jours, nous avons vu l'idée de Constitution essayer ce que fit l'antiquité d'après cet axiome bien simple: Qui veut la fin veut les moyens!

Mais nous avons montré cette idée, incomplète dès l'origine, heurtant la souveraineté du génie, c'est-à-dire la souveraineté individuelle contre la souveraineté du peuple, c'est-à-dire la souveraineté générale; combattue en outre par l'idée d'égalité, par l'esprit d'expansion, par le sentiment de charité ou de fraternité; toutes idées et sentiments qui ne viennent point de l'antiquité. — Nous avons montré cette idée de Constitution attaquée de front et sans cesse par la loi du progrès, et ne marchant que de chute en chute, à travers toutes les impossibilités qui lui barrent le chemin, et l'avertissent que nous ne sommes plus aux temps des institutions païennes et des législateurs antiques.

Cependant, nous avons suivi ses prétentions constantes à l'*immutabilité*. Depuis 89 jusqu'à nous, ce n'est pas M. Ledru-Rollin seul qui a proclamé les Constitutions immuables : la Charte de 1814 se disait éternelle ; la Charte de 1830 se supposait implicitement la même éternité ; c'est le fond du système philosophique. — Toute institution sociale qui croirait être excellente (et quel est l'auteur d'une combinaison sociale qui ne la croit pas excellente !), toute institution sociale voudra s'éterniser, et même prendre date. Nous avons montré ces conséquences de l'idée, aboutissant aux tyrannies que nous avons déjà subies et que nous subirions encore ! Nous avons suivi cet esprit d'hostilité qui est né et a grandi entre les différentes classes, jusqu'à la guerre sociale ! Nous avons signalé ce règne de la force, obligée de jour en jour à augmenter ses prisons, ses gendarmes, ses forteresses, ses armées. L'état de siége n'est pas un accident. Ne paraît-il pas une garantie nécessaire de la sécurité publique? Cette sorte d'aspiration qui se remarque de tous côtés vers le pouvoir, vers un pouvoir un et fort, qu'est-ce autre chose que le sentiment de la situation? — L'état de siége n'est que la progression constante des mesures de répression devenues obligatoires dans une société dont une part a besoin de se défendre de l'autre ! Si le système païen, si l'esprit de l'antiquité n'a pas produit tous ses fruits de haine, d'immobilité et d'esclavage, c'est qu'il a rencontré sur sa route le système chrétien, l'esprit charitable, libéral et progressif des temps modernes. — J'ai donc attaqué le système philosophique, non pas dans ses dérivés et dans toutes les combinaisons sociales qu'il a pu faire éclore, mais dans son principe, le droit de faire une société ; dans son origine, l'antiquité; dans son esprit, l'esprit païen ; et dans son principal exposé, le *Contrat social* (1).

Je ne prends pas Rousseau à partie, seulement comme créateur individuel d'un système, je le prends comme l'homme en qui viennent se résumer dans toute leur force les idées d'un siècle et la marche de plusieurs. L'absorption des idées anciennes par le monde moderne a été le travail croissant de trois siècles, arrivé à sa plénitude dans l'âme de Rousseau. Il croyait aller en avant, il rétrogradait jusqu'à Lycurgue ; il croyait sa pensée large, elle était rétrécie comme l'enceinte de Sparte ; il parlait de l'homme, et il ne voyait que le citoyen ; il disait aux modernes de *grandir*, et il leur présentait les langes de l'antiquité que le christianisme n'avait plus trouvés à sa taille. On en a fait un novateur, il n'a été surtout que la dernière expression des idées de son temps, et de l'admiration antique. Il n'est point le commencement d'un mouvement intellectuel, il en a été le point extrême. Aussi, plus que tout autre, il a eu la beauté de la forme, le style, admirable tradition de l'antiquité, la seule qu'il eût fallu garder.

Depuis lors le monde des idées antiques, comme un globe qui éclate par l'excès de sa propre chaleur, a fait explosion, s'est brisé, et de tous côtés a volé en éclats. Les

(1) J'ai cité plusieurs principes du *Contrat social* qui ont passé dans notre vie politique ; car il en est du *Contrat social*, comme de la Révolution française ; — bien souvent c'est du christianisme pillé en le niant. — Mais c'est aussi beaucoup de paganisme : de là un mélange, et une lutte qui se trahit surtout dans les deux principes contradictoires de la *souveraineté* du peuple, et de la *plus-que souveraineté* du législateur.

sectes socialistes de nos jours n'en sont plus que les débris ignés.

Toutefois, c'est là encore que se maintient le système philosophique produit par les idées anciennes, et l'idée de Constitution est encore la citadelle où ce système demeure et se défend avec énergie.

La Constitution nouvelle, il est vrai, ne sera plus que l'ombre du système constituant, tyrannique, impossible, qui vise à façonner les peuples ; elle n'en garde, pour ainsi dire, qu'une chose, la prétention à être plus qu'une loi, la vanité ! — Elle fait comme toutes les grandeurs déchues qui renoncent à tout avant de renoncer à leur titre.

Mais en des choses si graves, la vanité n'est pas seulement une faiblesse et une faute, elle est un sérieux danger ; car le système historique et la loi du progrès ont beau pénétrer la Constitution, le principe constituant subsiste. s'il n'est entendu par vous que dans telle mesure, à côté de vous, au-dessous de vous et après vous, d'autres l'entendent ou l'entendront différemment, et quand tout aura été discuté et voté, et qu'il y aura une Constitution de 1848, comme il y a eu des Constitutions de 91, 93, 95, etc., les instituteurs sociaux qui ne trouveront pas l'œuvre bonne, se prépareront et attendront, en tâchant de hâter le moment, que le temps, le hasard ou la prochaine législature déconstituent ce qui aura été constitué cette année :

C'est-à-dire que le désir et la pensée fatale de renverser la Constitution prennent la place du désir légitime de modifier et de changer une loi ;

C'est-à-dire que la question devient une question de force et de turbulence, au lieu d'être une question de conviction et de majorité ;

C'est-à-dire qu'il y a un excès de pouvoir dont l'avenir appelle comme d'abus ;

C'est-à-dire que l'idée de Constitution appelle l'idée de Révolution (1).

L'Assemblée nationale a *réprouvé* les conséquences du socialisme ; elle en a gardé le principe.

Principe constituant, c'est le socialisme ; socialisme, c'est le système philosophique et païen.

L'Assemblée nationale a supprimé la déclaration des *devoirs et droits*, et renoncé, à plus forte raison, à celle des droits et devoirs ; mais elle fait une Constitution avec préambule : « Fidèle en cela aux traditions des grandes » Assemblées qui ont inauguré la Révolution française. » (Art. 12.)

De même que ce philosophe qui n'a trouvé rien de mieux pour ramener notre époque à la religion, que la réimpression de la profession de foi du vicaire savoyard ; l'Assemblée ne trouve rien de mieux à opposer au socialisme qu'une dixième édition du *Contrat social*.

L'Assemblée continue la Révolution, elle ne la finit pas.

Le jour où, fidèle aux grandes et bonnes traditions des Assemblées qui l'auront précédée, mais répudiant les traditions erronées et funestes, une Assemblée nationale déclarera que « la société est l'œuvre des générations et de » Dieu, et qu'il n'appartient à personne de la refaire ; » le

(1) M. Emile de Girardin a dit (14 juin 1848, journal *la Presse*) : « Toute Constitution est grosse d'une révolution !

» Point de Constitution ! seulement des lois, des décrets, peu importe le mot, qui pourvoient à l'exercice de la souveraineté du » peuple ; de telle sorte que modifications et simplifications successives aient pour unique effet de jalonner le progrès de l'intelligence » nationale et de la raison publique. » — Ces lignes courtes et pleines, m'ont déterminé à cet examen de l'idée de Constitution, à laquelle est consacré mon livre. J'hésitais à l'entreprendre au milieu de la faveur générale, que je voyais encore attachée au mot fatidique de Constitution. — Je ne connais nullement M. de Girardin, mais je regarde comme un devoir de rappeler son initiative.

jour où elle déclarera qu'aucun génie un ou collectif, homme ou Assemblée, ne peut circonscrire la souveraineté du peuple dont il émane ; que cette souveraineté toujours égale à elle-même, et ne pouvant changer aujourd'hui les conditions de celle de demain, ne peut s'arroger un droit constituant, supérieur au droit législatif ordinaire ; le jour où elle déclarera que les peuples ne sont pas faits pour les institutions, mais les institutions pour les peuples, et qu'en conséquence elle renonce au rôle d'instituteur, pour se borner à celui de législateur ; le jour où elle proclamera que constituer, c'est établir d'en haut, invoquer un droit supérieur, empiéter sur les droits des successeurs, et se targuer d'un droit divin ; qu'en un mot, constituer est de Dieu, et que faire des lois est de l'homme ; — ce jour-là on n'aura pas raturé ou esquivé la déclaration de 91, comme on fait aujourd'hui : on aura marqué, par une déclaration nouvelle, le point d'arrivée répondant au point de départ. L'Océan aura cessé de vouloir franchir ses rivages ; il se sera arrêté devant Dieu ; il n'en sera pas moins pour cela l'Océan admirable et immense ; la Révolution sera finie.

Ce sera alors le système historique et chrétien.

Qu'à ce mot de chrétien on ne voie pas apparaître une société cléricale ! que la société laïque et qui veut rester laïque (idée qu'on a souvent exprimée dans ces termes), ne voie pas se relever le moyen âge. On a fait aussi, du système historique, une sorte de résurrection du moyen âge : ce n'est pas le vrai système historique, ç'a été le système de quelques historiens, mais c'est toujours le système philosophique et constituant, seulement voulant constituer à la moyen âge, au lieu de constituer à l'antique.

Le système historique et chrétien ne consiste pas à rétrograder vers le passé, il consiste à s'appuyer sur le passé et le présent pour marcher vers l'avenir.

Le moyen âge a été l'Etat dans la religion ; les siècles qui ont succédé ont mis à peu près partout la religion dans l'Etat, l'avenir sera la séparation de l'Eglise et de l'Etat. J'ai indiqué ce grand principe, première base de la liberté politique, individuelle et morale : l'expliquer et le développer suffisamment demanderait un livre.

Le système historique est la progression indéfinie de l'homme et de l'humanité, progression qui part de Dieu et de l'origine des temps, et va jusqu'à la fin des temps, jusqu'à Dieu. Voilà comment il est en même temps le système chrétien, sans point d'arrêt et sans limites.

Le système historique n'entreprend point de faire jaillir d'un cerveau malade, fût-ce le cerveau de Jupiter, la sagesse d'un monde.

Il ne suppose pas à une Assemblée, cette puissance d'abstraction et de méditation, cette absence de passions et d'intérêts que nécessiterait l'enfantement d'une Constitution philosophique.

L'histoire est la modification visible ou latente, mais perpétuelle de la vie et de la pensée humaine ; elle se refuse donc à ces éclosions subites d'une pensée qui ne peut s'imposer et s'immobiliser que par la tyrannie.

Le système historique laisse au système philosophique l'honneur de concevoir une Constitution comme un édifice qu'on construit par le faîte, et qu'on pose tout d'un bloc sur les bases de la raison.

Il ne voit pour bases que les faits et le sol, et pour constitution que le peuple lui-même dans sa vie et son mouvement, se formulant par tous les actes de son existence. Il ne se place pas sur ces faîtes, dont une force invisible précipite toujours ; il n'entreprend pas ce labeur d'Ixion auquel semble condamnée notre époque : remonter sans fin le rocher arrondi des Constitutions sur une hauteur d'où il retombe avec fracas, entraînant à sa suite toute une société mutilée. Il admire l'Ixion populaire, mais en désirant qu'il essuie la sueur de son front robuste ; il lui crie : Arrête, taille en morceaux ce lourd rocher, et l'œuvre te sera plus facile. Ce n'est pas l'Etat qu'il te faut hisser tout d'un trait; c'est la commune, le canton, le département, la garde nationale, les corps d'états, qu'il faudrait prendre tour à tour, et d'abord améliorer et unir par les lois que réclame la situation présente. L'Etat se trouverait ensuite tout formé par les parties.

Comment ont grandi toutes les sciences modernes? par l'étude approfondie et sérieuse des faits. Les sciences ont rejeté les théories superficielles, et demandé aux faits constatés et établis les éléments certains, les bases du progrès. Chose curieuse, la science politique et sociale en est seule aux théories de l'ancienne alchimie, à la recherche de la pierre philosophale. L'école du dernier siècle a mis les rêves à la place des réalités ; les systèmes de l'imagination à la place de l'étude des faits ; la philosophie à la place de l'histoire ! Notre époque historique a son but devant elle ; c'est par l'examen des faits sociaux, par l'étude des faits nationaux, qu'elle relèvera la science politique. La statistique, l'économie politique, l'histoire, l'expérience administrative et gouvernementale ; tout concourt à ce but qui sera atteint sans nul doute.

La France précède les autres peuples; notre Révolution d'il y a 60 ans commence aujourd'hui en Allemagne et s'étend de toutes parts. Deux caractères contradictoires apparaissent comme en France : d'un côté, l'idée de nationalisme et d'unité de l'Etat ; de l'autre, l'idée d'influence au dehors, l'esprit d'expansion, l'unité européenne! Que la

France marche vers la fin des révolutions, alors que les autres entrent dans la voie.

Et tandis que le système philosophique et païen va au despotisme par la centralisation, à l'hostilité entre les classes par la désunion des hommes et aux révolutions par les Constitutions ; puisse le système historique et chrétien remplacer les Constitutions par les lois, les fictions du système *constitutionnel* par la vérité du *système représentatif*, l'idée d'immutabilité par l'idée de progrès, l'excès de centralisation despotique par la diffusion de la liberté, la concurrence par l'émulation, l'isolement fatal par l'association protectrice, l'hostilité entre les peuples par l'universalité, et l'esprit de haine plus triste encore entre les classes d'un même peuple, par l'esprit d'union ; — qu'en un mot, le génie des temps anciens fasse enfin, sur tous les points, place au génie des temps modernes !

FIN.

TABLE DES CHAPITRES.

FIN DE LA TABLE.

ERRRATA.

Page 19, *au lieu de*, très-légèrement rompu,
lisez, très-légitimement rompu ?

Page 50, *au lieu de*, *mêlés* d'abord par le sang, la gloire et les idées dans ces derniers temps, mêlés encore mieux,
lisez, mêlées d'abord par le sang, la gloire et les idées, dans ces derniers temps mêlées encore bien mieux.....

Page 71, *au lieu de*, 91 avait constitué la société civile *en* l'homme naturei,
lisez, 91 avait constitué la société civile *et* l'homme naturel.....

www.ingramcontent.com/pod-product-compliance
Ingram Content Group UK Ltd.
Pitfield, Milton Keynes, MK11 3LW, UK
UKHW020132220726
13923UKWH00001B/129

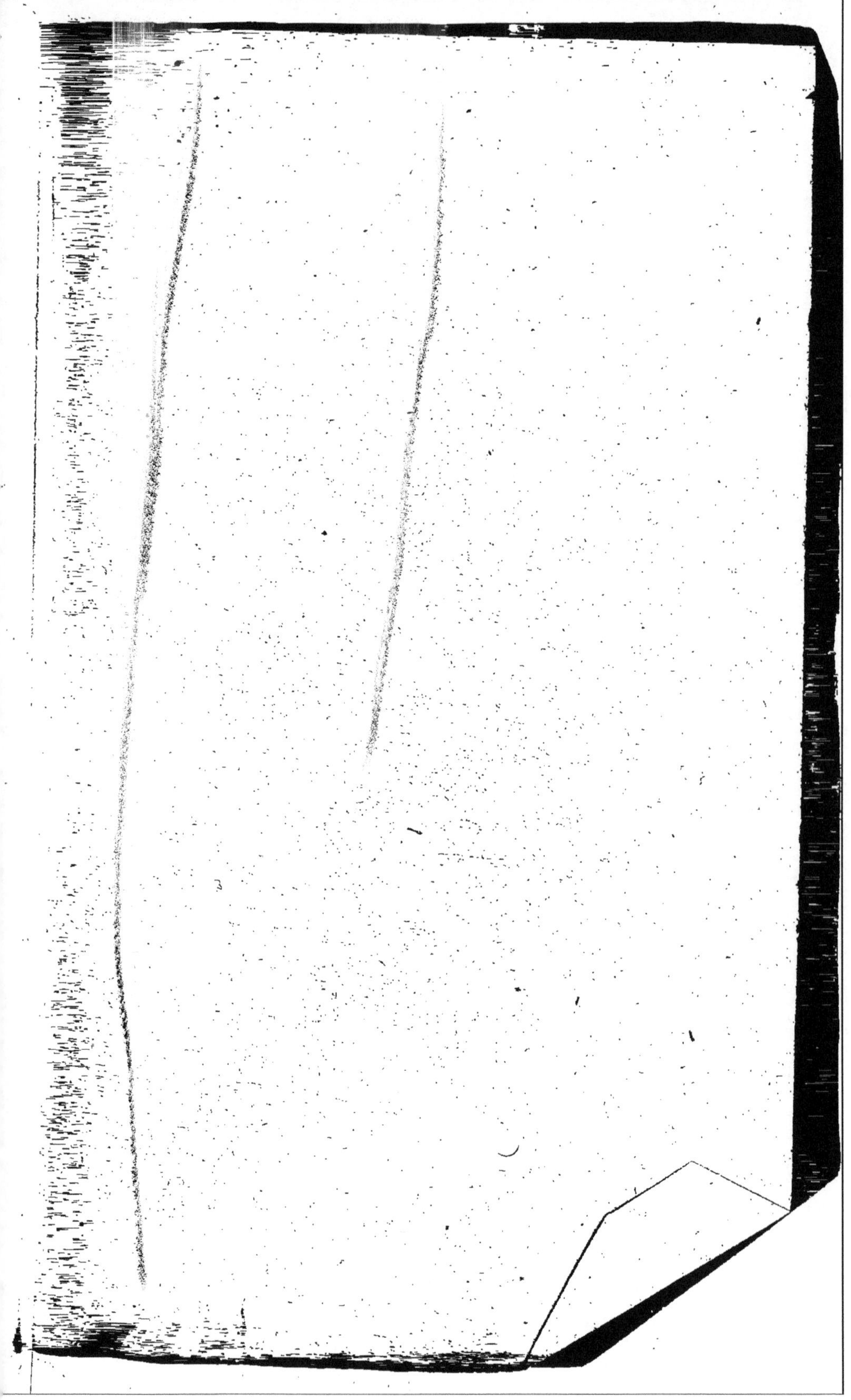